부의
조건

일러두기

- 표준어, 띄어쓰기, 맞춤법에 맞지 않더라도 관용을 고려하여 그대로 실은 경우가 있습니다. 괄호 안이 어법에 맞는 표기입니다.

  예 로얄(로열), 샷시(새시), 구루마(수레) 등

가 난 의 사 슬 을 끊 고 부 의 열 쇠 를 쥔 사 람 들 의 이 야 기

부동산 투자자를 위한
부자학 입문서

부의
조건

자유지성 아카데미 17인 지음

두려움과 고통을 뛰어넘어
실전 사례로 배우는
자산시장의 성공 법칙

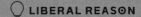 LIBERAL REASON

부의 로얄로드를 향하여

| 제2법칙 | 자산과 부의 레버리지

| 제3법칙 | 시간과 인플레이션

| 제4법칙 | 부의 포트폴리오

시장을 이겨 큰 부富를 이루는 길

**부를 향한 실험과 실전 사례로 펼쳐지는
부동산 투자의 성공 조건**

1명에서 13만 명까지 – 유튜브 성공의 법칙

2020년, 유튜브 '자유지성' 채널을 만들었다. 지식을 나눠 사람들의 삶에 도움이 되고 싶었다. 시작한 후 2달간, 구독자는 1명이었다. 누군지 모르는 그 1명을 위해, 혼魂을 다해 영상을 만들었다.

제목으로 조회 수를 낚는 것이 당연시되는 크리에이터 생태계에서 진심을 담은 콘텐츠로 승부해보고 싶었다. 순진한 생각일지 모르지만 희망을 발견하고 싶었던 것이다. 시류에 편승하지 않고 언제든지 봐도 경제공부가 되는 이론과 사례로 채워가고자 했다. 누구에게도, 어디에도 알리지 않았다. 3달이 지나자 구독자는 20명으로 늘었다.

대부분 그것밖에 되지 않냐고 부정적인 측면을 보거나 포기할 것이다. 하지만 나는 같은 현상에서도 언제나 긍정을 본다. 성공의 법칙은 절망과 좌절 속에서도 희망과 낙관을 찾아내는 것이기 때문이다. 모든 위인들의 삶에는 고난과 역경이 나타나고, 그것을 극복하며 위대한 성취를 이루므로 우리는 그들을 위인이라 부른다. 그러므로 실패 속에서도 길을 찾아 포기하지 않고 걸어가는 것이 성공의 조건이며, 포기하지 않기 위해서는 현상을 긍정적인 관점으로 보고 미래를 낙관하는 것이 중요하다. 3달 동안 겨우 20명이라는 부정적인 시선이 아니라, 1명이 20명으로 늘어난 것은 무려 20배의 성장이라는 긍정의 관점이 중요한 것이다. 4달이 지나자 구독자가 마침내 100명이 되었다. 구독자 1명이 100배로 성장한 것이다. 내 목소리를 들어주는 사람들이 100명이라는, 그때의 기쁨을 잊을 수 없다.

지금은 구독자가 13만 명이 넘었다. 전체 유튜브 채널 중 구독자가 10만을 넘는 채널은 0.4%에 해당한다. 어려운 경제 이론을 쉽게 설명해 많은 사람들이 부富의 길을 걷는데 도움이 되고 싶다는 꿈에 한 걸음 더 다가갔다. 구독자들은 더 가까이 소통하고 싶다고 했다. 멤버십 후원을 열어달라는 요청에 이어 단체 채팅방으로 대화하고, 스터디를 함께할 수 있는 체계를 만들어달라고 했다. 투자의 길은 고독하기에, 함께 걸어가는 사람들이 필요했던 것이다. 그렇게 구독자들의 자발적인 열망으로 탄생한 것이 '자유지성 아카데미' 커뮤니티다.

자유지성 아카데미와 부_富의 실험실

자유지성은 경제 채널이므로, 경제와 투자를 공부하는 회원들이 모이는 인적 커뮤니티가 형성된 것이다. 모집 공지를 올릴 때 100명의 회원들과 스터디를 하는 계획을 구상했다. 하지만 놀랍게도 아카데미 1기에 함께한 인원은 777명이었다. 그동안 댓글로만 존재하던 익명의 구독자들이 어떻게 서로에게 도움이 될 수 있을까.

나는 각자의 투자 수기를 나누는 과제를 부여했다. 투자 수기는 숱한 어려움을 딛고 일어서는 감동에서 끝나는 것만은 아니다. 수기를 통해 우리는 777개의 투자 사례 스터디를 할 수 있게 된다. 각각의 사례들로부터 다양한 투자의 기술과 방법을 공부할 수 있고, 서로에게 도전과 자극이 되며 각자의 삶을 바꿀 것이라 생각했다.

남들이 알지 못하는 투자의 노하우는 경험에서 나온다. 우리는 수많은 시행착오와 실패를 통해, 투자의 경험을 쌓으며 문제 해결의 방법을 찾아낸다. 수많은 집단지성이 겪어온 투자의 시간이 모두의 것이 된다면 커뮤니티가 함께 성장하며 부를 향해 나아갈 수 있을 것이라 생각했다. 1기 아카데미에 입학한 777명은 투자 사례의 거대한 실험실인 것이다.

그리고 무려 720개의 감동적인 투자 수기가 제출되었다. 이 수기 중 일부를 선정하여 출판을 통해 모든 사람들과 나누기로 계획했다. 나의 꿈이 우리의 꿈으로 확장되어가고 있는 것이다.

어떤 출판사가 우리의 수기집을 책으로 내주겠느냐

출판사가 아무에게나 책을 내주지 않는다는 것은 가장 많이 들었던 우려다. 전국 커뮤니티가 성공한 사례는 없다는 냉소를 접했다. 특히 부동산 투자는 언론에서 '투기, 적폐'로 낙인찍는다. 하지만 아카데미에 모인 우리의 노력과 부의 결실은 결코 투기나 적폐가 아님을 말하고 싶었다. 이를 위해 우리의 목소리를 사회에 널리 전파해야 한다. 사람들에게 부와 번영 그리고 진정한 자유를 추구하는 것이 우리가 나아가야 할 길이라는 점을 설득하고 싶었다. 그러므로 나는 투자의 영역을 부동산에 한정하지 않았다. 부동산뿐만 아니라 주식과 암호화폐, 나아가 인생의 가장 위대한 장기투자인 교육까지 우리 모두의 경험과 노하우를 함께 나누자고 말했다.

작은 물방울이 모여 큰 강줄기를 이루듯, 나는 우리의 힘과 노력이 모여 세상을 부와 번영의 길로 변화시킬 수 있다고 생각했다. 물론 변화의 속도는 매우 느릴 것이다. 하지만 나의 꿈이 우리의 꿈이 되었다면, 이제 모두의 꿈으로 만들어 가자고 결심했다.

유튜브에 존재하는 자유지성은 8곳의 출판사로부터 출간 제안을 받았다. 이 출판사들에게 '나의 책'을 내는 것이 아니라 '회원들의 투자 수기'를 내달라고 제안했다. 그러자 단 1곳의 출판사에서도 답이 오지 않았다. 그렇다고 좌절할 것이 아니다. 출판사가 책을 내주지 않는다면 직접 책을 내면 된다. 유튜브를 시작할 때 그러했듯, 정공법을 택하고 진심으로 승부하기로 했다. 실패한다 해도, 손해를 본다고 해도, 부와 번영을 향해 함께 나아가자는 꿈을 포기해서는 안된다. 1명의 소중한 구독자에게 나의 진심을 담아 말하고 싶었던 것처럼, 우리의 목소리를 세상을 향해 당당히 말하고 싶었다.

"여러분은 적폐가 아니다. 여러분은 투기꾼이 아니다. 여러분은 자랑스런 투자자다. 여러분은 진정한 자유와 행복을 위한 부와 번영의 개척자다."

누군가는 이렇게 말하고 설득해야 한다. 다른 이가 하지 않는다면 내가 하기로 했다. 아니 이제는 나 혼자가 아니라 777명이 함께하는 우리의 꿈이 될 것이며, 우리는 함께 말할 것이다.

이를 위해 나는 당신의 목소리가 되어야 한다. 진정 함께한다는 것은 나의 꿈이 아니라 당신의 꿈을 바라보는 것이다. 그러므로 유명 출판사를 통해 '내 책'을 내는 것이 아니라, 출판사를 만들어 '우리의 책'을 내고 우리의 꿈을 향해 나아가는 것이 정답이다.

일단 시작하면 길을 찾고 해답이 보이기 마련이다. 하여 출판을 전혀 모르는 회원들이 모여 여유 시간을 쪼개 편집실을 시작했다. 출판사를 만들고 8개월여의 시행착오를 거쳐 마침내 수기집을 내어 놓게 되었다. 이 자리를 빌려 미카사, 리치앨리스, 자유부인 3명의 편집위원께 감사의 뜻을 전한다.

자유지성 아카데미는 꿈을 향해 다시 한 걸음 더 내딛었다.

미약해보이지만 우리의 꿈이 담긴 위대한 걸음이다.

책이 세상에 나오는 순간, 나는 당신의 목소리가 된다.

웹 프로젝트와 자유지성이 꿈꾸는 세상

　1년이 지나 자유지성 아카데미는 1천 명이 되었다. 커뮤니티 안에서 회원들의 강의와 교안 자료를 통해 투자의 노하우를 나누고, 독서 스터디를 함께 하며, 미라클 모닝을 열어가고 있다. 편집실의 수기집 출판에 이어 기술지원실이 구성되며 독자적 웹을 만드는 프로젝트가 시작되었다.

　웹 프로젝트는 커뮤니티 구성원들의 투자 경험과 현장 정보를 가치 있는 데이터의 형태로 가공해 저장하고 나눌 수 있어야 한다는 믿음으로 출발했다. 나는 수백만 원에 달하는 부동산 강의의 현실이 의아했는데, 강의를 들었던 회원들에게 확인해보니 결국 '정보'의 비대칭성 Information asymmetry이 문제였다. 즉, 거래 주체가 보유한 정보에 차이가 있어 시장에서의 정보가 '불균등'한 것이 원인이다. 따라서 많은 이들이 부의 길에 동참하도록 하기 위해서는 저렴한 가격에 필요한 정보를 얻을 수 있어야 한다. 특히 부동산은 ① 임장을 통해 습득한 '현장'의 정보 ② 문제 해결의 노하우 ③ 매매와 물건 운용의 기술을 나누는 것이 특히 중요한데, 이러한 정보는 시시각각 변하는 경험적 지식의 영역이므로 대개 책을 통해 습득할 수 없다. 그러므로 1천 명의 시간과 노력으로 수집되는 현장 데이터를 웹을 통해 모아 정제된 형태로 나눌 수 있다면, 이것이야말로 정보의 비대칭성을 타파하는 것이며 이른바 '투자의 대중화'라고 말할 수 있을 것이다.

　부동산은 철저히 경험적 지식의 영역이다. 따라서 1명의 전문가가 1천 명의 집단지성을 결코 이길 수 없다. 1명은 하루에 24시간을 가용할 수 있을 뿐이므로, 그가 경험을 통해 얻을 수 있는 지식은 필연적으로 한계를 내재한다. 그러나 자유지성의 실험에 함께하는 사람이 늘어나면 늘어날수록, 우리가 나눌 수 있는 지식에는 한계가 없다. 1천 명은 하루에 24,000시간을 가용할 수 있는 것이다. 당연히 전문가라 불리는 1명의 경험보다 압도적인 정보의 우위에 놓이게 된다. 이것이 내가 실험하려는 투자의 대중화, 정보의 대중화라 할 수 있다. 그리고 정보가 모이면 결국 사람이 모이는 것이 순리다.

따라서 나는 이를 통해 결국 부의 대중화를 이룰 수 있다고 믿는다. 부의 길을 더욱 많은 이들과 함께 걸어가기 위한 새로운 도전의 과제가 우리 앞에 놓여진 것이다.

한 사람이 생산한 1개의 정보는 미약해보이지만 1천 명이 생산한 1,000개의 정보는 그 자체로 빅데이터가 된다. 이를 한곳에 모으고 체계적으로 분류한다. 정보의 노이즈를 제거하기 위해 정보의 생산자는 이를 양질의 형태로 계속 업그레이드 해나간다. 정보의 가치가 높을수록 정보를 생산하는 주체는 신뢰를 얻게 된다. 그 무형의 신뢰가 쌓이고 쌓여 축적되면, 어느 순간 질적인 변화가 발생한다. 무형의 신뢰가 유형의 돈으로 바뀌는 것이다. 그러므로 적극적으로 정보를 나누는 이들은 곧 지식 사업자가 된다. 경제 및 부동산에 관한 자신의 경험·노하우와 현장의 정보로 부의 파이프라인을 다각화할 수 있는 가능성을 독립적인 웹으로 실험해보고자 하는 것이다.

참여하는 이들이 함께 자유와 번영의 꿈을 꿀 수 있는, 전파 속도가 빠르고 강한 또 다른 형태의 '부富의 실험실'이다.

자유지성 유튜브 채널의 '멤버십 커뮤니티'에서 펼쳐지는 이와 같은 실험에 대해, '순진한 발상'이라고 지적하는 분들이 있었다. 오프라인 유료 강의를 팔면 많은 돈을 벌 수 있을 텐데, 왜 실리를 택하지 않고 투자의 대중화라는 신념을 이야기하냐고 말이다.

나는 자유지성 유튜브 채널에서 지속적으로 '꿈'을 말해왔다. 그리고 자유지성 아카데미는 그 꿈을 향해 나아가는 커뮤니티다. 꿈이 있어야 그 꿈을 이루기 위한 희망을 말할 수 있으며, 희망이 있어야 어떤 어려움에도 불구하고 앞으로 나아갈 수 있다.

내가 신념을 말하는 이유는, 마침내 우리가 함께 이루고 싶은 세상을 향한 꿈이 있기 때문이다. 경제 지식을 나누는 여정도 자유지성 아카데미도, 우리가 꿈꾸는 세상을 향한 도전의 과정인 것이다. 누군가는 불가능한 꿈이라고 말할 수도 있을 것이다. 하지만 이룰 수 없는 꿈을 향해 나아갈 때, 우리는 멈춤 없이 계속 전진할 수 있음을 믿는다. 그렇기에 우리의 도전은 언제까지나 현재 진행형일 것이다.

그렇다면 나는 어떤 세상을 꿈꾸고 있는가? 우리가 만들어야 할 세상은 어떤 모습이어야 할까? 만약 우리가 오프라인에서 만난다면 이는 부와 번영을 향한 개인의 꿈을 넘어, 우리가 만들고 싶은 세상을 향한 꿈의 여정이 될 것이라 생각한다.

자유지성이 꿈꾸는 세상

열심히 일하고 투자로 부를 이루며

세금으로 기여하는 부자들이 존경받는 사회

내가 가진 것을 아낌없이 나누며

함께 부의 길을 걸어갈 수 있는 사회

국가가 내게 무엇을 해줄지 바라고 의존하기보다

내가 국가와 국민을 위해 무엇을 할 수 있을지 고민하고

실천하는 사회

각자의 노력과 능력에 따라

앞서 나가는 사람이 칭찬받고 모범이 되는 사회

하지만 뒤처져 쓰러진 이들에게

손 내밀어 일으켜 세우고 배려하며 돕는 사회

노력의 결실을 빼앗는 결과의 평등이 아닌

기회의 평등으로 꿈을 이룰 수 있는 희망이 있는 사회

부정과 비관으로 가득한 중우衆愚의 선동이 아닌

긍정과 낙관으로 세상을 바라보는

철인哲人의 지혜를 나누고 따르는 사회

법치주의에 입각한 건전한 경쟁이 미덕이 되고

개인의 자유와 창의가 시장경제를 통해 꽃피우며,

연장자는 젊은이의 도전과 패기를 존중하고

젊은이는 연장자의 경험과 지혜를 배우고 사랑해

모든 세대가 함께 부와 번영을 이룰 수 있는 사회

잃어버린 꿈과 희망을 찾아

나는 이처럼 꿈을 말한다. 하지만 대다수의 우리는 꿈을 잃어버린 시대, 희망이 사라진 시대에 살고 있다. 하여 이 책을 펼친 당신에게 묻는다.

"당신의 어릴 적 꿈은 무엇인가?"

우리는 어릴 때 가졌던 '꿈'을 어른이 되며 대부분 잊고 산다. 우리는 왜 그 꿈을 마음 한구석에 밀쳐두거나 끝내 포기하고 말았을까? 많은 이들이 자신의 시간과 노동력을 팔아 생계를 위한 돈으로 바꾸며 서서히 꿈을 잃어버린다. 누구나 하고 싶은 일을 마음껏 하는 자유를 꿈꾸지만, 그 자유를 위해 필요한 것은 '돈'이다. 우선 먹고 사는 걱정이 없어야 하기 때문이다. 하루 종일 일에 시달리다 보면 꿈을 위해 나아갈 시간과 힘이 남아 있지 않게 된다.

하지만 꿈이 사라졌다면, 우리의 삶은 그 생명력이 꺼지고 있는 것이다. 꿈을 이룰 수 있다는 믿음을 우리는 '희망'이라 부른다. 그리고 인간은 희망을 가지고 꿈을 향해 달려가는 과정에서 삶의 의미를 발견한다. 그러므로 꿈과 희망이 없는 사람은 생명력이 없는 '인형'과 다를 바 없다. 인형은 정지된 채 움직이지 않는다. 인형에게는 맥박이 고동치지 않는다. 설사 움직이는 인형에 배터리를 넣는다 할지라도 인형은 똑같은 동작을 기계적으로 반복할 뿐이다. 그리고 배터리가 떨어지면 인형은 다시 멈춰버리고 만다.

이처럼 꿈을 잃고 기계적으로 움직이거나 멈춰있는 모습이 우리의 현재는 아닌지 돌아보자. 인형이 아닌, 기계가 아닌, 인간으로 살아가기 위해 우리는 잃어버린 꿈과 희망을 찾아야 한다.

"왜 살아야 하는지 그 의미를 아는 사람은
그 어떤 상황도 능히 견뎌낼 수 있다."

빅터 프랭클

오스트리아의 저명한 정신의학자 빅터 프랭클Viktor E. Frankl 박사는 제

2차 세계대전 당시 나치의 강제수용소에 갇힌 수감자였다. 아우슈비츠 수용소의 수많은 유태인들이 가스실로 끌려가 학살당했기에, 수감자가 된다는 것은 곧 죽음을 의미했다. 하지만 그는 지옥과 같은 수용소에서 살아남아 『죽음의 수용소에서』라는 기록을 남겼다.

강제수용소에 갇힌 유태인들은 견디기 힘든 강제노동을 했다. 그리고 언제든지 가스실로 보내져 처형을 당할 수 있는 공포에 매 순간 직면했다(아우슈비츠 수용소에서는 100만 명이 사망했다). 프랭클 박사는 이렇게 회고했다.

"강제수용소에서 수감자들의 사망률이 가장 높았던 시기는 크리스마스에서 새해에 이르는 일주일이었다."

왜 유독 그때 많은 사람들이 죽었을까? 수감자들은 연말에는 전쟁이 끝날 것이고, 자유의 몸이 될 거라는 막연한 희망을 품고 지옥과도 같은 삶을 견디고 있었다. 하지만 새해가 되어도 전쟁이 끝나지 않고 수용소에서 나갈 길이 보이지 않자, 수감자들은 희망을 잃어버렸다. 곧 가스실에서 죽을 거라는 절망 속에서 삶의 의미를 상실한 수많은 사람들이 병들어 세상을 떠났다.

희망이 사라진 사람은 살아가야 할 이유를 발견할 수 없다. 그래서 프랭클 박사는 막연한 희망이 아닌 '구체적' 희망을 그리며 살아남아야 할 이유에 집중했다. 그 희망은 수용소에서 벗어나 가족들을 만나 새로운 생활을 시작하는 것이었다. 하지만 '막연한' 희망은 신기루처럼 사라져 극도의 절망으로 바뀌기 쉽다. 수용소에서 나갈 수 있을 거라는 '막연한' 희망이 사라지자 많은 수감자들이 병들고 쓰러져 죽음을 맞이한 것이다. 따라서 삶의 희망은 구체적이어야 한다. 프랭클 박사는 이렇게 상상했다.

"아내의 눈을 바라보며 부드러운 손을 잡아보고 싶다. 아내를 껴안아 가슴을 맞대는 순간을 간절히 원했다. 이것이 내 생명을 1초, 1초 연장시켜 주었다."

그리고 프랭클 박사는 수용소에서 나간 후 이루어낼 꿈을 생각했다. 극심한 고통과 절망 속에서도 기필코 살아남아 삶의 의미logos를 연구하고 사람들을 치료하겠다는, 이른바 로고테라피logotherapy의 꿈이다. '로고테라피'란 삶의 의미를 통한 심리 치료 방식으로, 그는 강제수용소에서도 동료 수감자들을 대상으로 희망을 전파했다.

전쟁이 끝난 후 죽음의 아우슈비츠 수용소에서 벗어난 그는 아내가 베르겐-벨젠 수용소에서 사망했다는 소식을 듣게 된다. 아우슈비츠 수용소에서 그를 지탱해 준 희망이 사라진 것이다. 그는 극심한 우울증에 빠져 자살을 생각하기도 했다. 하지만 이때 그를 구해낸 것은 자신의 일에서 성취하고자 했던 '로고테라피'의 꿈이었다. 프랭클 박사는 죽음의 유혹에서 벗어나 오직 일에만 전념했고, 삶의 의미logos를 통해 생존한 체험과 수용소에서의 관찰을 책으로 펴냈다. 1946년 발간된 『인간의 의미탐색』이다. 그는 마침내 인간이 살아가는 의미를 찾는 심리치료법, 로고테라피의 창시자가 되는 위대한 업적을 남겼다. 프랭클 박사는 프로이트Sigismund Freud의 정신요법 제1학파, 아들러Alfred Adler의 제2학파에 이어 제3학파인 로고테라피 학파를 열며 수많은 사람들을 절망의 터널에서 건져내 꿈을 성취할 수 있도록 했다.

프랭클 박사는 잃어버린 꿈과 희망을 찾아야 고난을 극복하고 역경을 견뎌내며 성공할 수 있다고 말한다. 프로이트가 '쾌락'을, 아들러가 '권력'을 삶의 동인動因으로 본 것에 비해 프랭클은 삶의 의미, 즉 '로고스 logos'를 꼽으며 이렇게 말했다.

"왜 살아야 하는지 그 의미를 아는 사람은, 그 어떤 상황도 능히 견뎌 낼 수 있다."

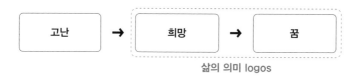

삶의 의미 logos

우리의 '꿈'을 되살리자고 말하는 것은 그것이 멈춤 없이 나아가는 삶의 이유가 되기 때문이다. 또한 꿈을 향한 구체적인 희망을 가져야 자산 시장의 조정기가 와도, 그 어떤 어려운 상황이 닥쳐도 방법을 찾아내며 능히 헤쳐 나갈 수 있다.

다음 질문에 대답해보자.

"당신은 누구의 꿈을 위해 살아가고 있는가?"

코스모스님의 수기에서는 회사를 다니며 고용주를 위해 일해야 하는 상황을 이렇게 표현했다.

'자본주의의 노예계급임을 자각하는 순간이었다'

근로소득을 위해 어쩔 수 없이 회사를 다닌다는 것은 자신의 꿈을 내려놓고 고용주의 꿈을 위해 살아가는 것이다.

그래서 수기의 엔젤님은 노예처럼 살아가기보다 진정한 삶의 이유를 찾기 위해 인생을 걸고 투자에 나서게 된 것이다. 비록 실패하더라도 후회 없이 투자해 부를 이루고자 하는 희망을 가지게 된 것이다.

거지로 살아가기보다, 노예처럼 살아가기보다,

비록 실패하더라도 후회 없이 투자해보고 싶었다.

엔젤님의 투자 수기 중

이와 같은 부의 희망을 현실로 만들기 위해 필요한 것은 투자의 조건을 채워나가는 것이다. 그리고 조건이 성취되며 부가 쌓이면 더 큰 꿈을 향해 나아갈 수 있다. 수기의 윈즈힐님은 위험을 감수하는 지렛대로 부를 이뤄 자녀의 꿈을 위해 미국으로 향했다.

삶의 동인動因

시세가 흔들리는 것이 아니라 마음이 흔들리는 것이다.

나는 꿈을 이루기 위해 끊임없이 도전하고 실행할 것이다.

아무 것도 하지 않으면 아무 일도 일어나지 않는다.

수산나님의 투자 수기 중

실전 사례로 펼쳐지는 부의 조건

그렇다면 꿈을 향해 나아가는 수기의 주인공들은 어떤 과정을 거쳐, 어떻게 투자해 부를 이루고 있을까? 그 답은 이 책의 본문을 통해 확인할 수 있다. 이 책의 투자 수기는 다양한 부동산 투자의 실전 사례를 통해 부의 조건을 다채롭게 보여줄 것이다.

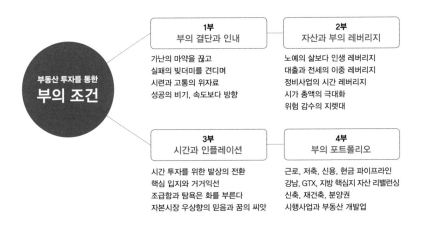

여러분은 이 책의 1부를 통해 무일푼의 바닥에서 일어나 부자가 되어가는 치열한 삶의 과정을 볼 것이다. 사업 실패로 떠안은 빚더미를 극복하고 부동산으로 일어선 눈물겨운 감동의 스토리를 보게 될 것이다. 임대 아파트라는 가난의 마약을 끊어내고 다주택자의 길을 선택한 결단을 볼 수 있을 것이다. 시련과 고통을 이겨내며 부동산 시스템 투자를 확립해가는 젊은 30대 영리치Young rich의 모습을 보게 될 것이다. 또한 꼭지에서 잡은 투자를 마침내 수익으로 전환시켜 내는 인내의 기록은 '속도보다 방향'이 부자의 길이라는 성공의 비기秘技를 가르쳐준다.

이 책은 평범한 이들이 부를 이루어 가는, 인생을 건 도전과 용기의 기록이다. 2부에서는 이를 '징비록懲毖錄'이라 표현하기도 했다. 거지로 살기보다, 노예로 살아가기보다 인생의 전장戰場에 뛰어들어 위험을 감수하기로 했다는 비장함 속에서는 결기마저 느껴진다. 이것이 바로 '인생 레버리지'다.

2부에서 여러분은 대출금과 전세금의 이중 레버리지를 통해 생활보호대상자의 삶에서 월 1천만 원의 현금 흐름을 만든 부자의 길을 볼 것이다. 또한 정비사업을 통해 시간을 돈으로 바꾸는 시간 레버리지, 자산의 시가총액을 늘려 부의 레버리지를 깨닫는 투자자가 되어가는 과정, 위험을 부의 지렛대로 삼아 총자산을 10배 이상으로 늘린 과정 등이 2부에 생생하게 기록되어 있다. 젊은 30대 부부는 총자산 3500만 원에서 20억 원으로 5,700%의 성장을 이루며 부의 미래를 그리고 있다.

3부에서는 부를 이루는 핵심 조건을 배울 수 있다. 바로 시간 투자를 통한 자산 인플레이션이다. 자산에 시간이 더해지면 부가 증식된다. 자산이 스스로 일하며 돈을 만들어내는 비법은 '시간'에 있는 것이다. 그러므로 20대부터 자산 투자를 시작한다면 훗날 큰 부의 결실이 돌아온다.

'부동산은 첫째도 입지, 둘째도 입지, 셋째도 입지'라는 말이 있다. 3부의 수기를 통해 랜드마크 부동산이 여러분을 마이더스의 손으로 만들어준다는 핵심 입지의 중요성을 배울 수 있으며, 조급함과 탐욕이 화를 부른다는 깨달음을 얻을 수 있다. 부동산 투자는 긴 안목을 가지고 차분하게 기다리는 인내가 필요한 것이다. 3부의 마지막에서는 미래의 자산가로 부를 이루기 위해 자산시장 우상향의 믿음을 굳게 지켜나가는 꿈의 씨앗을 볼 수 있다. 한편 여러분은 부록으로 소개되는 '부의 팁'을 통해 투자의 기술과 노하우를 배우고 공부하게 될 것이다.

4부에서는 부의 포트폴리오를 형성하는 다양한 투자 사례를 살펴볼 수 있다. 눈물겨운 저축에 신용을 더해 현금 파이프라인을 만드는 평범한 아줌마의 성공 수기는 여러분도 '할 수 있다'는 감동을 줄 것이다. 그리고 49세의 늦깎이 인생으로 처음 건설을 배우기 시작해 시행사업으로 건축주, 건물주가 되는 개발업자의 투자 수기는 여러분도 아직 늦지 않았다는 희망을 줄 것이다. 한편 투자의 영역을 다각화하는 자산 리밸런싱, 부동산의 포트폴리오를 입지와 섹터별로 다양하게 분산하는 투자 수기는 부에 이르는 구체적인 목표와 실현 전략을 세우는 데 큰 도움이 될 것이다.

부의 역설 – 희망의 기록 vs 고통의 위자료

인생 최고의 순간은 우연히 찾아오는 것이 결코 아니다.
태어나면서 죽는 순간까지 우리는

기회와 위험 중 하나를 선택해야 한다.

대부분 성공한 롤 모델들은

이러한 선택의 갈림길에서 위험을 선택했고,

그 결과 다음 스텝에서도 위험을 견디는 노하우를 바탕으로

최상의 결과를 위해 도전한다.

윈즈힐님의 투자 수기 중

　　본 수기집은 부와 번영으로 나아가는 희망의 기록이기도 한 반면 실패와 위험을 견디며 고난과 역경의 길을 걸어가는 인내의 과정을 보여준다. 이들은 '실패가 있었기에 성공이 있었다'는 점을 이구동성異口同聲으로 말하고 있다. 역설적으로 부는 고통 속에서 오며, 성공은 곧 실패의 이면裏面이라 할 수 있는 것이다. 유럽 투자의 거장 앙드레 코스톨라니André Kostolany가 말한 것처럼, 결국 이들이 이뤄낸 투자의 수익과 부는 '고통의 위자료'다.

　　수기집의 주인공들이 펼쳐나가는 투자와 도전의 기록은 현재 진행형이다. 그러므로 독자 여러분들도 경제 커뮤니티 '자유지성 아카데미'에서 이들을 포함한 여러 회원들과 소통하며 조언을 얻고, 투자의 경험과 노하우를 배우며 나눌 수 있다. 본 수기집을 통해 부자의 마인드, 인내와 결단의 용기를 배우며 함께 부의 길을 걸어가는 소중한 인연을 만들 수 있기를 기대한다.

한편 이번에 선정된 17개의 수기는 '자유지성 아카데미'에서 나누어진 투자기 720편 중 일부에 불과하다. 독자들의 호평이 있을 경우 부동산 투자 경험과 노하우의 총체가 담긴 수기집을 후속으로 출간하려 한다.

왜 부동산 투자인가 – 부자들은 부동산을 산다

하지만 독자들은 이렇게 질문할 수 있다.

"왜 부의 조건을 부동산 투자에서 찾는가?"

게티 오일Getty Oil과 게티 이미지Getty images로 유명한 미국 최초의 억만장자, 1966년 기네스북에 세계 최고부자로 등재된 폴 게티Jean Paul Getty는 부를 이루는 비법에 관해 이렇게 말했다.

> "부자가 되려면 부자의 사고방식과 행동, 습관을 따라 하라."
>
> **폴 게티**

KB경영연구소에서 발간한 '부자 보고서'에 따르면 한국의 부자는 부동산 투자를 통해 수익을 거두고, 자산관리에 있어 국내 부동산 투자에 가장 관심이 많다. 부자는 단기 금융자산을 예적금으로 보유하고, 중장기로는 부동산 투자를 운용한다. 향후 3년 정도의 유망한 투자처로 '거주 외 주택'을 가장 많이 꼽고 있다(43%). 실거주 외 주택에 투자하는 것은 곧 다주택자가 되는 것을 의미한다.

하나금융경영연구소에서 발간한 '부자 보고서'에 따르면 자산총액 66억 원 이상을 보유한 40대 이하의 영리치들은 평균 1.7채의 다주택을 보유하고 있다. 영리치들의 수익률에 가장 긍정적인 영향을 미친 것은 부동산이었으며, 향후 투자 의향이 가장 높은 자산 역시 부동산이었다. 단기 경기 전망에는 낙관적이지 않으나, 자산을 팔지 않고 현재의 자산을 그대로 유지할 계획인 부자가 대부분이었다. 영리치들은 커뮤니티를 기반으로 투자 정보를 나눈다고 답했다.

우리는 부자 보고서를 통해 두 가지의 교훈을 얻을 수 있다.
① 부자를 따라해야 한다면 '부동산'에 투자해야 하며, ② 같은 투자 목표와 정보를 공유하는 인적 커뮤니티를 형성해야 한다.

2017년 12월, 미국 샌프란시스코 연방준비은행은 145년 자본주의 역사상 가장 안정적이고 높은 수익률을 기록한 투자자산에 관한 논문 '모든 것의 수익률The Rate of Return on Everything'을 발표한다. 투자자산의 비교군群은 「주식, 부동산, 장기채권, 단기채권」이었다. 연구 결과, 자본주의 역사상 가장 안정적이고 높은 수익률을 기록한 자산은 '부동산'이었다.

『21세기 자본』으로 유명한 경제학자 토마 피케티Thomas Piketty는 자산의 수익률이 노동의 수익률에 비해 언제나 크다는 것을 증명했다. 인류 역사 2100년 동안의 자산 수익률과 노동 수익률을 비교한 차트를 통해, 우리는 인류의 모든 역사 속에서 자산의 수익률은 언제나 노동의 수익률을 앞섰다는 것을 확인할 수 있다. 따라서 노동을 통한 근로소득을 모아 집을 살 수 없다는 결론이 도출된다. 우리가 인플레이션을 활용해 자산에 투자해야 하는 이유인 것이다.

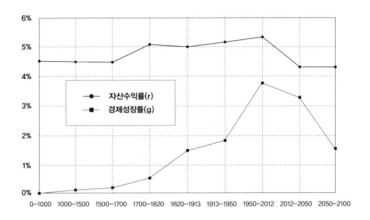

토마 피케티Thomas Piketty, 『21세기 자본CAPITAL in the Twenty-First Century』, 위쪽 그래프가 자산의 수익률, 아래쪽 그래프가 노동의 수익률을 나타낸다. 노동의 수익Gross Domestic Income은 경제 성장Gross Domestic Product에 수렴하기 때문에 경제성장률을 노동의 수익률로 해석해도 무방하다.

부자들의 생각법과 행동법

하지만 부자들은 여러분이 부동산을 사지 않고 세입자로 남기를 원할지도 모른다. 왜일까? 부자들은 여러분의 전세금을 지렛대로 활용해 적은 자본으로 큰 자산에 투자하는 레버리지 투자로 부를 증식하기 때문이다. 예를 들어, 5억의 아파트를 살 때 세입자가 지불한 4억의 전세금을 끼고 자신의 돈 1억으로 아파트의 소유권을 가지는 방식이다. 이것이 전세를 끼고 부동산을 사는 레버리지 투자다. 물론 전세금이 하락하는 역전세의 위험을 맞을 수도 있다. 그럼에도 부자들이 다주택 포지션을 가진다는 것은 이러한 위험을 감수한다는 것을 뜻한다. 부자들은 위험에 대비하고 소유권을 지키기 위해 두 배, 세 배 더 열심히 일하며 자신의 현금창출 능력을 극대화하는 자발적인 강제성을 두려워하지 않는다. 위험이 두려워 포기하는 것이 가난의 마인드라면, 위험에 직면해 이를 극복하는 것이 부자의 마인드다.

또한 부자들은 여러분의 예금으로 창조되는 대출을 활용해, 금리보다 더 나은 수익률의 부동산 자산에 과감히 투자한다. 부자들은 여러분의 전세금을 활용하고, 여러분의 예금을 활용하는 것이다. 이것이 바로 '이중 레버리지'라고 부르는 투자의 방법이다.

금리가 높아 이자 부담이 크기에, 부동산을 살 수 없다고 불평하는 이들도 있다. 그 답을 내리기 위해 1979년으로 시간 여행을 떠나보자. 1979년 12월은 강남구 대치동의 은마 아파트가 미분양이 났던 때로, 당시 대출금리는 무려 19%에 달했다. 여러분이 1979년으로 돌아간다면 금리가 무서워 집을 사지 못하는 사람이 태반일 것이다. 하지만 당시의 미분양을 기회로 인식해 은마 아파트를 과감히 매수하기로 결심한 사람들이 있었다. 이것이 부자의 생각법이다.

시장의 승자는 누구였는가. 은마 아파트는 지금까지 숱한 상승과 하락의 부침을 겪으며 시세가 꾸준히 우상향, 무려 분양가의 100배가 상승했다. 결국 부를 이루기 위한 조건은 ① 위험에도 불구하고 매수의 결단을 내리는 용기와 ② 인내와 고통이 수반되는 ③ 장구한 시간의 인플레이션이었던 것이다.

1979년이 너무 멀어 현실성이 떨어진다고 생각하는 분도 있을 것이다. 멀리 갈 것도 없이 2008년 서울 반포자이의 사례를 살펴보자. 반포자이 84㎡ 분양가는 약 7억 원이었으나 미분양이 났다. 당시 기준금리는 5.25%, 대출금리는 8%에 달했기 때문이다. 다시 여러분이 2008년으로 돌아간다면 어떤 선택을 하겠는가. 역사는 우리에게 투자의 해답을 제시해주는 것이다. 그러므로 투자자들이 걸어온 궤적을 수기를 통해 돌아볼 수 있다면 우리가 올바른 부의 좌표를 향해 걸어가는데 큰 도움이 된다. 현재 서울 반포자이 84㎡은 약 28억 원으로, 2008년의 위기는 곧 기회의 다른 말이었다. 고금리의 위기를 말하는 사람이 있는 반면, 위기를 기회로 바꾸기 위해 반복되는 역사를 공부하고 용기 있게 도전하는 이들이 있는 것이다. 그리고 이들이 부를 이루었다는 것을 기억해야 한다. 이것이 부자의 행동법이다.

돈 이야기를 마음껏 해서 좋다

하지만 우리나라는 부동산 투자에 대한 선입견, 부자에 대한 부정적 편견이 사회 전반에 만연해 있다. 그러므로 부자들은 일상의 사회적 관계에서 부동산 투자를 말하고 '돈'이라는 화두話頭를 나눌 수 없다. 그래서 부자들은 커뮤니티를 만들어 지식과 정보를 공유하게 된다. 경제 커뮤니티 '자유지성 아카데미'를 만든 후 회원들이 가장 많이 했던 말이 "여기서는 돈 이야기를 마음껏 할 수 있어 좋다"는 것이었다.

여러분이 돈 이야기를 마음껏 할 수 있는 곳이 없다면, 부정적 편견에 둘러싸여 있는 환경을 바꾸고 만나는 사람도 바꿔야 한다. 부富를 향한 열망이 가득한 사람들 사이에 있어야 서로에게 도전과 자극이 되며 함께 성장하기 때문이다. 부자들이 인적 커뮤니티를 강조하는 이유다. 하지만 대부분의 사람들은 돈 이야기를 불편해하고 부동산 투자를 멀리하며, 부자에 대한 증오심과 시기·질투로 가득하다. 그래서 부동산 투자의 길은 외롭고 고독하며, 부동산 투자에 관련된 지식과 정보는 나누어지지 못하고 인적 커뮤니티 또한 확장되지 못한다.

하지만 국가의 힘은 곧 부자의 힘이다. 15세기 지중해의 패권국이었던 베네치아 공화국의 힘은 부자들이 내는 막대한 세금으로 유지되었다. 세계 경제의 패권국 미국의 경우 상위 10%가 약 70%의 세금을 부담한다. 우리나라의 힘도 부자들의 세금으로부터 나온다. 2021년 기준, 상위 소득 10%의 국민들이 전체 소득세의 87%를 부담하고 있다. 상위 10%의 부자들이 세금을 통해 나라의 발전과 복지를 위해 헌신하고 있는 것이다. 그러므로 존경받아 마땅한 것은 부자들이며, 위선적 정의와 민주를 말하는 정치인들이나 부자를 시기하고 증오하는 대중들이 결코 아니다.

세계에서 가장 부유하고 번영하는 국가는 어디인가? 자유의 나라, 미국이다. 미국인들이 제45대 대통령으로 선택한 사람은 누구인가? 미국인들은 부동산으로 큰 부를 이룬 '부동산 재벌' 도널드 트럼프를 대통령으로 선출했다. 우리나라의 이념 선동에 비추어 본다면, 미국인들은 부동산 투자로 부자가 된 적폐를 대통령으로 뽑은 것이다. 하지만 자유시장경제의 나라, 미국의 시민들은 현명했고 부富의 길을 선택했다. 트럼프 대통령은 자유와 번영이라는 목표 아래 임기 중 반세기 만의 최저 실업률을 달성했다. 미국은 일자리의 천국이 되었고, 주식시장은 사상 최고치를 기록했다.

현직 워싱턴 특파원이 쓴 『존경받는 부자들』이라는 책에서는 미국의 번영을 지탱하는 원동력으로 '부자의 힘'을 꼽는다. 2007년 언론에서는 미국의 '존경받는 부자되기 열풍'을 기사로 전하며, 부와 지식을 아낌없이 나누는 문화를 미국의 부자가 존경받는 이유로 꼽았다. 그 나눔의 기반 위에서 새로운 부자들이 탄생하므로 가난한 이들도 꿈과 희망을 가질 수 있기 때문이다. 이처럼 부자의 기부도 중요하지만 더 중요한 것은 부에 관한 지식과 경험을 대중적으로 나누는 것이다. 물고기를 잡아주는 것이 아니라 물고기를 잡는 방법을 가르쳐주는 것이 부富의 첩경이기 때문이다.

따라서 우리의 투자 수기집은 부의 여정을 걸어가는 실전 사례를 통해 생생한 경험과 투자 노하우, 즉 물고기를 잡는 방법을 대중적으로 나누고자 한다. 또한 우리는 많은 이들이 수기집의 감동적인 사연을 읽으며 부동산 투자에 대한 부정적 인식을 바꿔, 부와 번영의 길을 함께 걸어갈 수 있기를 바란다. 편견을 걷어내고 '투자의 대중화'를 이루고자 하는 우리의 꿈이 수기집에 투영되어 있는 것이다. '투자의 대중화'란 다른 말로 경제 지식 및 정보의 대중화라 할 수 있다. 따라서 우리는 유튜브를 통해 경제 지식을 나누고, 커뮤니티에서 나눈 투자의 기록을 편찬해 나가며, 독립적 웹을 통해 가치있는 양질의 지식을 모아나가기로 결심한 것이다.

지배계급은 여러분이 가난하기를 원한다

부자들은 사람들의 생각과 행동을 지배하는 '정치'의 올바른 역할을 안다. 국회의 역할은 법法을 만드는 일이고, 우리는 국회의원을 정치인이라 부른다. 법法이란 무엇인가. 국가의 '강제력'을 통해 국민 모두가 지켜야하는 규범을 말한다. 법을 지키지 않으면 처벌을 받기도 하기에, 국회가 만든 법은 모든 국민들의 삶과 행동을 통제한다.

예를 들어보자. 여러분은 지방세법을 통해 취득세를 내야 한다. 종합부동산세법을 통해 종합부동산세를 내야 한다. 소득세법을 통해 양도소득세, 금융투자소득세를 내야 한다. 법으로 주택처분을 강제하면 여러분이 자유롭게 처분할 권리가 박탈된다.

투자를 통해 부를 이루려는 여러분이 정치에 관심을 가져야 하는 이유다. 여러분의 목소리를 수렴해 법을 만드는 정치인이 있어야 여러분의 자유가 확장되고, 여러분의 권리를 보호할 수 있는 것이다.

하지만 정치인들은 대개 부자를 죄악시한다. 국민들은 부자가 되고 싶지만 부자가 손가락질을 받는 모순의 시대에 살고 있는 것이다. 특히 좌파左派, the left party 정치인들은 부동산 투자가 나쁜 것이라는 정치적

선동을 '민주'의 탈로 포장한다. 선심성 복지 예산을 물 쓰듯 낭비하지만, 그 돈은 대부분 부자의 세금으로부터 나온다. 정치인들이 부자의 세금으로 녹祿을 먹으며 복지를 집행하는 것임에도, 오히려 부자를 죄인 취급하는 위선僞善의 사회인 것이다.

좌파 정치인들이 반反 부자 정서를 선동하며, 여러분이 부동산을 가지기를 원하지 않는 이유가 있다. 여러분이 부자가 된다면 부富를 '지키는' 사람이 되기 때문이다. 지킨다는 것은 이념적으로 무엇을 뜻하는가. 사전적으로 '보전하고 지킨다'는 의미의 '보수保守'를 뜻한다. 무엇을 지키는가. 여러분의 재산을 지키고, 여러분의 권리를 지키며, 여러분의 가족과 소중한 이들을 지킬 뿐만 아니라 여러분의 자유를 지키는 것이다. 만약 여러분이 지켜야 할 것이 있다면, 여러분은 보수保守의 이념을 가지게 되는 것이다. 그리고 보수주의保守主義, conservatism의 가치를 지닌 모임이나 단체, 정당을 정치적으로는 우파右派, the right party라고 부른다. 영어로 해석하면 '오른편, 옳은 편'이라는 뜻이다.

좌파左派, the left party는 우파와 반대의 이념을 가진다. 우리나라는 남북의 체제 대결 속에 있기에, 부자를 죄악시하고 부를 배격하며 결과적 평등을 추구하는 이념을 정치적으로 '좌파'라고 칭한다. 분단의 특수성으로 인해 건강한 진보가 아닌 북한의 사회주의와 맞닿아 있는 것이다. 이를 종북좌파從北左派라 부른다.

그러므로 여러분이 부자가 되고 싶은데 좌파를 지지한다면, 부자를 죄악시하는 이념을 좇으면서 동시에 부자가 되고 싶다는 모순에 빠지게 된다. TBS 뉴스공장을 진행했던 한 방송인은 좌파의 이념을 선동하며 5년간 20억 원이 넘는 돈을 TBS로부터 받았다. TBS는 서울시의 세금으로 운영되었는바, 그는 여러분의 부자에 대한 증오와 분노를 선동하며 정작 본인은 여러분의 세금을 통해 부자가 된 것이다. 이것은 서민을 위하는 척하는 좌파 인사들의 표리부동表裏不同한 모습 중 빙산의 일각에 불과하다.

여러분은 다주택자들을 비난했던 민주당 정치인들이 임대차 3법을 통과시키기 며칠 전, 자신들의 임차인에게 저지른 위선을 지켜봤다. 그들은 임대차 3법의 적용을 받지 않기 위해 법이 통과되기 며칠 전, 임대료를 대폭 인상했다. 뻔뻔스럽고 부끄러워할 줄 모르는 이와 같은 행태를 가리켜 우리는 '후안무치厚顔無恥'라 부른다. 그들은 영구임대주택을 찬양하며 청년들에게 임대주택을 권했지만, 자신들은 고가의 신축 아파트에 거주했다. 민주당 대통령 경선 후보 중 한 사람은 12억 원의 전세를 끼고 17억 원의 아파트를 사는 갭Gap투자를 하고 있었다. 청와대 고위관료는 다주택을 팔라고 하자 집 대신 민정수석의 직職을 내던졌다. 다시 강조하건대 좌파 정치인들은 여러분이 부자가 되기를 결코 원하지 않는다. 그들에게 필요한 것은 부자를 증오하고 시기, 질투하는 여러분의 '표'일 뿐이다.

부자가 되려면 부자를 따르라고 했다. 민주당 정치인들의 진실은 앞에서 부자를 욕하면서 뒤에서는 부자의 모습을 따르고 있었다. 그렇다면 이념과는 무관하게 무엇이 옳은지가 다시금 명백해진다.

부富의 공식 – 시장을 이겨 부를 이루는 길

우리는 항상 시간이 지난 후 이렇게 말하며 후회한다.

"내가 그때로 돌아간다면 미분양 아파트를 계약했을 텐데. 주식이 반토막 났을 때로 돌아간다면 전 재산을 걸고 투자했을 텐데."

이처럼 똑같은 후회가 반복되는 이유는 무엇일까? 부의 공식을 이해하고 실천하지 못하기 때문이다.

부의 공식

$$= \underbrace{\text{자산} + \text{시간} + \text{인플레이션}}_{①} + \underbrace{\text{위험감수} + \text{배짱} + \text{인내}}_{②}$$

① 자산 + 시간 + 인플레이션

1976년 노벨 경제학상을 수상한 화폐경제학의 거장 밀턴 프리드먼 Milton Friedman은 1978년 샌디에고 대학 강의를 통해 '부자가 된 냉동인간'의 예시로 부를 이루는 길을 설명한다.

「경기침체의 고통이 전역을 휩쓸던 1978년 스태그플레이션Stagflation의 시대, 한 남자가 주식에 투자해 깊은 침체기를 겪으며 엄청난 손실을 보고 있었다. 그는 하루하루가 너무나 고통스러웠다. 그런데 사람을 얼렸다가 다시 회복하게 할 수 있는 과학기술이 개발되고 있었고, 실험대상을 찾는 공고가 났다. 이른바 '냉동인간'이다. 그 남자는 빈 깡통으로 전락하고 있는 자신의 삶이 너무나 괴롭고 고통스러웠기에 냉동인간에 지원하기로 결심한다. 그래서 그는 모든 주식과 소지품을 대리인에게 맡긴 후, 냉동인간이 되어 20년간의 동결 상태에 빠졌다. 20년 후 냉동인간의 동결이 드디어 풀렸고, 그는 가장 먼저 대리인에게 전화해 자신의 소지품과 주식을 찾았다. 전화를 받은 대리인이 그에게 말했다. "선생님은 백만장자가 되셨습니다." 남자가 말했다. "손실이 -90%였는데, 도대체 무슨 일이 있었던 거요?" 대리인이 말했다. "선생님의 주식은 20배가 올랐습니다." 이것이 자산 인플레이션이다. 20년 동안의 인플레이션이 주식의 가격을 20배 뛰게 했고, 20년의 시간이 그것을 가능하게 했다」

이와 같은 밀턴 프리드먼의 강의는 유럽 투자의 거장 앙드레 코스톨라니André Kostolany의 투자 철학과도 일맥상통한다.

> "자산을 사라. 그리고 수면제를 먹고 오랫동안 자라.
> 깨어나면 너는 부자가 되어 있을 것이다."
>
> **앙드레 코스톨라니**

자산을 보유하고 오랜 시간을 견디면 시장을 이기며 부를 이룰 수 있는 이유는 무엇일까? 바로 인플레이션Inflation 때문이다. 인플레이션이란, 물건의 가격이 상승하는 경제현상을 말한다. 자본주의 시장경제의 역사는 곧 인플레이션의 역사다. 개별 자산과 물건의 가격은 상승과 하락을 거듭하지만, 긴 시간의 물가지수를 추적해 평균적으로 살펴보면 아래 그래프와 같이 우상향하고 있음을 확인할 수 있다. 1979년 분양했던 은마아파트의 가격이 등락을 거듭하며 100배 상승한 이유도 43년이라는 장구한 시간의 인플레이션 때문이다.

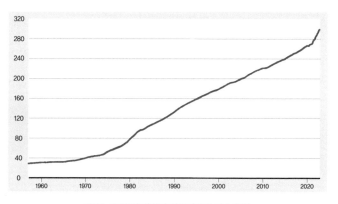

1959~2022년 역사적 인플레이션 지수 추이

그렇다면 인플레이션 지수가 역사적으로 우상향하는 이유는 무엇일까? 이는 자본주의 시장경제의 본질이 통화량의 팽창에 있기 때문이다. 우리에게 '맨큐의 경제학'으로 유명한 하버드 경제학과 석좌교수 그레고리 맨큐Nicholas Gregory Mankiw는 통화량의 증가로 물가가 상승하는 것이 경제학의 기본원리라고 설명했다. 이 원리는 1963년 밀턴 프리드먼이 『미국의 통화역사A Monetary History of the United States』를 출간하며 이론으로 정립한 '화폐수량이론Quantity theory of money'에 기초하며, 미국 경제학의 아버지로 불리는 어빙 피셔Irving Fisher가 화폐수량방정식으로 발전시켰다.

화폐수량이론

$$M\text{통화량} \times V\text{화폐유통속도} = P\text{물가} \times Y\text{총생산량}$$

여기서 화폐유통속도 V는 오랜 기간에 걸쳐 안정적이며, 총생산량 Y는 노동의 공급과 생산 기술에 따라 변화하므로 통화량과 무관하다. 따라서 M(통화량)과 P(물가)는 비례하게 되므로, 통화량이 늘어나면 물건의 가격이 오르는 인플레이션이 발생하는 것이다. 이처럼 물가의 상승이라는 인플레이션이 시간의 흐름에 따라 우상향하는 본질적 이유는 통화량에 있기에, 통화량의 역사를 살펴보면 가격의 우상향이라는 자본주의 경제의 본질을 이해할 수 있다.

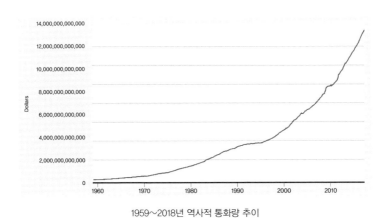

1959~2018년 역사적 통화량 추이

이제 우리는 자본주의 시장경제의 본질을 통한 부의 공식을 도출할 수 있다. 자본주의의 역사는 통화량 팽창의 역사이며, 통화량이 팽창하면 비례적으로 물가가 오르는 것이 화폐수량이론에 기반한 경제학의 기본원리다. 따라서 개별 자산의 가격이 일시적으로 등락을 거듭한다 하더라도 결국 시간의 흐름에 따라 자산의 가격은 우상향으로 오르게 된다.

자본주의 시장경제의 본질을 통한 부의 공식

1. 인플레이션은 물건과 자산의 가격이 오르는 현상이다.

2. 가격 상승이라는 인플레이션은 통화량과 비례한다.

3. 자본주의 시장경제의 역사는 통화량 증가의 역사이다.

4. 따라서 통화량과 비례하는 인플레이션 역시 역사적으로 우상향한다.

5. 결국 자산의 가격은 시간이 흐르며 통화량의 증가와 비례적으로 오르는 것이 필연이다.

6. 그러므로 자산을 사고 가격의 등락조정을 견디며 오랜 시간을 인내하면 큰 부를 이루게 된다.

② 위험 감수 + 배짱(용기) + 인내

1990년 노벨 경제학상을 수상한 미국의 경제학자 해리 마코위츠Harry M. Markowitz는 1952년 포트폴리오 이론을 발표한다. 핵심은 수익률이 높을수록 위험도 높다는 것이며, 위험이 낮으면 수익률 역시 낮을 수밖에 없다는 것이다. 높은 수익을 얻어 부를 이루고 싶다면 높은 위험을 감수해야 한다는 말이다. 우리는 이를 '하이 리스크, 하이 리턴High Risk, High Return'이라는 말로 잘 알고 있다. 이를 그래프로 나타내면 아래와 같다.

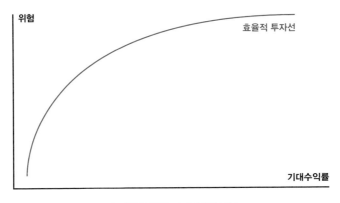

마코위츠의 위험–기대 수익률 곡선

내가 산 부동산의 시세가 하락하고 내가 산 주식이 하락해 -50% 이상의 하락률로 가치가 녹아내리는 걸 보면 엄청난 공포가 엄습해온다. 과연 원금이라도 건질 수 있을까? 너무 무모한 투자를 한 걸까? 지금이라도 매도해야 되는 건 아닐까? 하루하루 극심한 공포와 마주하는 나를 발견하게 된다. 그러므로 위험을 감수하는 배짱이란 말처럼 쉬운 것이

결코 아니다. 하지만 수기의 주인공들은 위험을 감내하며 힘들고 고통
스러운 인내의 시간을 견뎌 부를 이뤄가고 있다.

시장의 상승과 하락이 주기적으로 반복되지만, 가격이 우상향하는 것
이 바로 자본주의의 본질이라고 했다. 따라서 자산시장의 하락 조정기
는 부를 이루고자 하는 이들에게 인내를 테스트하는 시간이며, 그 시간
을 이겨낸 사람만이 큰 부를 이룬다. 한편 자본주의 경제 사이클을 나타
내는 그래프를 보면 시장의 하락 조정기는 더 큰 상승을 위한 기회라는
점을 확인할 수 있다. 조정기를 위기가 아니라 기회로 받아들이는 긍정
과 낙관이 필요한 것이다.

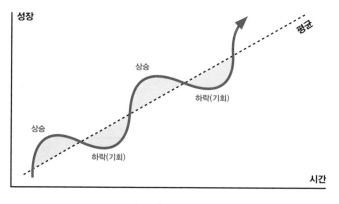

자본주의 경제 사이클

연평균 29%의 수익률로 '월가의 영웅'이라는 찬사를 받은 주식시장
의 위대한 투자자, 피터 린치Peter Lynch는 1994년 내셔널 프레스 클럽
National Press Club 강의를 통해 이렇게 말했다.

「시장을 이기기 위해 가장 중요한 것은 용기다. 투자로 돈을 벌 수 있는 방법은 두려워하지 않는 것이다.

지난 93년동안 -10% 이상 지수가 하락한 적이 50번 있었다. 즉, 2년마다 1번씩 -10%의 하락이 나오며 이것을 '조정'이라고 한다. 이 50번의 하락 중 15번은 -25% 가량의 하락이었다. 6년에 한 번 -25%의 하락이 나오는 것이다. 이와 같은 하락을 견딜 수 없다면 투자를 하지 마라. 좋은 자산이 떨어지면 더 살 수 있어 좋은 것이다. 시장을 이기는 길은 두뇌가 아니라 배짱이다. 모든 사람이 투자를 통해 돈을 벌 수 있는 지능을 가지고 있지만 돈을 벌지 못하는 이유는 배짱을 가지고 있지 못하기 때문이다.」

준비되지 않은 자에게 부의 미래는 없다

만연한 반反 부자 정서 속에서 부자를 본받고 싶은 사회, 부자를 존경하는 사회를 만들고 싶다는 꿈은 허황된 망상처럼 들린다. 하지만 세상의 변화는 인식의 전환으로부터 시작된다. 따라서 나는 부자가 되기 위해 피땀 어린 노력을 기울인 이들의 치열한 기록을 모은 이 책이 많은 이들의 공감을 얻어, 투자자에 대한 인식의 전환과 부자가 존경받는 세상을 위한 밑거름이 되기를 소망한다.

또한 이 투자 수기를 읽는 이들이 감동과 희망을 얻어, 잃어버린 꿈을 되찾고 그 꿈을 이루기 위한 첫걸음을 담대하게 내딛을 수 있기를 소망한다.

그리고 여러분의 한 걸음, 한 걸음이 모여 진정한 부와 자유의 정상에 우리가 함께 도달할 수 있기를 소망한다.

부의 노하우와 경험이 축적된 지식을 많은 이들과 나누는 것이 모두의 꿈을 앞당기기 위한 필수조건이라 믿기에, 우리의 경제지식 나눔에 여러분이 함께할 수 있기를 소망한다.

시장은 조정장에 들어서며 인고忍苦의 터널을 지나고 있다. 하지만 자유지성 아카데미에 모인 1천 명의 우리는 주택시장의 역사를 공부하고 지식과 경험을 아낌없이 나누며, 서로를 격려하고 부의 미래를 그리며 어려운 시기를 이겨내고 있다. 부자 보고서에서 언급되었듯, 투자자들은 자산을 유지하며 돌아오는 기회를 준비하고 있는 것이다. 누군가 위기론에 주저앉아 낙담하고 있을 때, 누군가는 위기를 극복하는 불굴의 의지로 현장에 임장臨場을 나가고 정보를 나누며, 더 큰 부를 위한 결단의 시간을 예비하고 있다.

> "기회는 불운의 가면을 쓰고 나타나며 좌절이라는 형태를 띠기도 한다. 그래서 많은 사람들이 기회를 알아보지 못한다. 기회는 뒷문으로 슬그머니 들어왔다 나가는 교활한 놈이다."
>
> **나폴레온 힐**

기회는 고난과 역경의 모습을 띠고 나타난다. 따라서 이를 마주해 극복하는 가운데 부의 기회가 오는 것이다. 기회란 불운에 좌절하지 않고 시장의 해빙解氷을 전망하며 준비하는 자에게 다가오는 것이다. 준비되지 않은 자에게 부의 미래는 없다.

2023. 4.

자유지성

제1법칙

부의
결단과 인내

산을 움직이려 하는 이는
작은 돌을 들어내는 일로 시작한다

• 공자 •

1

가난의 마약을 끊고

국민임대에서 화장실 8개의 삶으로

·

보라보라

보라보라섬을 사고 싶다

내 닉네임은 보라보라

타히티 보라보라섬에 등기치는 게 꿈이라 닉네임을 보랏빛 '보라보라'로 명명했다. 자유지성 아카데미에서 투자 수기를 모집할 때 나는 이렇게 생각했다.

'과연 내 이야기가 사람들에게 도움이 될 수 있을까?'

하지만 자유지성 아카데미에서 언제나 울려 퍼지는 두 단어

'긍정과 낙관'

그래 나도 할 수 있다. 수기를 써서 내보자.

원룸 월세에서 시작한 신혼생활에서 화장실 8개의 삶을 살아가고 있는 지금, 나는 할 수 있다는 자신감을 얻었다. 이제 총자산 52억 2천만 원의 구체적 미래를 꿈꾸며 보라보라의 스토리를 펼쳐본다.

경제관념 제로의 두 남녀, 하트 곰팡이의 사랑과 추억

두 남녀의 사랑은 뜨거웠다. 우리는 원룸 월세에서 신혼을 시작했다. 원룸 천장 끝에 곰팡이가 보인다. 하지만 곰팡이가 우리의 뜨거운 사랑을 막을 수는 없었다.

"곰팡이가 하트 모양이잖아. 곰팡이도 낭만적이네. 쿄쿄쿄"

사랑이 깨알같이 쏟아지며 하트 모양 곰팡이와 동거하던 시절, 그 좁디좁은 원룸에서 꼭 끌어안고 주접을 떨던 그 시절이 좋았다.

냉혹한 현실을 알기 전에는 말이다.

그래, 국평브랜드역세권신축초품아*였다면 더 좋았겠지.

사랑의 콩깍지가 눈에서 살살 벗겨지기 시작하자, 비로소 그 핑크빛 원룸이 좁고 구리게 느껴지기 시작했다.

하트 곰팡이는 폐질환을 유발하는 그냥 곰팡이였을 뿐, 나중에 보니

---

*국평브랜드역세권신축초품아 : '국평+브랜드+역세권+신축+초품아'를 합친 말. '국평'은 '국민평수'의 줄임말로, 일반적으로 가장 수요가 많고 선호하는 공급면적 33평~34평의 전용 84㎡ 전후의 아파트를 가리킨다. '브랜드'는 래미안, 자이, 힐스테이트 등의 아파트 브랜드를 이르는 말이다. '역세권'은 지하철이나 기차역을 중심으로 보통 500m 반경 내외의 지역으로, 도보로는 5~10분 안팎인 지역을 뜻한다. '초품아'는 초등학교를 품은 아파트라는 뜻으로 단지 내에 초등학교가 있거나 아파트 단지에서 차도를 건너지 않고 통학할수 있는 초등학교가 있는 아파트를 말한다.

하트도 아니었다. 그리고 곰팡이는 자가번식을 통해 원룸 전체로 퍼지기 시작했다. 닦아도 닦아도 곰팡이는 사라지지 않았다.

부동산에 관해, 집에 관해 아무 것도 모르던 시절,

곰팡이가 가득 핀 열악한 환경에서 아이가 생길 수도 있다는 생각이 들자 등골이 오싹해졌다.

보라보라, 이제야 현실을 깨닫고 고민을 시작한다.

'우리는 대체 왜 돈이 없지? 아, 둘 다 아무것도 없이 맨손으로 시작했구나'

양쪽 집안 역시 모두 돈이 없었다. 우리가 근로소득으로 모을 수 있는 돈을 생각해보니 평생 집이란 걸 못 살 것 같았다.

그러면 우리 아이는?

내가 집을 못 사면 내 아이도 집이란 걸 못 사지 않겠는가.

내 아이도 하트 곰팡이로 시작하는 건가? 이제야 냉혹한 현실이 제대로 보이기 시작했다. 바로 '가난의 대물림'이다.

내 아이도 이런 곰팡이 핀 집에서 살아야 한다는 생각을 하자 피가 거꾸로 솟기 시작했다. 소위 '피꺼솟'이다. 그리하여 매일 밤, 이불 속에서의 사랑이 아닌 잠 못 이루는 고민이 계속된다.

가난을 대물림할 수 없다, 아파트로 가자

우리는 왜 돈이 없는가. 내가 절약하지 않아서인가.

수입 자체가 적어서인가. 나는 이렇게 열심히 사는데.

대체 저 아파트라는 건 어떻게 하면 살 수 있는 것인가!

아무리 계산을 해봐도 반세기 월급을 다 모아도 턱도 없이 모자란데, 그렇다면 수많은 아파트에 들어가 살고 있는 사람들은 다 부모님이 사준 것이라는 말인가.

아무리 생각해도 답이 나오지 않았다. 우리가 아무리 벌어도 아파트를 살 수 없다는 말이다. 50년을 저축해도 아파트를 살 수 없다는 것에 절망했지만, 마음만은 간절했다.

'아… 나도 아파트라는 데서 살고 싶다'

남편이 큰일 볼 때 나도 급 큰일이 닥치면 동시에 상큼하게 큰일을 해결할 수 있는 화장실 2개, 방 3개의 아파트에서 살고 싶다.

'아파트, 아파트, 아파트, 대체 너란 녀석은…'

고민에 고민을 거듭했다. 알아보고, 알아보자. 구하라 그러면 주실 것이요, 두드리라 그러면 열릴 것이니, 나는 아파트를 향한 뜨거운 열망을 불태웠다. 그 결과는 어떠했을까?

대박 사건! 드디어 나는 아파트에 입주하게 되었다.

짜잔! LH 국민임대 아파트*였다.

나란 여자 아파트에 사는 여자, 이제는 청약이다!

아… 젠장

---

*LH 국민임대 아파트 : LH에서 무주택 저소득층의 주거 안정을 도모하기 위해 저렴한 임대료로 장기간 (30년) 임대하는 아파트로, 분양전환되지 않는다.

그때 청약이라도 파봤어야 하는데, 수준이 수준이다 보니 고민의 끝에 LH 국민임대 아파트에 들어간 것이다. 그래도 잠시 행복했다. 임대 아파트라도 아파트니까.

구조도, 자재도, 연식도, 브랜드도 형편없다. 하지만 하트 곰팡이 원룸에서 탈출하며 나의 삶은 진일보한 것이다.

매일 주차전쟁을 해야 했고, 아직 화장실은 한 개라 남편과 동시에 대소사를 해결하지는 못했다.

그래도 나는 행복했다. 이건 아파트니까… 나는 아파트에 사니까.

단순한 나란 여자, 아파트에 사는 여자,

너무 행복한 나머지 방심해서 다시 사랑의 콩깍지로 들어갔다. 아이가 생긴 것이다!

너무나 사랑스런 아이가 태어나자 나는 결심했다. 아이를 위해 정말 열심히 살아가자, 아이를 최고의 환경에서 키우고 싶다.

그런데 아이가 태어나니 당장 생활비가 부족해졌다. 그래서 나는 다시 일을 하기 시작했다. 아이에게 가난을 물려줄 수는 없으니까.

그런데, 어라?

내가 일을 열심히 해서 소득이 늘어나니 LH가 국민임대 아파트에서 나가라고 한다. 소득이 늘어났으니 나가야 된다는 것이다. LH에 물어봤다. 아파트에서 계속 있으려면 어떻게 해야 되는지.

내가 일을 안 해서 계속 가난하게 살면 쭈욱 살 수 있다는 답변이 돌아왔다.

'하하하하하하, 하하하…'

'이런 C… 내가 가난해야 된다고?'

다시 매일 밤 잠 못 드는 고민이 시작되었다. 열심히 일을 해서 돈을 번다고 국민임대에서 쫓겨나는 우리는 이제 어디로 가야 할 것인가. 아파트 맛을 본 나는 하트 곰팡이 원룸은 잊은 지 오래다.

그래, 나란 여자 아파트에 살아본 여자, 아파트만 노린다!

구하라 주실 것이요, 두드리면 열릴 것이라, 드디어 나는 청약이라는 것을 알게 되었다. 그래, 이거야!

청약통장을 만들자. 남편도 있다. 아이도 있다. 나는 청약으로 다시 아파트에 사는 여자가 될 것이다. 아파트 청약이란 걸 해보자.

그리고 얼마 뒤 대박! 청약에 당첨이 된 것이다!

청약이 당첨되어 신축 아파트에 입주하게 된 것이다!

가난의 모르핀에 중독된 선택과 후회

짜잔! LH 10년 공공임대 아파트*(아… 왜 그랬어…)

LH 10년 공공임대 아파트는 10년 동안 보증금과 월세를 내고 살면 우선 분양을 받을 수 있는 것이다. 10년 뒤 주변 시세의 95% 이내에서 분양가를 책정해 내 집이 될 수 있다. 내가 청약을 넣은 것은 LH 외주 홍보직원의 말에 솔깃했기 때문이다. 국토부 장관이 청문회에서 시세의 70% 선에서 우선 분양할 거라고 이야기했다고 한다. (싸고 좋은 것은

---

*LH 10년 공공임대 아파트 : LH에서 10년의 임대기간 종료 후 입주자에게 우선 분양전환하는 주택

없다는 사실을 알게 된 건 먼 훗날의 일이었다)

그리고 LH 공공임대 아파트는 10년 동안 계속 무주택이어야 한다. 또한 10년 동안 내는 월세가 적지도 않았다. 청약 통장도 써야 했다. 하지만 10년 뒤에 시세의 70%로 싸게 분양받아 내 집이 된다는 소리에 '혹'했던 것이다. LH는 공기업이니까 서민에게 유리하게 해줄 것이라는 희망 회로를 돌리면서 청약을 쓰고 말았던 것이다.

(나는 뒤늦게 깨달았다. 10년 동안 무주택을 유지하게 하는 수단이 임대 아파트였다는 사실을. 이곳에 머물기 위해 나는 10년 동안 집을 사지 말아야 하며, 계속 가난의 모르핀에 중독되어 있어야 한다는 사실을. 10년은 부를 이룰 수 있는 한 번의 사이클이 지나가는 금과 같은 시간임을, 국민임대의 마약에 취하면 평생 가난의 굴레를 벗어날 수 없다는 처절한 현실을…)

당연히 나 같은 호구는 많지 않았다. 바로 당첨된 것이다.

그리고 입주! 신축 아파트! 화장실이 2개, 방도 3개!

10년 뒤 내 집이 될 거니까 내 돈 들여 촘촘망 방충망도 설치했다. 그 당시에는 공공임대의 모르핀을 깨닫지 못했다. 꿈이 이뤄질 수 있다고 생각했다. 행복의 콩깍지가 다시 내 눈을 하트로 만들고 있었다. 그래서 밤마다 조심, 조심했다. 둘째가 생길까 봐…

10년 뒤에 이뤄질까 말까 한 내 집 마련의 꿈이었건만, 당시엔 그 꿈이 굳건했다. 그리고 아이는 쑥쑥 자라 학교에 입학하게 된다. 물론 그 사이 우리는 10년 공공임대 아파트의 임대료를 매달 꾸준히 LH에 바치고 있었다.

그러던 중 우연히 남편한테 등 떠밀리듯 부동산 관련 강의를 처음 들으러 가보게 된다. 아직도 현실을 깨닫지 못한 보라보라, 남편을 원망한다. 세상에 몹쓸 속물 적폐 투기꾼 소굴에 날 보내다니…

하지만 이 나쁜 투기꾼들의 얼굴은 어찌 생겼나 한번 보자 하고 강의를 들으러 가게 되었다. 그리고 이 강의는 보라보라의 인생에 터닝포인트*가 된다.

부동산이라는 것이 무엇인지, 집을 사는 원리는 무엇인지, 왜 근로소득을 모아 집을 살 수 없는지, 그 원리를 그때 처음 듣게 되었다. 나는 지난날의 선택을 후회했지만, 이 후회는 깨달음의 시작이었고, 바로 위대한 여정의 첫걸음이었다.

가난과 예속*의 쇠사슬을 끊고, 자유를 향해 나아가다

강의 내용을 다 알아들을 수도, 이해할 수도 없었다. 하지만 집은 근로소득을 모아서 사는 것이 아니라는 점을 분명히 알게 되었다. 대출을 받아 집을 사거나, 전세를 끼고 집을 사는 것이 부의 지름길이라는 것을 깨닫고 인생을 송두리째 뒤집어놓는 충격에 휩싸였다.

내가 왜 가난했던 것인지, 그 이유를 알게 된 것이다.

나는 가난의 마약에 중독되어 있었다. 나의 선택은 올바른 부의 길이

＊터닝포인트turning point : 어떤 상황이 다른 방향이나 상태로 바뀌게 되는 계기. 또는 그 지점
＊예속隸屬 : 남의 지배나 지휘 아래 매임

아니었다. 정치인들은 내가 가난하기를 원하며, 국민임대와 공공임대를 찬양하고 있었다. 나는 아파트의 진실을 보게 되었다.

보라보라, 드디어 개안開眼을 한다.

내가 얼마나 무지하고, 무지하고, 또 무지했던지를 알게 되어 몇 날 며칠 동안 지독히도 아픈 몸살을 앓았다. 마음의 충격이 몸으로 전해져 나를 쓰러지게 한 것이다. 이 고통은 나를 일깨우고 세상을 똑똑히 바라보도록 했다. 평생 그렇게 아팠던 적이 없던 몸살을 앓고 일어나 곧바로 서점으로 향했다.

그리고 나는 10년 공공임대 아파트의 안방에서 부와 관련된 책을 모조리 사서 읽기 시작했다. 남편도, 나도, 책을 읽고 또 읽었다. 경제를 공부하기 시작한 것이다. 더 이상 가난의 마약 주사를 맞지 않으리라. 시장경제의 백혈구가 가난의 바이러스를 제거하기 시작했다.

남편에게 붙었던 적금 귀신, 대출안돼 귀신을 먼저 퇴치했다. 그리고 떨어지지 않던 귀신, 변액유니버셜보험* 귀신도 퇴마했다.

물론 책을 읽고 또 읽어도 처음엔 무슨 말인지 하나도 이해하지 못했다. 용어가 너무 어려웠다. 하지만 그냥 읽었다. 그리고 유튜브를 찾아 듣기 시작했고, 강의를 쫓아다니며 들어보게 되었다. 그렇게 1년이 지나자 용어를 이해할 수 있게 되고, 자본주의의 원리가 내 눈에 보이기 시작했다. 서당 개가 1년 만에 풍월을 읊고 있는 것이다!

---

*변액유니버셜보험 : 펀드 운용 수익률에 따라 보험금이 변동되는 변액보험과 보험료 납입 및 적립금 인출이 자유로운 유니버셜보험의 특성을 결합한 보험상품

어느 날 아파트 입주민 대표가 나에게 찾아왔다. "보라보라 씨, 10년이 도래한 다른 지역의 공공임대 아파트를 시세의 95%로 분양한대. 말이 되는 거라고 생각해? 우리 아파트도 시위에 동참해서 싸게 분양받아야지. 시위가 있으니까 꼭 나와. 알았지?"

싸고 좋은 것은 없다. 임대 아파트는 나를 10년 동안 가난의 쇠사슬로 묶어놓을 것이다. 내 돈 들여 설치한 촘촘망 따위는 전혀 문제가 되지 않았다. 그리고 나는 뒤도 안 돌아보고 10년 공공임대 아파트에서 나오기로 결심한다.

나 스스로, 내 발로 자유의 길을 선택한 것이다.

실패해도 좋다. 나는 가난의 쇠사슬을 끊어보기로 했다.

현장이 답이다. 부의 레버리지를 결단하고 실행하다

LH 임대 아파트를 내 발로 나온 보라보라

나란 여자, 아파트에 살던 여자지. 하지만 이제 임대 아파트에 현혹되지 않는다. 물론 나는 돈이 부족하다. 하지만 배운 대로 대출을 풀로 땡겨 타인의 자본을 활용하는 레버리지를 결행했다. 내가 살던 동네의 구축 아파트*의 매수 계약서를 쓰는 날, 나는 진정한 자유를 향해 나아가고 있었다.

---

*구축 아파트 : 오래된 아파트. 신축 아파트의 반의어처럼 쓰이지만 국립국어원 표준국어대사전에 등재되지 않은 부동산 업계의 신조어이다. 신축과 구축을 나누는 합의된 기준은 없지만 대략 지어진 지 5년 이하면 신축, 5~10년은 준신축, 10년 이상이면 구축 아파트로 분류한다.

첫 내 집 마련의 경험에서 깨달은 것은 '답이 현장에 있다'는 사실이다. 구축을 매수하기로 하면서 내가 걱정했던 것은 대출 액수였다. 하지만 막상 은행에 가보니 내가 머릿속에서 생각했던 것보다 훨씬 큰 금액을 대출받을 수 있었다. 이 과정을 통해 검색하거나 내 머리로 생각하는 것은 답이 아니라는 것을 알았다. 답은 현장에 있었던 것이다. 답은 실전에 있었던 것이다.

그래, 나란 여자 아파트를 위해 움직이는 여자, 현장에서 답을 계속 찾아보기로 한다. LH를 나와 마련한 구축 아파트의 시세가 오르면서 나는 처음으로 자본주의 시장경제의 위대함을 보게 된다. 내 발로 스스로 임대 아파트를 나오지 않았다면 나는 아직도 시세의 70%에 분양가를 책정해달라는 시위를 하며 생떼를 쓰고 있었을 것이다. 하지만 그 예속의 고리를 끊고 구축 아파트를 매수한 나의 부는 평생의 근로소득보다 훨씬 크게 늘어나고 있었다.

이제 비로소 눈을 뜨게 된 나는 청약 공부를 더 깊이 있게 하고 모델하우스* 임장을 다니게 된다. 대박! 내가 특별공급* 대상자라는 걸 그제서야 알게 된 것이다. 그렇게 청약을 알고 난 후 나는 특별공급에 도전한다. 그리고 대박!

---

*모델하우스model house : 아파트 따위를 지을 때, 집을 사고자 하는 사람에게 미리 보이기 위하여 실제 내부와 똑같게 지어 놓은 집. '본보기집'이라고도 한다.
*특별공급 : 특별공급은 정책적·사회적 배려가 필요한 계층의 주거 안정을 위해 일반 청약자들과 경쟁을 하지 않고 아파트를 분양 받을 수 있도록 하는 제도다. 신혼부부·다자녀·노부모 부양 등으로 지원 항목이 나뉜다.
*민간 신축 : 민간건설사가 지은 새 건물로 보통 국가에서 공공으로 짓는 임대주택 등과 구별하여 쓰인다.

민간 신축*에 당첨된 것이다!

이제는 LH 국민임대도, 공공임대도 아니다.

나의 부의 항로가 태풍을 뚫고 보라보라섬으로 향하고 있었다. 2주택자가 된 것이다. 근로소득으로 가난의 대물림을 걱정하던 나란 여자, 이제 자산가로 성장하고 있었다.

이제 나는 임대 아파트에 사는 여자가 아니다.

신축 브랜드 아파트에 사는 여자다!

52억 2천만 원을 향해 걸어가는 부의 로얄로드

보라보라, 2채의 아파트를 발판으로 다시 대출의 레버리지와 타인 자본인 전세금을 끼고 지방에 2주택을 추가로 투자하는 과감한 결단력으로 나아갔다. 그리고 나는 이제 4주택자가 되었다.

나란 여자, 이제 화장실이 8개인 여자다.

물론 6개는 내가 사용 못하지만, 그래도 내 거라는 사실에는 변함이 없다. 그리고 보라보라에겐 더욱 구체적인 목표가 생겼다.

'나는 총자산 52억 2천만 원을 향해 나아갈 것이다'

솔직히 아직 너무나도 부족하지만 4주택을 마련하는 동안 현장과 실전에서 계속 배우고 앞으로 나아갈 수 있었다. 뭐하나 쉬운 적이 없었고, 주택을 매수한 후 전세를 맞추지 못할 때는 피가 바짝바짝 마르는 고통을 겪기도 했다. 하지만 자유지성님이 그랬다.

'이 고통의 열매가 수익이다. 수익은 고통의 위자료다'

보라보라는 고통의 쓴맛을 보며 오늘도 나아간다. 잔금대출도 알아보고 후순위 대출도 알아보다 또 누군가를 알게 되고 새로운 무언가를 배우고 깨닫게 되었다. 그리고 이렇게 현장에서 배우는 경험이 늘어나면서 부의 근본적인 원리에 대한 갈급함을 느끼게 되었다.

아파트라는 실물자산*을 통해 돈 공부를 하면 할수록 근본적인 경제 이론과 원리를 알고 싶어졌다. 투자를 하루 이틀 하는 것도 아니고 평생을 할 텐데, 이 부의 원리를 알고 깨달아야 내 아이에게 부자가 될 수 있는 길을 가르쳐 줄 것이 아닌가. 그리고 내 아이가 가난의 고통을 겪지 않도록 어떻게 지도해야 할지, 경제 공부에 대한 갈급함이 나를 휘감았다. 부의 근본적인 원리, 부의 로얄로드로 가는 방법을 알고 싶다. 더 깊이, 저 진피까지 닿고 싶었다. 그리고 자유지성을 알게 되었다.

그때부터 함께한 자유지성은 나에게 부의 로얄로드를 가르쳐주는 경제 지식의 정수가 되었다. 그 어떤 경제 유튜버도 부의 원리에 대해 이렇게 쉽고 자세하게 강의해주지 않았다. 그는 부의 작동 방식과 경제이론을 현실에 접목해 정확하게 설명해준다. 경제 현상을, 자산시장을 이렇게 깊이 있고 쉽게 다뤄주는 채널이 있기에 지금 나는 인생의 가장 큰 수확과 함께 더 큰 부의 길을 향해 열심히 공부하고 있다.

나의 목표는 정해졌다. 나는 자유지성 아카데미의 동료들에게 이렇게 말했다. "나는 52억 2천만 원의 총자산을 향해 나아갈 것이다"

---

*실물자산 : 부동산, 골동품, 금, 기념주화처럼 형체가 있는 자산

왜 50억이 아니냐고 묻는 분들이 있다. 왜 52억이냐고, 2천만 원은 뭐냐고 말이다. 총자산의 목표를 달성한 그 날, 보라보라가 걸어 온 투자의 역사를 책으로 펴내 내가 왜 52억 2천만 원의 꿈을 꾸게 되었는지를 말하고 싶다. 오늘도 꿈을 꾸고 있는 내 자신, 어제보다 나은 오늘을 맞이하는 보라보라는 이제 투자자의 길을 걷고 있다.

투자자의 마인드를 가지니 세상이 다르게 보였다. 돈 공부, 자본주의 공부, 시장경제 공부를 하며 삶을 대하는 태도, 돈을 대하는 태도, 위기를 대하는 태도, 고통을 대하는 태도, 행복을 대하는 태도가 달라졌다. 그리고 아무것도 없는 무일푼으로 시작하는 청년들과 신혼부부들에게 말하고 싶다. 내가 했던 무지성의 삶을 반복하지 말라고. 실패해도 되니 시장경제를 공부하고 자산투자를 용기 있게 결단하라고 말이다. 고막을 파고드는 스타크래프트 BGM*과 더불어 말하는 자유지성의 목소리로 여러분께 마지막 말을 전하고 싶다.

'긍정과 낙관, 너는 할 수 있다!'

'너는 부자가 될 수 있다! 반드시 부자가 된다!'

---

*고막을 파고드는 스타크래프트 BGM : 자유지성 유튜브 영상에서 스타크래프트 게임의 테마 음악을 방송의 BGM(배경 음악, Back Ground Music)으로 자주 사용한다.

당신이 가난을 벗어나지 못하는 이유

전 세계에서 2,600만부가 팔린 스테디셀러 '부자 아빠, 가난한 아빠' 의 저자, 로버트 기요사키Robert Kiyosaki는 부동산으로 800억의 부를 이룬 자산가입니다. 그는 가난한 사람들의 공통적인 특징과 마인드를 아래와 같이 지적합니다. 당신은 어떤지 체크해보세요.

□ 직장을 다니며 열심히 일하자. 부자들은 악한 사람이야.

□ 지금은 집을 살 돈이 없으므로 월급을 모아 집을 살거야.

□ 난 위험한 도전보다 회사에 다니는 안전한 삶을 추구해.

□ 나는 시간이 없고 그것을 살 형편이 되지 않아.

□ 난 지금 할 수 없으니, 할 수 있을 때까지 기다릴 거야.

기요사키는 여러분에게 말합니다. "가난은 말로부터 시작되고 그 말은 그대로 현실이 되죠. 할 수 없다고 말하고, 살 돈이 없다고 말하며, 형편이 되지 않고 시간이 없다고 할 때 그들이 말한 그대로 이뤄졌습니다. 그래서 그들은 가난을 벗어나지 못하는 것입니다. 가난한 사람들은 새로운 삶의 위험을 감당하려 하지 않습니다. 회사에 있어 안전하다는 말로는 결코 부자가 될 수 없죠."

그렇다면 어떻게 해야 할까요? 기요사키는 부자가 되기 위한 해법을 아래와 같이 제시합니다. 지금까지와는 완전히 다른 자신으로 변화시키는 용기가 필요하다고 말하죠.

□ 직장 이외에도 부업을 통해 돈을 벌어 투자를 해야 해.

□ 투자를 통해 돈을 벌어 내 사업에 도전해야 해.

□ 내가 일을 하지 않아도 투자한 곳이 일을 하도록 해야 해.

□ 투자를 하지 않는 것이 더 큰 위험이니, 투자를 해야 해.

□ 시간이 없다면 만들어야 하고, 안전한 영역을 벗어나야 해.

□ 난 할 수 있고, 포기하지 않을 것이며, 부자가 될 거야.

할 수 없다고 말하는 대신 '어떻게 하면 할 수 있을까?'를 질문해야 합니다. 그리고 '무엇을 해야 원하는 것을 얻을 수 있을까?'를 질문해야 합니다. 질문은 실천과제라는 답변을 남기고, 그 답변에 따라 행동해야 합니다. 가만히 있어서는 어떤 일도 일어나지 않기 때문이죠. 부자가 되기 위해서는 부를 위해 행동해야 합니다. 부자들의 마인드를 배우고, 부자가 되고자 하는 사람들과의 네트워크를 형성하며, 부자들의 삶을 따라가야 합니다. 설령 위험하더라도 말입니다.

기요사키는 가난한 사람들이 부자들의 탐욕을 비판하지만, 사실 가장 탐욕스러운 것은 가난한 사람들이라 지적합니다. 가난한 사람들은 자신이 전혀 노력하지 않고, 부자들의 것을 빼앗아 나눠줘야 한다고 말하기 때문입니다. 기요사키의 말을 들어봅시다.

"부자가 되려면 당신은 무언가를 해야 합니다. 저는 부동산을 사고, 주택을 임대하며 공급했습니다. 그것이 제가 부자가 된 이유죠. 하지만 탐욕스런 가난한 자들은 아무 것도 하지 않고 국가에 돈을 달라고 의존합니다. 그 돈은 부자들이 일해서 낸 세금이죠. 과연 누가 탐욕스러운가요?"

부자가 되기 위해서는 필연적으로 투자를 해야 합니다. 하지만 투자에는 반드시 위험이 동반됩니다. 실패가 두려울 겁니다. 하지만 실패를 하지 않고 성공한 사람은 단 한 명도 없습니다. 기요사키는 두려움과 실패를 다루는 태도가 중요하다고 설명합니다.

"저는 실패할 때마다 무엇을 배웠는지를 생각합니다. 사람들이 가난한 이유는 그들이 실패해본 적이 없기 때문이죠. 그들은 그저 안전만 생각합니다. 그들은 어떠한 실수도 두려워하죠. 그래서 그들은 성공의 법칙을 배우지 못합니다. 성공의 길은 실패로부터 배우는 것인데 말입니다. 그래서 실패를 두려워하면 가난해질 것이요, 실패를 무릅쓰고 도전하면 부에 이르는 성공의 길을 터득하게 됩니다."

한편 기요사키는 학교 제도가 가르쳐주는 가난의 마인드를 벗어날 것을 강조합니다. "학교 시스템은 '돈'을 가르쳐 주지 않습니다. 학교 제도는 당신이 가난하기를 원하기에, 절대로 당신에게 돈을 가르쳐 주지 않을 겁니다. 학교는 당신이 노동자가 되도록 가르치죠. 그래서 가난은 대를 이어 학습되며, 가난이 대물림 되는 것입니다."

가난의 마인드를 바꾸기 위해 돈에 대해 공부하고, 경제를 학습하시기 바랍니다. 그리고 부를 향해 도전하시기 바랍니다. 실패의 두려움과 공포를 긍정과 낙관으로 이겨내시기 바랍니다. 페이스북 창업자 마크 저커버그Mark E. Zuckerberg는 이렇게 말합니다.

"가장 큰 위험은 위험을 감수하지 않는 것이다. 변화하는 세계에서 실패가 보장된 유일한 전략은 위험을 감수하지 않는 것이다."

세상이 눈물의 골짜기라면,
그 골짜기 위로 무지개가 뜰 때까지 웃어라!

• 루시 라콤 •

2

실패의 빚더미를 견디며

고시원의 눈물에서 고시원의 웃음까지

·

코스모스

취업과 함께 시작된 고시원 생활

대학 졸업 후 서울의 나름 괜찮은 다국적 기업에 채용 합격 통지를 받고 어깨에 뽕 들어간 채 지내는 것도 잠시뿐, 서울에서 지낼 거처가 걱정이었다. 서울의 원룸 전세 보증금을 마련해 주기엔 부모님의 경제 능력이 여의치 않았다.

그래서 몇 년째 고시 공부를 하고 있는 사촌 형의 도움으로 신림동에 숙소를 마련했다. 그때는 방이 많이 좁다고만 느꼈지, 그 방이 주거의 종류 중 가장 경제 능력이 부족한 계층이 사는 '고시원'이라는 사실을 나중에서야 알게 되었다.

그때의 경제적 상황은 고시원 생활을 할 수밖에 없는 수준이었다. 1년 동안 고시원 생활을 하며 크나큰 박탈감을 느낀 나는 어떻게든 이곳을 빨리 벗어나고 싶었다. 좀 더 넓은 곳으로 이사가야겠다는 생각밖에 없었다.

열심히 월급을 저축하며 1천만 원을 모았다. 이 돈 1천만 원을 보증금으로 월세 30만 원인 원룸으로 이사를 하고 나니 왠지 신분 상승이 된 것 같은 기분을 느꼈다. 지금의 투자 마인드에서 볼 때는 그때 고시원에서 조금 더 고생을 하면서 월급을 모아 아파트를 사야 했다. 내가 모았던 저축액으로 서울에 전세를 끼고 아파트를 살 수 있던 때였다.

전세 보증금을 모아 레버리지를 당하다

첫 원룸은 월세였고, 매달 나가는 월세가 아깝다는 생각에 모은 돈을 모두 전세 보증금으로 투입해 전세로 옮기기로 했다. 월세를 안 내게 되자 "나는 정말 잘하고 있어"라고 스스로를 칭찬하기도 했다.

그 후로도 계속 모은 돈을 2년마다 전세 보증금에 투입해 더 보증금이 비싼, 더 좋은 환경의 전세로 이사를 했다. 지금 생각하면 내 전세금으로 집주인은 레버리지를 활용하고 있었던 것이다. 반대로 나는 집주인에게 전세금을 제공하며 레버리지를 당하고 있었다. 물론 당시의 나는 레버리지라는 개념조차 몰랐다. 부린이*보다 못한 부생아* 정도의 경제 관념을 가지고 있었던 것이다.

＊부린이 : '부동산'과 '어린이'의 합친 말로, 부동산에 대해 잘 모르는 사람을 가리키는 신조어
＊부생아 : '부동산'과 '신생아'의 합친 말로, 부동산에 대해 전혀 모르는 사람을 가리키는 신조어

한강변(?) 첫 아파트를 매수하다

결혼을 하고 직장에서 멀지 않은 강남구 투룸 빌라에 신혼집을 마련했다. 역시 전세였다. 결혼을 하니 내 집 마련에 관심이 가면서 그동안 무시했던 부동산 폭등 뉴스가 눈에 들어오기 시작했다.

그 뉴스를 보고 있자니 내 집이 없는 것이 그토록 한스러울 수 없었다. 그래서 나는 참여정부 시절 부동산 대세상승기 마지막에, 상투*를 잡고 아파트를 매수하게 된다.

교통, 학군, 역세권, 조망, 입지, 일자리, 브랜드 등 아파트의 가격을 결정하는 요소가 무엇인지도 몰랐다. 또한 그때나 지금이나 서울은 여전히 비쌌다. 우리 부부는 아무 생각 없이 한강이 보이는 곳이기만 하면 좋겠다고 생각했다.

이런 아주 순진하고 낭만적인 생각에 우리의 예산으로 매수 가능한 남양주 덕소의 한강변 아파트를 매수했다.

그런데 아파트 거주의 기쁨과 시세 상승의 기대감도 잠시, 내가 매수하고 나니 불같이 타오르던 부동산 경기는 잠잠해졌고 뉴스 헤드라인에는 부정적인 기사가 넘쳐나기 시작했다. 깡통전세, 하우스 푸어*, 계단식 하락, 장기 침체, 일본식 폭락과 같은 단어가 뉴스에 가득했다. 그 뒤로 보유하는 내내 아파트 시세는 오를 기미가 보이지 않았고, 가격이 떨

＊상투 : '꼭지'와 비슷한 말로 집값이 최고로 올랐을 때 또는 그때의 가격
＊하우스 푸어house poor : 집을 보유하고 있지만 무리한 대출로 인한 이자 부담 때문에 빈곤하게 사는 사람을 가리키는 말이다.

어지기 시작하자 위기감에 본격적으로 재테크 공부를 하게 된다.

자본주의 사회의 노예계급을 자각하다

회사를 다니며 근로소득으로 생활하는 사람은 자본주의 사회의 노예계급이다. 이 말은 당시 유명했던 '텐인텐 카페'*에서 항상 강조되었던 말이다.

기대를 안고 매수한 아파트는 오르지 않았고 하루하루 똑같은 삶은 나아지지 않았다. 뭔가 돌파구가 필요했다. 그래서 찾아간 곳이 텐인텐 카페였고, 텐인텐의 오프라인 강의에서부터 나의 투자 마인드가 형성되기 시작했다.

봉건사회의 노예계급이 현대 자본주의에도 똑같이 존재하고, 그 계급이 나였다는 사실을 자각하는 순간이었다. 그 후로 노예계급에서 벗어나기 위해 부에 관한 책, 투자 관련 책들을 읽기 시작했다. 그러면서 알게 되었다. 그동안 내가 정말 아무 생각 없이 살아왔다는 것, 많은 기회들을 놓쳐버렸다는 자책을 수없이 했다.

하지만 내가 겪었던 실패가 있었기에 투자 공부를 하게 되었고, 이 기간에 읽은 책들이 투자 마인드의 기본기를 잡아준 것 같다.

---

* 텐인텐 카페10 in 10 cafe : 10년 10억 만들기를 목표로 하는 사람들이 모인 재테크 카페

MBA 이수와 사업의 시작, 지옥을 경험하다

노예를 벗어날 수 없다면 노예 중에서도 더 나은 노예 생활을 해야 한다. 이를 위해 MBA 과정 이수가 필요하다고 생각한 나는 회사를 다니면서 MBA 과정을 다니기 시작했다.

지금의 나라면 MBA 과정에 돈과 시간을 투입하지는 않을 것이다. 하지만 그때의 나는 MBA 이수가 계층이동의 사다리가 될 수 있을 거라 생각했다.

MBA 과정을 다니며 친분을 쌓은 세 분과 사업 얘기를 하다 실제로 사업을 실행에 옮기게 되었다. 자본금을 모아서 회사를 세우고 사업을 할 계획을 구체적으로 세웠다. 지금 와서 생각해 보면 정말 허점이 많은 사업이었지만, 그 당시에는 수저 색깔을 바꿔줄 수 있을 것만 같았다.

그래서 나는 좋은 회사를 왜 그만두냐는 주변의 만류에도 불구하고 회사를 나와 사업에 올인All-in 했다.

사업 초창기에는 모든 것이 계획대로 진행되고 순조로웠다. 예상보다 훨씬 많은 매출과 순이익이 회사 장부에 찍히고, 월급으로는 절대 만져 보지 못할 액수의 금액을 손에 쥐었다. 설날과 추석 이틀만 쉬면서 사업의 맛에 취해 보낸 시간이 1년 반이다. 더 크게 사업을 키우고 더 큰 부를 이루고 싶었기에 더 열심히 일했다.

하지만 머지않아 욕심이 과하면 화를 부른다는 진리를 깨달았다. 우리는 사업 확장을 위해 투자를 받기로 계획하고 코스닥 상장 절차를 추진했다. 빠른 상장을 위해 껍데기 코스닥 회사를 인수해 우회 상장하기로 했다. 그리고 이 코스닥 회사를 무리해서 인수를 한 것이 지옥의 시작이었다.

1년 반의 천국 이후에 1년 반의 지옥이 눈 앞에 펼쳐지기 시작했다. 우리는 열정만 가득한 사업 초보자들이었다. 불가항력과 같은 사건들이 연이어 발생했는데 당시에는 그 모든 것이 짜여진 각본이라는 것을 알지 못했다.

인수 직후 부외부채*가 계속 터져 나왔다. 설상가상으로 대기업이 우리 사업 영역에 진출하며 마지막 남은 사업 의지의 불씨마저 꺼버렸다. 우리가 희생양이었다는 사실을 알기까지는 그리 오래 걸리지 않았고 나의 모든 재산이 날아가는 처절한 고통을 겪어야 했다.

나는 사업을 하며 양가 부모님들께 돈을 빌렸는데, 그 빚에 부족한 생활비를 충당하기 위해 썼던 마이너스 통장의 빚까지 더해지며 신용등급이 10등급까지 내려가는 시련을 맞이했다.

원점에서 다시 시작된 인생과 재건축 아파트 매수

사업에서 크게 실패하고 빚만 남았지만 다시 일어서기로 했다. 자본주의 사회의 노예가 되지 않겠다고 다짐했건만, 종잣돈을 모으기 위해 다시 회사에 입사를 했다. 처음부터 다시 시작하자. 할 수 있다는 마음으로 저축을 하며 부동산 투자 공부를 하기 시작했다.

---

*부외부채簿外負債 : 기업의 채무가 존재하고 있음에도 불구하고 대차대조표상의 부채에는 표시되어 있지 않은 장부 외의 채무를 말한다.

공부를 하며 부동산 투자에 조금씩 눈이 떠질 때쯤 서울의 재건축 아파트가 상대적으로 저평가되었다고 판단, 떨어질 가능성보다 오를 가능성이 훨씬 높다는 것을 확신하게 되었다.

그래서 덕소 아파트를 매도하고 그 돈으로 서울 동남권의 재건축 아파트를 과감하게 매수했다.

국내 선호도 1위 브랜드 아파트에 3년 뒤면 입주한다는 사실에 빌라에 사는 3년 동안 전혀 힘들지 않았고, 오히려 확정된 미래가 보이기에 희망을 가지고 살 수 있었다. 다시 지옥에서 천국으로 가는 열차를 잡아탄 기분이었다. 사업은 모든 것이 무너지는 위험을 감수해야 하는 영역이다. 반면 주거는 필수재*이므로 안전한 투자처인 아파트가 평범한 이들이 부에 이를 수 있는 가장 좋은 수단이라 생각한다.

서울 신축 아파트 2주택자가 되다

3년 뒤 입주를 하고, 내 자녀들에게는 좋은 환경에서 살게 해주겠다는 큰 바람이 이루어진 것 같았다.

아파트 시세 상승은 계속되었고, 지나고 보니 내가 매수한 시점이 서울 부동산의 바닥지점이었다. 운이 좋게도 최저점에서 매수한 덕에 부동산을 통해 인생의 바닥에서 다시 올라갈 수 있는 기회를 잡은 것이다. 실패를 딛고 다시 얻은 기회를 놓쳐서는 안된다는 생각으로 부동산 공

---

*필수재 : 인간의 삶에 반드시 필요한 재화로 가격이 오르거나 내려도 수요가 쉽게 변하지 않는 특성이 있다. 의식주가 대표적인 필수재이다.

부에 더욱 매진했다.

부동산 투자 공부를 할수록 다주택자가 되어야 한다고 생각했다. 하지만 두려웠다. 알고 있는 것도 실행으로 옮기기까지는 용기가 필요했다. 사업에서 욕심을 부려 실패를 했던 경험은 거대한 장벽처럼 결단을 하지 못하게 막아섰다. 추가 매수를 통해 다주택자가 되어야 한다는 이야기를 하면 가족들이 극구 만류를 했다.

이 때 나에게 가장 큰 용기와 확신을 준 게 자유지성님이었다.

자유지성 채널을 알고 난 후 모든 영상을 역주행으로 시청했다. 그리고 주변의 만류에 포기하려던 2주택의 계획을 다시 세워 가족들을 설득했다. 확신을 가지고 근거를 설명하며 설득했기에 가족들도 반대를 할 수 없었다. 그렇게 2주택을 매수하기로 동의를 얻었다.

추가 주택을 매수하려면 1주택의 비과세*를 포기해야 한다. 하지만 비과세를 기다리려면 매수의 시기를 놓칠 수 있다. 그래서 우리는 현재 거주 아파트를 전세를 주고 세입자의 전세금으로 추가 주택을 매수하기로 했다. 2주택을 전세를 끼고 매수한 후에 우리 가족은 월세로 옮기기로 했다. 주거 여건의 악화는 감수해야 하는 것이었다.

코로나 사태 이후 상승이 한동안 정체되고 조정이 발생하던 시기에 같은 단지에서 주인 전세를 낀 급매물이 나왔다. 취득세 8%를 감수하고 매수를 단행했는데, 취득세만 1억 5천이 넘었다.

---

*비과세 : 과세 대상 물건에 대해 세금을 부과하지 않는 것을 말한다. 국세청 등이 세금을 부과하는 과세권이 처음부터 없는 것으로, 세금 자체가 발생하지 않으므로 신고의 의무도 없다. 세금의 전부나 일부를 깎아주는 감면과는 다르다.

자유지성 채널을 통해 얻은 확신이 있었기에 1억 5천의 취득세를 감수하고도 과감히 실행할 수 있었다. 그 후 예상대로 몇 개월의 시간이 지난 뒤에 코로나 위기는 진정되었고, 시중에 풀린 통화량 효과로 인해 부동산은 다시 상승하기 시작했다. 핵심지의 2주택이 가져다주는 상승으로 총자산이 엄청나게 늘어나며 현재에 이르고 있다.

수익형 부동산* 투자에 눈을 뜨다

2주택 세팅 후 3주택 추가 매수의 계획을 준비했다. 하지만 이자 비용과 세금, 월세로 인해 허리띠를 졸라매는 생활을 하는 가족들을 보며 다시 생각해 보기로 했다. 가족들의 생활이 넉넉해야 집에 웃음꽃이 피고, 가족들이 행복해야 내 마음이 편하겠다고 생각했다. 그래서 매달 나오는 현금 흐름을 세팅해 놓고 계획했던 투자를 이어가기로 마음먹었다. 현금 흐름을 위한 투자란 수익형 투자를 의미한다. 내가 선택한 수익형 투자 영역은 지식산업센터*였다. 지식산업센터 투자를 위해 보유 주택을 담보로 후순위 대출을 받아 투자금을 마련했다.

서울, 경기의 지식산업센터 중 수익률 6% 이상의 매물을 모두 후보에 올리고 임장을 다닌 후 투자 매물을 선정했다. 지식산업센터는 분양 후 얼마나 빨리 우량 임차인을 맞추느냐가 관건이다.

＊수익형 부동산 : 월세로 임대하여 매월 월세 수익을 받는 것을 주목적으로 하는 상가, 오피스텔 등의 부동산을 가리킨다.
＊지식산업센터 : 과거의 '아파트형 공장'을 바꾼 말로 제조업 · 지식산업 · 정보통신산업의 사업자와 그 지원시설이 복합적으로 입주할 수 있는 3층 이상의 집합건축물을 말한다.

운이 좋게 소유권 이전 후 1달 만에 임차인을 맞췄고 현재는 수익률 25% 정도의 월세를 매달 발생시키고 있다. 예상 수익률 6%보다 무려 4배나 많은 수익이다. 분양가의 90%까지 대출을 할 수 있는 은행을 찾고 찾아, 결국 내 자금을 10% 정도만 투입했기에 가능한 수익률이었다.

1. 서울, 경기 소재 / 2. 드라이브인* / 3. 역세권의 세 조건을 만족시키는 지식산업센터는 여전히 유망해 보이며, 현금 흐름을 위해 지식산업센터를 추가 매수할 계획을 세우고 있다.

고시원의 눈물에서 고시원의 웃음으로

추가적인 현금 흐름을 위해 여러 가지 고민을 하던 중 부동산 임대를 사업으로 접목시킬 수 있는 고시원을 연구하게 되었다. 그리고 고시원에서 지식산업센터보다 훨씬 큰 수익을 올릴 수 있다는 확신으로 고시원 창업을 해보기로 결심한다.

2달간 30개 이상의 고시원 매물을 임장하고 비교, 평가자료를 만들었다. 고시원 매물을 임장할수록 고시원의 수익 구조가 더 명확히 보이기 시작했다. 무엇보다 오토로 운영해 나의 시간 투자를 최소화할 수 있는 조건의 고시원을 인수했다.

이 고시원은 현재 연 40% 이상의 수익률로 엄청난 현금흐름을 만들

---

*드라이브인Drive-In : '차에 탄 채로'라는 뜻으로 자동차를 탄 채로 이용하기 쉬운 시설을 말한다. 지식산업센터의 드라이브인 시스템은 사무실 앞까지 차량이 들어갈 수 있고 주차가 가능하여 물류를 편리하게 이동할 수 있다.

어 주고 있다. 신림동 고시원의 눈물로 시작했던 나에게 이제는 고시원이 웃음을 주게 된 것이다. 고시원 사업으로 높은 수익률을 얻었던 경험을 발판으로, 지금은 공간 임대업이라는 개념을 접목할 수 있는 사업을 고민하고 연구 중에 있다.

투자와 사업은 서로 시너지를 발생시킨다고 생각한다. 투자를 하면서 경계해야 할 게 조급함인데, 수익형 부동산과 사업에서 발생하는 현금흐름은 이러한 조급함을 없애주고 확실한 물건에만 투자할 수 있는 여유를 갖게 해준다. 성급하지 않아도 된다. 기다리면 반드시 좋은 물건이 나온다.

이제는 월 1천만 원 이상의 안정적 현금흐름이 세팅되어 편한 마음으로 추가 주택 매수를 계획하고 있다. 상승기를 지나 조정기가 와서 규제가 완화될 때를 기다리며 투자의 기회를 포착하기 위해 부동산 공부를 계속 이어나가고 있다.

사업에 실패했을 때 삶을 포기하고 싶은 때가 한두 번이 아니었다. 그때 지옥과 같은 삶으로 너무 힘들어 흘렸던 눈물과 신축 아파트에 입주하며 기뻐서 흘렸던 눈물이 섞여 지금 이 순간에도 내 뺨으로 흐르고 있다. 삶을 포기하고 싶었던 나를 다시 일으켜 세운 것은 무엇일까. 아내와 아이들의 행복한 웃음이었다. 누구나 삶에서 감당할 수 없을 것 같은 실패를 겪는다. 투자의 대가들도, 사업에서 큰 성공을 이룬 이들도 모두 실패를 반복하며 성공을 이루었다.

세계 1위의 헤지펀드 브릿지 워터의 창립자이자 금세기 최고의 투자자로 꼽히는 레이 달리오도 1982년에 파산을 하고 모든 직원들이 그의 곁을 떠났다. 그때 쓰러진 그를 일으켜 세운 것은 가족들이었다. 나 역시 가족은 내가 살아가는 이유이자 성공의 가장 큰 원동력이 되었다고 생각한다.

사업의 실패가 없었다면 지금처럼 투자를 치밀하게 계획하고 연구하지 않았을 것이다. 아무리 튼튼한 것처럼 보인다고 해도 두들겨보고 건너야 한다. 시장을 보는 전망은 경제 지식과 이론으로부터 시작하고, 현장에서의 감은 수없이 반복되는 임장에서 나온다.

지금 나는 이론과 현실을 접목해 부에 이르는 길을 자유지성 아카데미의 회원들과 나누고 있다. 수익형 투자의 경험과 노하우를 강의하며 회원들과 함께 부의 길을 걸어가고 싶다. 지금 우리의 눈물은 고통스러워 보이지만 반드시 웃음과 행복으로 돌아올 것을 믿어 의심치 않는다.

코스모스의 고시원 창업 이야기
1억 원으로 월 500만 원 현금흐름 만들기

수익형 사업을 고민하고 계신 분들께 '다중생활시설' 임대사업인 고시원 창업을 소개합니다. 저는 고시원 사업에 1억 원의 예산을 투입해 현재 월 500만 원의 안정적인 현금흐름을 만들고 있습니다. 이처럼 고시원은 운영을 잘하는 경우 보통 30% 정도의 수익률을 기대할 수 있고, 저는 만실을 채워 연평균 50% 이상의 수익률을 거두고 있습니다. 수기에 자세히 적지 못한 고시원 사업의 장점을 통해 여러분께 부에 이르는 창업의 길을 설명드리고자 합니다.

1. 고시원 사업은 소수의 투자자만 아는 블루오션입니다. 압도적인 수익률에, 부동산 규제로부터 자유로운 임대사업이기 때문입니다.

첫째, 고시원은 임대사업이지만 주택이 아니므로 보유 수에 제한이 없습니다. 둘째, 주택임대차보호법의 적용 대상이 아니므로 임차료를 자유롭게 정할 수 있습니다. 셋째, 계약갱신청구권, 전월세상한제, 전월세 신고제 3가지 모두에서 자유롭습니다. 넷째, 투기과열지구나 조정대상 지역 내에서도 아무런 규제 없이 임대사업이 가능합니다.

2. 한편 고시원은 자동화가 매우 용이한 사업으로, 무인화를 통해 시간 투입을 최소화할 수 있습니다.

저는 자동화 세팅 후 1주일에 단 1회, 2시간 정도의 일처리로 고시원을 오토 운영하며 직장 생활과 병행하고 있습니다. CCTV, 홈IoT*, 통화, 카톡, 문자 등을 통해 고시원의 거의 모든 업무를 스마트폰으로 처리하고 있죠.

3. 고시원의 수요는 매우 안정적인 반면 공급은 제한적입니다.

1인 가구 수는 2020년 현재 664만에 달하며 2045년까지 계속 늘어날 것으로 전망됩니다. 고시원은 보증금 없이 최소한의 월세로 살 수 있는 저렴한 공간으로 수요가 늘고 있는 반면, 현재는 관련 법규가 강화되어 신규 공급이 어려운 상황입니다. 특히 최근 시행된 최소 방 면적 크기 7㎡ 이상의 준수와 창문 설치 기준 등으로 신규 진입의 메리트가 사라져 기존 매물 위주로 거래되고 있습니다.

---

*IoT : Internet of Thing의 약자로 모바일 기반의 원격제어를 의미한다.

4. 고시원의 수익률은 다른 소액투자사업과 비교해 월등합니다.

특히 투자시간 대비 수익률로 분석해보면 다른 사업들과 비교할 수 없을 정도로 압도적입니다. 제 경우는 방 28개인 고시원을 1억으로 인수해 만실을 채우니 월 500만 원의 세전이익이 나왔습니다. 이를 연간으로 환산하면 최대 60%의 수익률까지 기대할 수 있습니다.

물론 아래와 같은 단점도 있지만 수익성이 높은 사업에 어려움이 수반되는 것은 극복해야 할 문제라고 생각해 대처하고 있습니다.

1. 시설물 유지보수, 관리 및 수리비 지출

2. 한정된 방 개수로 인한 매출 확장의 한계

3. 상가 임차로 운영하므로, 소유로 인한 시세 차익이 어려움

4. 비상식적인 입주자에 대한 스트레스

저는 기본적인 유지보수를 직접 공부하고 장비를 구입해 처리하고 있습니다. 처음의 시도가 어렵지만, 해보면 점차 숙달되며 노하우도 생깁니다. 에어컨 냉매를 셀프로 주입하며 도배, 장판도 직접 하고 있습니다. 한정된 방 개수로 인한 매출의 한계는 2호점, 3호점을 늘려 오토로 운영하는 방식으로 확장할 수 있습니다. 상가의 소유주가 아니기에 소유물의 시세 차익을 얻기는 어렵지만, 수익률을 높여 권리금을 받아 차익을

거둘 수 있습니다. 입주자 관리는 입주계약서에 분명한 퇴실 조건을 명시하고 강하게 주지시켜, 문제를 미연에 방지하는 요령으로 대처하고 있습니다.

제가 자유지성 아카데미에서 고시원 강의를 할 때 많은 분들이 연 50%의 수익률이 가능한 일이냐고 질문했습니다. 하지만 지금은 고시원 원장을 목표로 하는 회원들과 실전반을 운영하며, 서로 도움을 주고받으며 투자하고 있습니다. 특히 만 39세 이하이신 분들은 청년창업자금 대출을 활용해 1억을 만들어 고시원 사업에 도전해보시기 바랍니다. 고시원 수익률은 금리에 비해 압도적으로 높기에, 두려움보다는 진취적인 도전으로 극복해내는 긍정적이고 굳은 의지가 중요하다고 생각합니다. 창업하는 과정에서 포기하고 싶다는 생각이 들 때가 수없이 찾아올 것입니다. 하지만 그 포기하고 싶은 순간이 바로 '진입장벽'입니다. 이 진입장벽을 용기 있게 뛰어넘어 보세요. 그 후 진입장벽은 여러분을 지켜주는 든든한 담장이 될 것입니다. 여러분의 성공적인 창업과 부의 여정을 응원합니다.

노고에 대한 가장 큰 보상은
그 노고에 대한 대가로 얻는 것이 아니라
그 노력에 의해 변화된 그 자신이다.

· 존 러스킨 ·

3

시련과 고통의 위자료

부동산 시스템 투자와 고난의 열매

·

대두

평범한 삶을 망치로 두들겨 맞다

평범한 사람이 부를 이뤄나가는 과정에 대한 이야기다. 수없이 넘어
지고 깨달으며 상처를 딛고 다시 일어서는 과정이다. 부를 쉽게 이룰 수
있다면 이 세상에 부자가 아닌 사람은 아무도 없을 것이다. 여러분도 할
수 있다는 희망에 관한 이야기로 받아들여지기를 바란다.

나는 서울에서 대학을 졸업하고 취업했다. 남들이 다 걷는 평범한 인
생, 평범한 삶이었다. 2015년에 결혼하여 서울에서 반전세로 2년 거주
후, 2017년 서울 강서구에 25평 구축 아파트를 3억 8천에 매수했다.

사실 집을 사야 할 엄두는 못냈다. 하지만 부모님께서 집을 사라고 강

력히 권유하셨다. 부모님의 권유와 도움이 없었다면 매수를 하지 못했을 것이다. 우리가 모은 돈은 1억 5천, 그리고 대출을 1억 5천 받았다. 나머지를 부모님께서 지원해주셨다.

집을 본 지 하루 만에 계약금을 덜컥 입금했다. 그날은 2017년 5월 대통령 선거일이었다. 비 오는 날 부동산 근처 주차장에 차를 세워놓고 아내와 살까말까를 무한 반복했던 그날, 지하철역에서 가까운 것만 보고 매수를 결정했다. (훗날 부동산을 공부하며 역세권 매수가 탁월한 선택임을 알게 되었다. 하지만 당시에는 안락하게 거주할 내 집이라는 생각 이외에 아무 지식이 없었다)

인테리어 후 입주를 해보니 너무 좋았다. 주말마다 친구 및 지인들을 초대하여 놀기 바빴다. 부동산에는 아무 관심이 없었다. 2년 동안 거주하던 집값이 얼마나 올랐는지 찾아 본 적도 없고, 궁금해 하지도 않았다. 가끔씩 부모님과 통화할 때 부동산 대책이 나왔다며 걱정하셨지만 관심 밖이었다.

그러던 중 2019년 12·16 대책*이 나온 후 며칠 뒤, 대학 선배 두 분이 송도 아파트 분양권을 매수하고, 아파트를 전세 끼고 추가 매수했다는 이야기를 했다. 실거주하는 자가에 총 2채를 더 매수해서 3주택이 된 것이다. 그리고 실거주하는 집은 양도세 비과세를 받고 갈아타기를 한다고 말한다.

---

*12·16대책 : 2019년 12월 16일 발표한 부동산 대책. LTV, DSR, RIT 등의 대출 규제 강화, 종부세 세율 상향 및 공시가격 현실화로 주택 보유 부담 강화, 양도소득세 제도 보완, 분양가 상한제 적용 지역 확대, 정비사업 추진 등을 내용으로 한다.

등골이 오싹했다. 어떻게 아파트를 3채나 살 수 있지? '비과세'는 무슨 말이지? 선배들은 자신들의 돈으로 아파트를 산 것이 아니라 신용대출을 받아 분양권과 아파트를 추가로 샀다고 말했다.

'내 돈을 들이지 않고 아파트를 산다고? 이것이 가능한 건가?'

머리를 망치로 두들겨 맞은 기분이었다.

지는 것을 싫어하는 나, 밤새워 부동산을 공부하다

나는 욕심이 많고 자존감이 높은 사람 중 한 명이다. 대학 때부터 가까웠던 회사 선배들의 말을 듣고 뒤처지면 안되겠다는 생각에 정신이 번쩍 들었다. 이때부터 퇴근 후에 집에서 부동산을 공부하기 시작한다. 가장 최근의 12·16 대책부터 시작해 부동산 대책을 보니 모르는 용어 투성이였다. 양도세, 보유세*, 취득세, 종합부동산세 등 모르는 용어는 인터넷에서 하나씩 다 찾아보고 외웠다. 부동산 카페에도 가입했다. 부동산을 분석하는 앱이 있다는 것을 알게 되어 네이버 부동산과 앱에서 시세를 들여다보며 밤을 지새곤 했다. 그리고 선배들이 했던 말의 뜻을 비로소 깨닫게 되었다. 요약하면 아래의 네 가지 사항이다. 투자에 관심 없던 나에게는 완전히 새로운 세계였다.

---

*보유세 : 납세의무자가 보유하고 있는 부동산에 부과하는 조세. 토지·주택 등을 보유한 사람이 내는 세금으로 재산세와 종합부동산세를 합쳐서 보유세라고 한다.

1. 아파트 분양권은 계약금인 분양가의 10%만 있어도 일단 매수
   해놓을 수 있다.
2. 전세를 끼고 아파트를 사면 적은 돈으로 소유권을 가질 수 있
   다. 이것을 '갭투자*'라고 부른다.
3. 신용대출을 받아 그 돈으로 분양권과 전세 긴 아파트를 살 수
   있다.
4. 현재 2년간 실거주 중인 집의 시세 차익이 발생해 양도세 비
   과세가 가능하게 되었다.

이 때 아내는 임신 3개월 차였다. 현재 집을 팔고 더 나은 상급지로 갈
아타야겠다고 마음을 먹고 미래를 계획했다. 우선 아이의 육아를 위해
장모님의 도움을 받기로 했다. 장모님이 계신 고양시 덕양구에 전세자
금대출을 풀로 받아 전세를 들어가고, 종잣돈을 모두 끌어모아 서울에
전세를 끼고 아파트를 산 후 여력이 남으면 분양권도 매수하기로 결심
했다. 실거주와 미래를 위한 투자를 분리하기로 한 것이다. 실거주는 일
단 전세를 끼고 서울에 아파트를 사놓은 후, 몇 년 후에 입주하면 된다.
분양권 역시 마찬가지라고 생각했다.

많은 신혼부부나 1주택자들에게 권하고 싶은 것은 거주와 투자를 분

＊갭투자gap投資 : 시세 차익을 목적으로 전세를 끼고 주택을 매입하는 것

리하라는 것이다. 거주는 최대한 저렴하게 세를 살고, 투자는 미래를 위해 핵심지로 매수해두는 것이다. 거주와 투자를 일치시킨다는 고정관념을 가지면 핵심지에 아파트를 사지 못하는 경우가 다반사다. 하지만 이 고정관념을 깨면 새로운 길을 열 수 있다.

예를 들어 설명하면 이렇다. 내가 5억의 종잣돈을 가지고 있다고 가정하자. 이 돈으로 내 집을 사서 거주하면 집값이 5억인 지역밖에 사지 못한다. 서울 핵심지는 사지 못한다는 말이다. 하지만 5억을 4억과 1억으로 분리해서 4억을 투자를 위해, 1억을 실거주를 위해 쓴다고 해보자. 1억에 전세자금대출을 더해 신축에 전세로 들어가 실거주한다. 그리고 나머지 4억으로 서울 핵심지에 전세를 끼고 집을 사두는 것이다. 그러면 9억의 집을 5억의 전세를 끼고 살 수 있게 될 것이다. 전세를 끼고 사거나 대출을 동원해 큰 자산을 매수하는 것을 '레버리지 투자'라고 한다.

이처럼 거주와 투자를 분리하게 되면 가진 예산으로 더 큰 자산을 핵심지에 사둘 수 있게 되고, 핵심지 자산은 상승기에 엄청난 힘을 발휘하게 된다.

한 달간 3건의 부동산 거래를 해치우다

2020년 1월, 3건의 부동산 계약을 한 달 만에 해치웠다.

첫 번째로, 육아에 도움을 받기 위해 장모님 댁 근처에 전세를 얻기로

---

*입주장 : 분양한 아파트가 한꺼번에 입주하는 입주 기간. 입주장에는 매매와 임대 물건이 많이 나오기 때문에 주택 시장 상황에 따라 가격이 일시 조정되는 경우가 있다.

했다. 신축 아파트의 입주장*이 펼쳐지고 있던 터라 전세 가격이 매우 저렴했다. 역까지 도보 5분 거리로 가까워 임신한 아내가 출퇴근하기에 좋은 곳이었다. 집을 보러간 날 바로 전세계약을 했다.

자금을 효율적으로 쓰기 위해 전세금의 80%를 전세대출로 받았고, 나머지 20%는 아내의 신용대출로 충당했다. 처음엔 월세를 계획했으나, 당시 금리가 2% 중반으로 저렴하여 월세보다 전세자금대출을 받는 것이 더 유리했다. 금리가 높은 시기에는 월세로 가는 선택이 나을 것이다. 저금리 시기에는 전세자금대출을, 고금리 시기에는 월세로 실거주를 하며 투자금을 마련하는 것이 좋다.

두 번째로, 직장의 위치를 고려해 서울 영등포에 있는 아파트를 전세를 끼고 매수해두기로 했다. 나는 성격이 급하고 마음먹은 것은 바로 실행하는 편이다. 부동산 소장님들은 내가 살펴본 집들이 계속 거래가 되었다고 말씀하시며 나의 마음을 조급하게 했다. (훗날 알게 된 사실이지만 이것은 매수를 유도하는 소장님들의 전형적인 방식이었다) 그래서 시세보다 5천만 원을 더 주고 최고가로 계약을 하게 된다. 하지만 로얄동, 로얄층 물건이다!

그리고 기존 강서구 주택을 양도세 비과세를 위해 바로 부동산에 내놓아 잔금을 대비했다.

세 번째, 이제 약 8천만 원의 자금이 남아 분양권을 매수하기로 했다. 분양가의 10%만 계약금으로 치르면 분양권을 사둘 수 있기에 분양권을

---

*프리미엄premium : 아파트 분양권의 시세가 올라 원래 분양가에 얹어주는 웃돈으로 피라고도 한다.

물색하던 중, 대학 친구가 검단 신도시를 추천했다. 친구는 내 예산을 듣고 계약금 10%에 프리미엄*을 고려하면 충분히 매수할 수 있다고 조언을 해줬다.

문제는 검단신도시를 내 나름대로 분석을 해봤건만 확신이 생기지 않는다는 것이었다. 기사를 검색해보니 온통 부정적인 기사들밖에 없었다. 부동산 카페에서도 검단에 대한 욕이 가득했다. 말 그대로 '욕세권*'이다.

미분양의 무덤, 미분양 속출, 대규모 공급 등등…

겁이 났다. 잠을 못 이루며 고민했다.

하지만 한 가지 확실한 생각은 있었다. 내 집 한 채는 본전을 유지하는 것밖에 되지 않는다는 것이다. 내 집이 오르면 다른 집도 같이 오르기 때문에 집을 1채만 가지고서는 상급지로 이동할 수 없다. 그래서 집을 여러 채 가지고 있어야 그 수익을 모아 내가 원하는 핵심지로 갈 수 있는 것이다. 결국 다주택이 되어야 하는 것이다. 이 단순한 원칙 하나만을 믿고 분양권을 덜컥 계약했다.

많은 사람들이 미분양을 두려워한다. 물론 검단 분양권을 사는 나도 마찬가지였다. 하지만 투자의 원칙을 세우니 그 두려움을 극복할 수 있었다. 돌이켜보면 미분양 시기가 집을 가장 싸게 살 수 있는 때였다. 미분양 시기에 과감히 진입할 수 있는 결단력도 필요하다.

1달 만에 3건의 부동산 계약을 치르니, 기존 주택이 안 팔리면 어쩌나부터 시작해 내가 세운 시나리오와 다르게 흘러가면 어떻게 될지 등 걱

---

*욕세권 : 욕을 많이 먹는 아파트일수록 집값이 오르는 현상에서 생겨난 말

정과 고민의 연속이었다. 다행히도 당시 시장 분위기가 좋아 비과세로 집을 매도할 수 있게 되었다.

해냈다! 비과세를 받고 2주택으로 점프했다!

부자 아빠와 가난한 아빠

3건의 부동산 거래를 복기했다. 가장 큰 문제는 매수를 결정하기 전의 '불안함과 두려움'의 극복이었다.

문제점을 찾으면 해결방법이 보인다. 결국 불안함과 두려움을 극복하기 위해서는 내가 많이 '알아야' 한다. 그래서 투자가 무엇인지 본질부터 알아야겠다고 생각하고, 공부를 통해 기본을 탄탄하게 다져나가자고 마음먹었다.

투자 서적으로 제일 먼저 공부한 것이 로버트 기요사키의 『부자 아빠, 가난한 아빠』라는 책이다. 책의 문구 하나하나가 나에게는 충격으로 다가왔고, 반박할 수 없는 팩트였다. 30년 넘게 고정관념으로 형성된 나의 생각과 사고체계가 모두 깨져버렸다. 기요사키의 책은 나의 가슴을 후벼 팠고, 지난날의 무지와 안일하게 살아온 자신의 모습을 반성하게 해주었다. 장차 태어날 아이와 가족을 위해 앞으로는 이렇게 놀면서 살면 안 되겠다는 결심을 하니 눈물이 나왔다.

그리고 다짐했다. 나는 '부자 아빠'가 되겠다고… 그리고 완전히 다시 태어나겠다는 결의로 추가 투자를 고민하기 시작했다.

다가구* 경매에 도전해 낙찰을 받다

적은 투자금으로 할 수 있는 최선의 투자가 무엇일지 고민하던 중 경매를 접하게 되었다. 경매는 권리분석, 입찰, 낙찰, 명도 등 많은 공부와 노력이 들어가지만, 잘 준비하면 싸게 살 수 있다는 장점이 있다. 당시 투자금이 소액이었던 내게는 안성맞춤의 투자전략이었다.

2020년 5월부터 경매 강의를 듣고, 관련 서적을 읽으며 공부했다. 다가구는 매달 현금흐름이 발생하고, 토지가격의 상승으로 매매차익도 거둘 수 있다는 것 그리고 다가구는 경매를 통해 낙찰 받으면 신탁사*를 통해 '최대 80% 이상의 신탁대출'이 가능하다는 것을 배웠다. 하지만 귓등으로 안일하게 들었던 정보는 나중에 큰 화를 불러일으킨다. 낙찰가*의 최대 90%까지 대출을 받는다는 경매 사례들과 함께, 경매지에 나와 있는 물건들로 투자금과 수익률을 조사했다. 그 결과 괜찮은 투자가 될 수 있겠다는 판단이 들었다. 그 후 약 2달간 물건지를 찾고 임장을 다니는 등 회사 업무 외의 시간은 모두 부동산을 위해 썼다.

＊다가구 : 여러 가구가 살 수 있도록 건축된 주택으로서 각 구획마다 방, 부엌, 출입구, 화장실이 갖춰져, 한 가구씩 독립하여 생활할 수 있으나 각 구획을 분리하여 소유하거나 매매하기가 불가능한 주택. 각 구획을 분리하여 소유하거나 매매할 수 있는 다세대주택과 이 점에서 차이가 있다.
＊신탁사 : 신탁(회)사는 신탁업을 영위하는 금융투자회사를 가리킨다. 신탁은 고객이 재산을 맡기면 이를 목적에 맞게 관리해주면서 신탁보수라고 하는 수수료를 받는 금융 서비스이다. 고객이 맡기는 재산은 돈, 채권, 주식, 부동산 등이 있으며 그에 따라 신탁의 종류도 결정된다. 위탁자(고객)로부터 수탁자(신탁사)에게로 소유권이 이전된다는 특징이 있다.
＊낙찰가 : 경매나 경쟁 입찰 따위에서 물건이나 일이 어떤 사람에게 돌아가도록 결정된 가격

첫 입찰에서 낙찰까지, 투자의 고통이 시작되다

대학교 주변 다가구 물건지 분석을 마친 뒤, 첫 입찰에서 덜컥 낙찰이 되고 말았다. 기대도 하지 않았는데 낙찰이라니! 차순위와의 입찰 금액 차이는 고작 2백만 원이었다. 가격분석이 정확했던 것이다.

법원에서 낙찰 후의 과정까지 무사히 잘 마무리하고, 다음날부터 대출상담사들에게 연락을 돌렸다. 낙찰가의 80%는 당연히 대출을 받을 수 있을 테니 가장 낮은 금리를 구하겠다는 생각이었다. 하지만 돌아오는 대답은 신탁대출로 진행해도 낙찰가의 60%가 대출받을 수 있는 최대 금액이라고 한다. 이러면 계산이 완전히 달라진다.

멘탈이 무너졌다. 추가로 필요한 금액이 1억 2천만 원 가량인데… 그 큰 금액을 어디서 마련한다는 것인가. 두려움이 밀려들었다. 낙찰을 포기하고 싶은 심정이었다. 회사에서 일도 못하고 대출상담사들에게 계속 연락을 돌렸다. 지푸라기라도 잡겠다는 심정으로 대략 200명 정도에게 연락을 돌렸던 것 같다.

엎친 데 덮친 격으로, 명도를 하러 가니 집주인 분께서 건물에 누수가 있다고 한다. 누수를 고치려면 바닥을 다 깨고 배관작업을 전부 새로 해야 하며, 견적을 받아보니 4천만 원 가량이 나왔다. 전혀 예상치 못했던 추가 비용들 앞에서 내 의지는 무너지기 시작했다. 물건지 임장에서 발견하지 못했던 난관이었다.

결국 문제는 '돈'이었다. 돈을 끌어올 데가 없었다. 자금을 조달하는 방법을 몰랐던 것이다. 아파트 매수와는 차원이 다른 고통이었다. 잠을 자지 못했던 것은 물론이고, 입맛이 없어 밥도 먹지 못했으며 물도 목으로 넘기지 못할 정도였다. 공포가 물밀 듯 밀려왔다.

출산일에 던진 아내의 승부수

아내는 만삭으로 출산예정일을 1주일 앞두고 있었다. 아내에게 말도 못하고 끙끙 앓던 중 아내가 무슨 일이냐며 먼저 눈치를 챘다. 내 설명을 들은 아내는 이미 계약금을 납부했으니 포기하지 말라고 용기를 주었다. 오히려 뒤돌아보지 말고 앞만 보고 달려 월세 수익을 얻어 보자고 나를 격려해 주는 게 아닌가. 결국 장인어른께서 담보를 제공하고 아내 명의로 대출을 하기로 했다. 출산을 앞둔 아내가 난관을 이겨내는 돌파구를 마련해준 것이다.

아내 명의의 대출을 위한 은행 자서일*이 출산예정일과 겹쳤다. 긴장감에 아침에 눈을 뜨자마자 서둘러 은행으로 향해 자서를 진행하기로 했다. 아내는 의연했다. 대출이 무사히 끝나면 다가구 공사에 집중하라는 말까지. 은행에서 자서를 마치고 나오는 길에 가진통이 시작되었다. 우리는 집으로 돌아가 서둘러 짐을 챙겨 산부인과로 향했다.

첫째가 탄생했다!

아내의 건강도 이상 없었다. 하지만 마음이 너무나 무거웠다. 자칫하면 아내가 큰 충격을 받을 수도 있는 일을 저질렀다는 죄책감이 가슴을

─────────────

*자서일 : '자서'란 자필 서명의 줄임말로, '자서일'이란 대출 신청을 위한 서류 등에 자필 서명을 하는 날을 말한다.

짓눌렀다. 의연하고 현명한 아내 덕분에 기사회생起死回生 했으니 어찌 보면 나도 그날 새로 탄생한 것이다. 투자에 있어 가장 중요한 자금조달 이라는 생명줄을 첫째의 출산일에 아내로부터 수혈받았다. 무엇보다 내 가 지켜야 할 아이가 태어났다. 아내와 첫째를 위해 나의 모든 것을 다 바치리라 결심했다. 다가구 명도 절차를 마무리 짓고 공사에 진력을 다 하기로 하고 계획을 세워나갔다.

투자란, 계속되는 고난을 넘어서는 과정

아내가 산후조리원으로 입소한 후 2020년 7·10 대책과 함께 취득세 중과안이 발표가 났다. 낙찰일이 7·10일 이후인 나의 낙찰물건지가 취 득세 중과의 기로에 놓였다. 그리고 취득세가 중과된다면 1.1%의 취득 세가 12%가 된다. 거대한 돌덩이가 내 가슴을 다시 짓누른다. 피가 마르 는 고통이 다시 심장을 조여 왔다.

법안 발의 및 통과와 시행 일정을 예상해보니 대략 8월 초였다. 법안 시행일 이전에 잔금을 납부하면 취득세 중과는 면할 수 있다는 대책의 내용을 정확히 확인한 후, 신속하게 잔금 절차를 마무리 했다. 다행히 취 득세 중과를 피했고, 명도를 준비한 대로 진행해 최종 마무리 지었다. 다 시 한 고비를 넘긴 것이다.

이제 마지막으로 넘어야 할 큰 산이 남아 있었다.

'누수' 공사였다. 공사를 위해 해당 지역에 있는 누수업체라면 모두 연 락을 돌려 견적을 받았다. 그 중 가장 대화가 잘 되는 사장님과 진행하기로 했고, 2천만 원으로 최종 견적을 받았다. 4천만 원을 예상했었는데, 발품을 팔아 지출 비용을 절약할 수 있었던 것이다.

전체 건물의 공사를 턴키turn key 방식＊이 아닌 직접 업체를 섭외해 개별 공사로 진행하다보니, 출산휴가와 여름휴가를 받아 약 1달 동안 매일 물건지에 갔다. 전체 인테리어 공사를 마무리 짓는 데 계획한 예산을 뛰어넘어, 결국 부모님께 도움을 청해야 했다. 공사를 처음 진행하다보니 업체 사장님들과의 가격 조율이 가장 힘들었다.

시간이 지날수록 코로나가 장기화될 조짐이 보였다. 대학교 주변의 수요를 생각하고 대학가의 다가구를 낙찰받았는데, 대학에서는 비대면 수업으로 전환해 학생들이 다 떠나고 있었다. 다시 공포가 밀려온다. '이렇게 전부 수리를 하더라도 임대를 못 맞춰 수익을 못내면 어떻게 하지?'라는 생각과 공실로 비어있을 건물을 생각하면 괴로움과 불안함이 일상을 지배했다. 감당하기 버거운 수준까지 대출을 동원해 진행하는 투자의 길이 맞는 것인지 끊임없이 질문했다. 인간이 이토록 나약한 존재라는 것을 깨닫는 과정이었다.

하지만 아내가 말한 것처럼 물러설 수 없었고, 앞만 보고 가야했다. 힘들 때마다 가족을 생각했다. 포기할 수 없다. 가족을 지키기 위해 내 모든 것을 다 던져 보고 하늘의 뜻을 기다리기로 했다.

9월부터 배관 공사를 시작으로 12월이 다 되어서야 인테리어 및 입주 청소까지 마무리되었다. 4개월간의 대장정이 끝났다. 이제 드디어 다가

＊ 턴키turn Key 방식 : 인테리어를 할 때 인테리어 업체에서 설계, 발주, 시공 등 모든 과정을 맡아서 처리해 주는 방식

구 건물이 우리 가족의 것이 되었다!

마침내 고난의 터널을 뚫고 결실을 거두다

2021년 1학기도 비대면 수업으로 전환된다는 얘기가 들려왔다. 우려가 현실이 되는 것인가… 고난을 넘어서면 또 다른 고난이 내 앞에 서 있다. 과정 과정마다 찾아오는 시련은 마치 내가 투자를 포기하도록 하기 위해 찾아오는 저승사자처럼 느껴졌다.

그래, 인간이 할 수 있는 모든 것을 해보자. 그리고 그 결과를 겸허하게 기다리자. 다시 마음을 다잡고 홍보를 시작했다. 모든 부동산에 방문해 다가구를 홍보하고, 재학생들의 대표 카페에도 찾아가 홍보 게시글을 매일 올렸으며, 전단지를 만들어 대학 주변에 붙이고 다녔다. 전단지가 떨어지면 다시 만들어 붙이고 또 붙였다. 부동산 소장님들께도 음료수를 선물하며 각별히 신경써주실 것을 부탁하고 또 부탁했다.

1월부터 방이 계약되기 시작했다. 비대면 수업으로 학생들이 다 떠나 계약이 안될 것 같았는데 하나하나씩 계약이 이루어졌다. 할 수 있다는 자신감이 생겼다. 그리고 더 열심히 홍보했다. 마침내 2월이 되어 만실을 채우게 되었다.

해냈다. 정말 해냈다. 나는 해냈다!

기쁘다는 감정은 아니다. 다행이라는 안도감 그리고 해냈다는 성취감이다. 평생 느껴보지 못했던 가슴 벅찬 느낌이었다. 이제 만실을 채우고 다가구의 월세가 매달 안정적으로 500만 원 이상의 순수 현금 흐름을 만들어주게 되었다. 부동산에 물어보니 여전히 주변에는 공실이 넘친다고 한다. 하지만 무엇보다 홍보가 잘 되었고, 신규 리모델링 건물이었기에 학생들에게 호응을 얻었다고 한다.

눈물이 났다. 만실을 채우던 날, 아내와 아기를 보고 펑펑 울었다. 진심을 다하고 혼을 다했던 노력이 투자의 결실로 맺어졌다. 모든 고난들이 소중하게 다가온 순간이었다. 투자는 결코 쉬운 것이 아니다. 투자란, 고난 속에 진정한 결실의 꽃을 피우는 것이다.

정비사업 재개발 투자 도전과 신속통합기획*

다가구의 월세 보증금을 받으니 약 5천만 원 가량의 여유자금이 생겼다. 이 돈을 일부 대출금을 상환하는 데 쓰느냐, 추가로 투자를 하느냐의 갈림길에 섰다. 다가구에서 매달 들어오는 월세로 이자를 감당할 수 있으니 목돈은 다시 투자를 통해 일을 시키기로 결심했다.

이번에는 정비사업을 공부해 재개발 물건에 도전해야겠다고 생각했다. 서울의 아파트는 부족하고 빈 땅이 없기에, 앞으로 재개발은 활성화될 수밖에 없기 때문이다.

그래서 서울로 목표를 정했다. 하지만 정비구역*으로 이미 지정된 곳

---

* 신속통합기획 : 서울시가 정비계획 수립 단계에서 공공성과 사업성의 균형을 이룬 가이드라인을 제시하고 빠른 사업 추진을 지원하는 공공지원계획이다. 오세훈 서울시장의 대표적인 정비사업 관련 정책이다.
* 정비구역 : 노후 지역을 재건축·재개발을 통해 계획적으로 정비하기 위해 '도시 및 주거환경정비법'에 따라 지방자치단체가 지정 고시한 구역. 정비구역으로 지정돼야 추진위원회 구성, 조합 설립 등 재개발·재건축을 시작할 수 있다.

들은 프리미엄이 최소 2억 이상이었다. 따라서 정비구역으로 묶일 수 있을 만한 예상 지역으로 타겟을 설정해 취득세 중과세의 부담이 없는 방법을 찾기 시작했다.

취득세를 공부한 후, 신축빌라를 분양 받아 임대사업자*로 등록하면 취득세를 85% 감면받을 수 있다는 사실을 알게 되었다. 다주택자는 12%의 취득세가 적용되는데, 85%의 취득세 감면은 엄청난 취득세의 절감 혜택이다! 노후도*가 정비구역 지정 요건 60%에 살짝 부족하고, 이전에 정비구역으로 지정되었다가 해제된 이력이 있는 청량리역 근처의 신축빌라 분양권을 매수했다.

그동안 서울시장은 오세훈 시장으로 교체되었고, 서울시는 정비사업의 활성화를 목적으로 '신속통합기획'을 추진한다는 정책을 발표했다. 재개발에서 불필요한 절차를 간소화해 빨리 진행하게 해준다니 얼마나 좋은 일인가! 2021년 11월, 내 물건지의 구역이 신속통합기획에 지원했다.

이 재개발 물건은 서울의 땅을 가지고 있다는 마음가짐으로 느긋하게 장기보유해 볼 생각이다. 새 아파트가 될 무렵 자녀에게 증여해 시간이 돈으로 바뀌는 과정을 지켜보려 한다.

지방 아파트의 시스템 투자를 확립하다

다가구 건물에서 매달 월세가 입금되는 현금흐름 시스템은 우리 가족

---

* 임대사업자 : 주택을 임대사업을 할 목적으로 취득하여 등록한 사람
* 노후도 : 정비사업 등을 계획할 때 해당 구역 내의 낡았거나 불량한 건축물의 비율

을 맞벌이에서 삼벌이로 만들어주었다. 매달 발생하는 현금흐름을 차곡
차곡 쌓아 다음 투자를 대비하기로 했다. 이제 큰 고비를 넘기고 든든한
마음으로 차분하게 계획을 세워 임장을 다닐 수 있게 되었다. 공부를 하
는 과정에서 상가 등의 수익형 투자를 고민했을 법도 한데, 이런 시나리
오를 그려보았다.

'내 주택이 24채가 되면 어떤 일이 벌어질까?'

전세는 2년에 한 번씩 만기가 돌아온다. 즉 24개월에 한 번씩 만기가
돌아오는 셈이다. 그런데 주택이 24채라면, 24채가 24개월에 한 번씩 만
기가 돌아온다. 따라서 산술적으로는 1달에 1채씩 전세 만기가 되는 것
과 같다.

역사적으로 전세는 매매보다 더욱 안정적으로 시세가 우상향하고 있
음을 데이터를 통해 확인했다. 그렇다면 1달에 1번씩 전세 상승분이 입
금이 될 것이고, 아파트의 전세 상승분은 몇천만 원 단위가 아닌가. 그렇
다면 전세가 실질적으로 월세와 같은 기능을 할 수 있다는 것이다. 전세
상승으로 인한 현금흐름이 매달 들어오므로 월세와 다를 바 없는데, 현
금흐름의 규모는 수익형 물건보다 훨씬 크다. 내가 그토록 고생하며 보
유하게 된 다가구에서 발생하는 몇백만 원 단위의 현금흐름이 아니라
몇천만 원 단위의 현금흐름이 매달 들어오게 될 것이다.

이와 같은 '전세의 월세화'를 만들기 위해서는 24채를 가지는 시스템
을 만들어야 한다. 이것이야말로 우리 가족을 자유롭게 만들어 줄 것이
라 생각했다. 따라서 나는 아래와 같은 투자 기준을 가지고 아파트 시스
템 투자를 확립하기로 했다.

1. 전세가율 80% 이상

2. 현재 가격이 4년 전보다 30% 미만 상승한 저평가 물건

3. 지방 핵심지의 수요가 많은 아파트

　

서울, 수도권과의 가격 격차를 좁히기 위해 앞으로 지방 활성화 정책이 나올 것으로 기대하며 선택지를 경북 구미와 경남 김해로 좁혔다. 그리고 사람들이 살기 좋아하는 핵심 지역의 아파트를 집중적으로 가려내기 시작했다. 그리고 쉬는 날마다 구미와 김해로 내려가 물건을 임장했다. 주인의 점유개정* 물건, 즉 주인이 세를 사는 조건의 물건을 괜찮은 가격과 조건에 중개 받아 계약을 했고, 앞으로도 계속 저평가된 지역의 아파트를 매수해나갈 예정이다.

최근에는 대구의 미분양 물건이 대거 발생하는 것을 지켜보고 기회라고 판단, 핵심지의 미분양 물건과 마이너스 피*가 나온 물건을 매수해 시스템 투자의 마중물로 삼았다. 과거 검단의 미분양 사태에서 매수했던 경험을 거울삼아, 대구에도 담대하게 투자할 수 있었다.

---

* 점유개정 : 목적물을 양도한 후에도 양도인이 그 목적물을 계속해서 직접 점유를 하고, 양수인은 간접 점유를 취득하는 일. 주택 매매에서는 주세라고도 하며, 매도인이 매도 후 그 집에 전세 등으로 거주하는 경우를 말한다.
* 마이너스 피 : '피'는 프리미엄premium의 준말로, 분양권 매매 시 원래의 분양가보다 낮은 가격으로 거래하는 경우, 마이너스 피가 붙었다고 말한다. 줄여서 '마피'라고도 한다.

투자를 통해 인생을 배우다

투자를 통해 인생의 진리를 몸소 많이 체험했다. 무언가를 얻기 위해서는 반드시 '대가'라는 것을 치러야한다는 말. 이 세상에 쉽게 얻을 수 있는 돈이란 결코 없다는 말. 그리고 진인사대천명盡人事待天命. 이것은 내가 뼈저린 경험과 고통으로 얻은 투자의 진리다.

나는 투자를 통해 모든 것이 바뀌었다. 삶의 태도가 바뀌었고, 행동과 자세가 바뀌었으며 심지어 영혼이 바뀌었다는 생각이 들 정도로 나의 모든 것이 변화했다. 투자를 알기 전에는 인생의 명확한 목적이 없었으며, 목적이 없으니 도전도 없었던 것이다.

하지만 나는 자본주의와 자산시장의 진실을 알게 되었다. 그리고 투자가 얼마나 힘든 것인지를 깨닫게 되었다. 힘들지만 회피하지 않고 당당히 맞서 고난을 이겨냈다. 이것이 바로 자유를 향한 여정이다. 자유를 찾기 위해 떠나는 과정에서 회사와 가정 이외의 모든 시간을 부동산에 쏟아 부었다.

그 과정에서 함께 어울리고 놀던 친구들을 잃었다. 부를 이루기 위해서는 대가를 치러야 하니 당연한 결과이다. 주말마다 놀러다니던 친구를 잃었지만, 다른 친구들을 얻었다. 그 친구들의 이름은 '고통', '고난', '슬럼프'다.

나는 이 친구들과 함께 부의 길을 향해 나아가고 도전할 것이다. 자유를 향해 가는 길에는 이 친구들이 반드시 동행하기에, 앞으로도 많은 어려움이 내 앞에 닥칠 것이라는 점을 잘 알고 있다. 하지만 내게는 함께 이겨나갈 동료들이 있다. 바로 자유지성 아카데미에서 만난 분들이다. 이 분들과 함께 손잡고 더 멋진 투자의 항해를 지속해나갈 것이다. 그리고 무엇보다 부동산을 잘 모르는 부린이 혹은 무주택자 분들이 자본주의의 본질을 이해해 부자가 될 수 있도록, 내가 경험하고 알게 된 지식을 나누며 돕는 사람이 될 것을 다짐한다.

부동산 중개사무소
방문의 요령

부동산 공부를 처음 시작하는 분들이 가장 어려워하는 것은 중개사무소의 방문입니다. 투자하고 싶은 지역에 임장臨場*을 나가 정보를 얻으려 하는데, 부동산에 들어가 어떤 이야기를 어떻게 해야할지 겁부터 나는 것이죠. 그래서 부동산 앞에서 긴장을 하며 크게 심호흡을 하고 들어가 질문을 합니다. 하지만 중개사님들의 불친절한 듯한 태도에 마음이 상해 부동산을 나오는 경우가 빈번하죠. 자신이 무엇을 잘못했는지 자책하기도 합니다. 그렇다면 어떻게 해야 부동산에 들어가 원하는 정보를 알아낼 수 있을까요?

만약 여러분이 중개사라고 해봅시다. 중개사는 하루에 수십 명의 고객을 맞이하므로, 중개사가 어떤 고객에게 시간과 노력을 쏟을지를 생

---

* 임장臨場 : 부동산을 보기 위해 직접 해당 장소에 임하여 탐방하는 것

각해보세요. 중개사는 '거래를 하지 않을 것 같은' 고객에게 시간을 낭비해서는 안된다고 생각합니다. 집을 실제로 살 고객, 전월세를 얻을 고객에게 더 많은 시간과 공을 들이는 것이 당연하죠.

중개사님의 개인적 성향이 불친절해서가 아닙니다. 경영 전략의 대가인 마이클 포터Michael E. Porter 하버드대 경영학과 교수는 '특정 분야'를 선택해 '자원을 집중'시키는 경영 전략이 모든 조직에서 최상의 결과를 낳는다고 강조했는데요, 이를 '선택과 집중' 전략이라고 합니다. 중개사님도 부동산을 운영하는 만큼 고객에 대한 '선택과 집중'을 통해 거래의 성사라는 최상의 결과를 얻어내야 하는 것입니다.

즉, 여러분은 부동산 소장님이 시간과 노력, 공을 들여야 하는 고객으로 인지되어야 하는 것이죠. 다시 말해, (1) 집을 실제로 살 것 같은 고객, (2) 전월세를 얻을 것 같은 고객이 되어야 하는 겁니다. 그렇게 인식되면 여러분은 질문을 준비할 필요도 없습니다. 부동산 소장님께서 모든 것을 이끌어주시고 가르쳐주실 테니까요. 부동산에 들어와 아래처럼 말하는 두 고객의 경우를 생각해봅시다.

(고객 1)

안녕하세요, 매물 좀 알아보러 왔는데요. 혹시 급매*가 있나요? 얼마인가요? 요즘 얼마쯤에 거래가 되고 있나요? 최근 전세 매물은 많이 있나요? 전세는 잘 빠질까요? 여기에 호재 같은 것이 있나요? 인구 유입은 어떤가요?

(고객 2)

안녕하세요, 최근에 이쪽으로 직장이 발령나서 집을 좀 알아보러 왔어요. 전세를 구하고 싶은데요, 요즘 신문에 급매가 나온다고 해서 예산이 맞는다면 집을 사는 것도 생각하고 있습니다. 여자친구와 결혼 날짜를 상의하고 있어서요. 이 쪽은 처음이라 잘 모르는데, 발령 날짜가 좀 급하기는 합니다.

(고객 1)의 경우가 질문을 준비해 임장을 오는 전형적인 사례입니다. 하지만 불친절한 반응에 직면하는 경우가 대부분일 겁니다. 왜 그럴까요? (고객 1)은 집을 사기보다는 임장 정보를 얻고 갈 확률이 높은 사람이라 인식되기 때문입니다. 중개사에게 중요한 것은 거래를 성사시켜 중개수수료를 얻는 것이라는 점을 늘 기억하세요. 따라서 오히려 부린이 같지만 (고객 2)는 소장님의 친절하고 상세한 설명을 들으며, 여러 집을 둘러보고 가게 될 겁니다. 여러분이 질문할 필요도 없습니다. 소장님이 여러분에게 질문을 해주실 테니까요. 그렇다면 이처럼 부동산 소장님의 선택과 집중의 대상이 되기 위해 가장 좋은 요소 두 가지는 무엇일까요?

＊ 급매 : '물건을 급히 판다'는 뜻으로 매도인의 사정에 의해 정상거래가격보다 낮게 형성되는 경우가 많다.

1. 해당 지역으로 직장 발령

매매와 임대 중 하나를 선택해 직주근접*의 집을 '거래해야 하는' 상황입니다. 특히 급한 발령이라고 하면 급히 계약해야 하니 더 중요한 상황이죠.

2. 결혼 준비

신혼집을 반드시 구해야 하는 상황으로, 신혼부부처럼 보이는 남녀가 함께 부동산에 온다면 더 확실해 보일 것입니다. 그래서 젊은 남녀 동반은 언제나 환영받습니다.

여러분이 해당 지역으로 직장을 발령받았다고 말하거나 결혼을 준비한다고 말하면 소장님께서는 (1) 예산은 얼마인지를 제일 먼저 물어볼 겁니다. 다음으로 (2) 언제 이사를 올 것인지 (3) 매매를 구할 건지 전월세를 구할 건지 (4) 결혼 시기는 언제인지 (5) 원하는 방의 개수는 몇 개인지 (6) 빌라도 괜찮은지 등을 물어볼 겁니다. 여러분이 준비할 것은 발령받은 직장인, 예비 신랑, 예비 신부가 되어 답변하는 것뿐입니다.

그리고 자연스럽게 궁금한 점을 물어보세요. 가령 "소장님, 지금 집을 사는 게 좋을까요, 아니면 일단 전세를 들어가는 게 좋을까요?"라고 질

＊직주근접 : 직장과 주거지가 가까이 있음

문하면 소장님은 친절하게 답해주실 겁니다. 해당 지역의 호재를 말씀해주시며 조정기에 급매를 매수하는 것을 추천할 수도 있고, 저렴하게 나온 급전세가 있으니 전세를 권할 수도 있습니다. 혹은 투자와 거주를 분리해 거주는 낡은 빌라에서 월세로 살고, 전세를 끼고 급급매 물건에 투자해두라고 말씀해주실 수도 있습니다.

여러분이 근처에 직장을 잡거나 발령받은 분 혹은 신혼을 앞둔 분으로 변신하여 소장님과 상의한다면 투자의 방법을 포함해 여러분이 원하는 모든 정보를 얻을 수 있는 것이죠. 여러분은 전세를 구하러 왔지만 예산이 맞는다면 매매도 고려하고 있다고 하므로 소장님은 여러분께 매매와 전세 물건을 친절하게 보여주고, 여러분이 답변한 예산이 부족하다고 판단될 경우 대출 상담사를 소개해주며 대출 과정까지 제안해주실 겁니다. 전세를 구하러 왔으니, 전세의 동향까지 파악할 수 있는 것은 당연하죠.

여러분이 부린이라는 것을 두려워하지 마세요. 부동산 소장님들은 친절하고 능숙한 프로입니다. 여러분이 부동산에 대한 지식을 많이 알고 있느냐가 중요한 것이 아닙니다. 여러분이 소장님께 '중요 고객'으로 인식되는 것이 부동산 방문과 임장을 위한 최고의 요령입니다. 특히 조정기에는 손님이 적어 임장을 다니기가 더욱 좋다는 것도 기억해두세요.

혹시 부동산 소장님의 불친절한 태도에 마음이 상했다면 빨리 나와서 다른 부동산에 가면 됩니다. 여러 부동산을 돌아다니다 보면 나와 맞는 소장님이 분명히 있을 것입니다. 어떤 사람들은 친절하신 소장님이 고마워서 그 부동산에서만 거래하겠다는 의리(?) 있는 결심을 하기도 합니다. 그러나 여러 부동산을 돌아다니다 보면 마음에 들지 않는 부동산에서 좋은 매물을 단독 중개로 갖고 있는 경우도 있습니다. 따라서 여러 부동산을 방문하며 다양한 경험을 하는 것이 좋습니다.

임장을 다녀 온 후 부동산에 남겨둔 연락처로 전화가 오는 경우가 있습니다. 임장을 다녀오긴 했지만 살 것도 아닌데 통화를 하기에는 부담스럽다는 생각에 부동산의 전화를 피하기도 하는데 그럴 필요는 없습니다. 전화를 받아서 소장님의 이야기를 듣다 보면 의외의 투자 기회를 발견할 수도 있고, 이야기를 나누면서 친분을 트게 되면 당장은 아니더라도 추후 좋은 매물에 나왔을 때 제일 먼저 나에게 연락을 할지도 모릅니다. 지역의 흐름을 현장에서 가장 먼저 감지하는 부동산 소장님과 지속적인 관계를 유지하는 것은 투자의 지혜입니다.

바람의 방향은 바꿀 수 없어도
목적지에 이르도록 돛의 방향은 조절할 수 있다.

· 지미 딘 ·

4

성공의 비기祕技, 속도보다 방향

부자의 마인드와 자본주의 정신

•

골든벨

가격은 환상이자 신기루다

　나는 부동산으로 인해 내 인생의 바닥과 가장 찬란한 순간을 모두 경험하게 되었다. 가격은 마치 살아 움직이는 생물과 같았고, 앞으로도 계속 움직일 것이다.

　나는 투자를 통해 가격이란 순식간에 사라지는 신기루와 같은 것이라 생각하게 되었다. 단 몇 시간 사이에 나와 있던 모든 매물들이 사라지고, 호가*가 적게는 수천만 원에서 수억 원까지 변동한다. 따라서 우리는 단

―――――――――

* 호가呼價 : 물건을 팔거나 사기 위해 부르는 가격

기간의 가격을 보고 절망에 빠져서도, 환희에 젖어서도 안 되는 것이다.

단기에 변동하는 가격을 환상이라 생각하고 시장이 장기적으로 상승한다는 굳은 신념을 유지하면 100전 100승하는 것이 부동산 시장이라 생각한다. 이 말은 시장의 역사를 돌아보면 진리라는 것을 알게 된다. 그럼에도 우리는 인간의 욕심과 두려움으로 인해 시장에서 매도로 손실을 확정하고 실패의 늪에 빠져 좌절한다.

내 경험을 통해 초심자들이 단기간의 가격 변동에 흔들리지 않는 투자의 중심을 세울 수 있기를 바라며 글을 시작한다.

2008년, 묻지마 투자로 꼭지를 잡고 고통에 빠지다

직장에서 노동을 팔아 화폐로 바꾸는 근로수입만을 벌어들이던 내가 부동산을 처음 접하게 된 것은 2008년, 당시는 노무현 정부의 부동산 정책 실패로 집값이 폭등하던 시기였다. 지금의 문재인 정부와 마찬가지로 각종 부동산 규제책을 쏟아냈고, 규제로 매도물량이 마르자 연일 집값이 상승했다. 그 무렵 회사에 가면 이번 달에만 집값이 몇천만 원이 올랐다는 말을 여기저기서 쉽게 들을 수 있었다.

당시 몇천만 원이라 하면 내 연봉과 같은 금액이었는데, 그런 큰 돈을 집이 있다는 이유로 한 달 만에 벌 수 있다니… 미혼에 집이 없던 나에게는 박탈감과 함께 애써 외면하고 싶은 사회적 이슈였다.

그런데 투자에 관심이 있던 친한 친구로부터 연락이 왔다. 부동산 고수가 찍어준 아파트인데 브랜드가 '자이'여서 계약금만 넣어두고 입주할 때쯤 분양권을 팔아 수익을 보면 된다는 달콤한 제안이었다.

고수가 찍어준 아파트에 계약금만 넣어두고 쉽게 돈을 벌 수 있다니! 나도 부동산으로 한몫 잡겠다는 생각에 계약금 3천만 원을 넣고 덜컥 계약을 하게 되었다.

하지만 몇 년간 이어지던 부동산 상승기는 기가 막히게도 내가 계약을 하자마자 내리막을 걷기 시작했다. 2008년 리먼 사태*가 터지고 세계 금융위기가 오면서 부동산 상승기가 꺾인 것이다. 내가 계약한 아파트가 입주할 무렵에는 분양가에서 무려 1억 원 가량 시세가 하락해 있었다. 소위 말해 내가 꼭지를 잡았던 것이다. 묻지마 투자의 결과가 이런 것일 줄이야…

입주 시에 계약금 10%와 중도금 대출 60%를 제외한 나머지 30%를 잔금으로 내야 했기에, 그 동안 회사생활을 하며 모아둔 저축과 주택 청약을 모두 깼다. 그래도 잔금을 치르기에는 부족했는데 다행히도 당시 나빠진 부동산 경기를 고려해 건설사가 잔금을 유예해 주는 조건을 걸었다. 그래서 나는 다달이 갚아 나간다는 마음으로 빚쟁이와 다름없는 길을 가게 되었다.

이미 1억 원이나 떨어졌고, 더 떨어져 헐값이 될 수 있다는 공포가 나를 지배했다. 언론에는 폭락 기사가 도배되며 공포를 더욱 부채질했다.

---

* 2008년 리먼 사태 : 미국의 서브프라임 모기지subprime mortgage(비우량주택담보대출) 금융 시장에서 시작되어 전 세계로 파급된 대규모의 금융 위기 사태로 미국의 투자은행 리먼 브러더스Lehman Brothers를 비롯한 다수의 금융 회사들이 연쇄적으로 파산하였다.

헐값 아파트에 직장생활로 모아놓은 피같은 돈을 쏟아붓고 있자니 정신적으로 너무나 고통스러웠다. 유예된 기간 내에 잔금을 납입해도 아파트가 폭락한다고 하니, 내가 돈을 넣을수록 손해는 더 커지는 것이 아닌가… 묻지마 투자로 수익 좀 챙겨보려던 허영된 욕심에 내 인생이 순식간에 파산의 위기에 몰려버린 것 같았다.

당시 벌어들이는 수입이 많지 않았기에, 그토록 삶이 원망스럽고 두려웠던 적이 없었던 것 같다. 밑 빠진 아파트에 매달 돈을 부으면 남는 돈이 거의 없었다. 오죽하면 치약이 떨어져도, 식용유가 떨어져도 짜증이 났다. 왜 하필 돈이 없는 이때 이런 것들까지 떨어지는지… 비록 풍족하지는 않았지만 내 돈으로 먹고 싶은 것 먹고, 가고 싶은 곳에 여행을 갈 수 있던 예전의 평범한 일상이 그립기까지 했다.

이 정도면 삶 자체가 고통이었다고 봐도 무방할 것이다. 그야말로 지옥 같은 나날이었다. 투자 리스크에 대해 아무런 준비도 없던 나는 하락의 직격탄을 맞아 신음했다. 폭락으로 깡통이 될지도 모르는 아파트에 모든 재산을 들이부어야 하는 이 극심한 고통과 공포는 당해보지 않은 사람은 모를 것이다. 훗날 투자의 경험이란, 공포를 먹고 자라나며 고통을 타고 성장하는 것임을 깨달았다.

신뢰를 통해 찾아 온 인생의 기회

그 무렵 사랑하는 사람이 생겨 결혼을 준비하게 되었다. 넉넉하지 않은 집안 형편에 헐값 아파트에 모든 돈을 들이부었으니, 결혼을 준비할 금전적 여력이 없었다. 넉넉하지 않았던 부모님의 도움을 받아 결혼을 했지만 이후로도 생활 형편은 나아지지 않았다.

설상가상으로 당시 다니던 회사에 부도가 나게 되었다. 매출은 꾸준하던 회사였는데, 현금이 제대로 돌지 않았던 것이다. 나는 영업을 담당하고 있었는데 거래처 중 한 곳에서 나에게 물건을 만들어서 계속 납품해보지 않겠냐는 제안을 했다. 영업사원으로 거래처 관리에 최선을 다하고 있어서 그런지 거래처에서 나를 신뢰한 것이다.

이와 같은 신뢰는 기회로 이어졌다. 그래서 나는 회사 생활을 정리하고 거래처에 물건을 만들어 납품하는 일에 전력을 기울였다. 결과는 꾸준한 매출로 이어져 생활을 안정적으로 꾸려나갈 수 있게 되었다. 한편 업무 외적으로도 시간적인 여유가 생겼다. 그래서 무엇을 더 할 수 있을까를 진지하게 성찰하고 고민할 수 있었다.

인생에는 몇 번의 기회가 온다고 하는데, 나에게 한 번의 인생 기회가 그렇게 찾아와 주었다.

고통을 견딘 자에게 돌아오는 수익

이 기회로 인해 나는 인생의 나락을 맛보았던 묻지마 투자의 아픔으로부터 서서히 치유될 수 있었다. 드디어 대출 외에 남은 잔금을 모두 납입해 등기를 내 앞으로 가져왔다! 비록 중도금 대출은 아직 많이 남았지만 다달이 납품을 통한 수익금이 안정적으로 들어왔고, 등기한 아파트를 월세로 놓으면서 월세 수익금을 합해 중도금 대출을 매월 꾸준히 갚아나갔다.

그리고 아이러니하게도 2016년이 되자 그 아파트는 내 실거주 집이 되었다. 분양권을 팔아 쉽게 돈을 벌어보려던 그 집이, 내게 고통과 좌절을 주었던 그 집이 내 보금자리가 된 것이다.

훗날 나는 깨달았다. 당시 나의 삶이 송두리째 흔들린 것은 1억이 하락한 시세의 영향이었다. 그런데 그 하락한 가격은 환상이고 신기루였던 것이다. 가격은 시간이 흐르며 회복되고, 고통의 시간을 견딘 자에게 수익이 돌아온다는 것을 투자와 경제를 공부하고 나서야 알게 되었다.

부의 파이프라인을 위해 부동산에 진심이 되다

물건을 만들어 납품하는 일이 어느 정도 자리를 잡아, 회사생활 이상의 수입이 잡히며 생활이 더욱 안정되었다. 그러던 와중 2015년 무렵 쌍둥이가 태어나고, 가족을 부양해야 할 더 큰 책임이 어깨에 놓이자 불안감이 엄습했다.

'이 일이 언제까지 이어질 수 있을까. 무엇보다 납품이라는 것은 내가 만드는 시장이 아니라 거래처의 사정에 따라 언제든지 납품이 끊길 수 있다.'

그리하여 남에게 의존하지 않고 내 힘으로 이뤄낼 수 있는 수입이 무엇이 있을지를 늘 고민했다. 부의 파이프라인을 늘려야 한다고 생각한 것이다. 그러던 2016년의 어느 주말, 우연히 가족들과 서점을 방문하게 되는데, 이상하게도 부동산 분야에 끌려 경매 서적을 구입하게 된다. 부동산 투자로 큰 고통을 맛보았는데, 왜 그때 부동산 서적에 끌린 걸까. 돌이켜 보면 아직도 의아스러운 경매 서적 구입이 인생의 두 번째 큰 기회를 열었다.

책에는 저자가 운영하는 부동산 카페가 소개되어 있었는데, 카페에 가입해보니 경매 강의가 운영되고 있었다. 그리고 경매를 해봐야겠다는 마음이 들어 수강료를 몇십만 원 들여 경매 강의를 수강했다. 당시 새로운 분야에 도전하는 나의 마음은 진심이었다.

다시는 인생의 바닥으로 돌아가고 싶지 않은 간절함이 투자에 대한 몰입으로 이어졌다. 각종 투자 서적을 읽고 정리하는 과정에서 나의 생각과 생활도 완전히 달라졌다.

소비를 줄여 투자금을 늘리고, 경제 신문을 구독하며, 각종 강의를 수강하였을 뿐만 아니라 임장 프로그램에도 참여하여 현장으로 나갔다. 물건을 만들어 납품하는 본업 이외의 시간은 모두 투자 분야에 할애했다. 내가 첫 분양권 투자에서 삶의 나락으로 떨어지는 극심한 공포를 느끼고 좌절한 것은 나에게 가난의 마인드가 뿌리 깊게 박혀있었기 때문이었다. 폭락의 두려움에 사로잡혀 시장에서 도망치는 패배자의 마인드 말이다.

이 가난의 마인드와 가난의 습관을 뒤집어 엎기 위해 공부하고 또 공부했다. 전국 곳곳을 돌아다니며 임장을 하고 경매 입찰도 지속했다. 실행하고 결단하는 노력으로 거지 근성을 뿌리 뽑고자 했다. 거지는 가만히 앉아서 손을 벌리고 돈을 달라고 한다. 하지만 부자는 가만히 앉아있는 법이 없다. 남들이 삶을 안주하는 시간에 끊임없이 움직이고 투자처를 찾으며 연구하는 것이 부자의 마인드다.

책에서 이런 글을 읽은 적이 있다.

'생각이 그 사람의 인생을 만들어 간다.'

투자를 향한 나의 진심이 첫발을 떼었으며, 그 진심은 지금도 변함이 없다. 그래서 앞으로 내 인생의 절반은 투자자의 삶으로 채워질 것이며, 이 생각이 나의 인생을 만들어 갈 것이다. 나는 더 발전적인 모습으로 변화할 것이며 더 부유한 삶을 걸어갈 것이다.

부동산을 매입하는 방법 – 경매와 갭투자의 장단점

전국을 돌아다니며 임장을 하고 경매 입찰을 시도했지만 번번이 패찰* 을 했다. 경매를 공부하며 투자에 본격적으로 입문했지만 그 과정에서 경매의 한계도 보게 되었다.

경매란, 부동산을 매입하는 여러 가지 방법 중 하나다. 대개 감정가보다 싼 값에 낙찰이 되니, 부동산이 다소 하락한다 하여도 손해를 보지 않을 수 있는 안전마진을 확보하기 위해 활용되는 방법이다. 하지만 세입자 또는 집주인의 협조를 얻기 어려워 집 내부의 상태를 쉽게 볼 수 없고, 낙찰을 받더라도 세입자 또는 집주인을 내보내는 명도의 과정이 필요하다. 또한 상승기에 패찰이 계속되며 시간이 흐르게 되면 상승장에 올라탈 수 있는 기회를 놓치게 된다. 따라서 초보자에게는 경매라는 방

---

* 패찰 : '낙찰'의 반대말. 경매에 입찰했는데 떨어졌을 때 '패찰'이라고 한다.

식이 결코 쉬운 영역은 아니다.

부동산을 적은 자본으로 매입하는 또 다른 방법은 전 세계에서 우리나라에만 존재하는 전세를 활용하는 것이다.

아파트의 매매가가 4억이고 여기에 전세를 3억 5천에 놓는다고 가정해보자. 세입자의 전세금 3억 5천만 원이 들어오니 내 돈을 5천만 원만 보태면 4억의 아파트를 매수할 수 있다. 즉, 세입자의 전세금을 레버리지(지렛대)로 활용해 적은 자본으로 집을 매입하는 것이다. 이를 매매가와 전세가의 차이, 즉 갭을 이용한 투자라 하여 '갭투자'라고 한다.

갭투자는 경매와 달리 집의 상태를 꼼꼼하게 볼 수 있다. 또한 자신의 투자금에 맞춰 지역과 단지, 평수를 다양하게 선택할 수 있다. 뿐만 아니라 급급매를 잡으면 경매보다 더 싼 가격에 매수하는 것도 가능하다. 나는 이 사실을 깨닫고 경매보다 갭투자의 방식을 통해 주택을 매수하기로 마음먹었다. 주택에 대한 투자를 시작할 때의 자금은 1억 원이었다. 이 1억 원으로 서울과 인천에 갭투자를 하게 된다.

멘토의 도움과 선대출을 이용한 투자

1. 서울 – 멘토의 도움으로 아파트 매입

당시에는 서울에 5천만 원 이하로 투자할 수 있는 물건이 꽤 많았는데, 나는 묻지마 투자 외에는 매수에 대한 경험이 전혀 없었다.

그래서 학원에 등록해 부동산 매수를 공부하기로 했다. 운이 좋았던지 부동산 계약의 처음부터 끝까지 전 과정을 가르쳐주시는 멘토를 만

날 수 있었다. 이 멘토님의 도움으로 아파트를 매입해 올수리로 인테리어를 진행하며 전세를 최고가로 맞추는 방법까지 실전으로 배울 수 있었다. 그리고 서울의 상승기에 맞춰 인생 처음으로 노동이 아닌 투자로 인해 큰 수익을 거두는 경험을 했다. 만약 경매를 고집했다면 계속되는 패찰로 상승기를 놓쳐버렸을 수도 있었을 것이다.

2. 인천 – 선대출 투자

송도는 선대출을 통한 투자 방법을 이용했다. 선대출을 이용한 투자는 매매가와 전세가의 차이가 커서 내 자금에 비해 투자금이 많이 들어갈 때 사용한다. 먼저 대출을 일으켜 매매가와의 갭을 줄인 후 세입자를 찾는다. 그리고 대출과 전세가의 합이 집값을 넘어가지 않도록 하는 것이다.

선대출은 투자 리스크가 다소 있는 방법으로, 선대출이 있는 전세를 꺼려하는 지역이 있고, 통하는 지역이 따로 있다.

송도의 경우 학군이 뛰어난 1공구였기에 선대출 투자를 할 수 있었다. 1공구는 자녀의 교육열이 높은 세입자가 약간의 선대출이 있어도 전세금이 보호되는 금액이라면 기꺼이 전세로 들어왔다. 때문에 잔금 1개월을 남기고 다행히 전세가 맞춰졌다.

선대출 투자의 리스크에도 불구하고 과감히 실행에 옮겨 성공했던 투자였다. 인천은 도시 자체의 많은 입주물량으로 인해 전셋값이 매우 낮았고, 투자 후 2년 동안은 서울의 상승이 물결효과로 전해지기 이전이었다. 그래서 2년 후 전세 만기 때는 입주물량으로 역전세*가 발생해 세입자에게 몇천만 원을 내어주는 어려움도 있었다.

하지만 송도에 대한 확신을 가지고 보유해 2020년부터 본격적인 상승기를 타게 된다. 이 물건은 투자금 대비 열 배 이상의 큰 수익을 안겨준 성공적인 투자가 되었다.

임장을 다니며 전국구 투자자로 거듭나다

이후로도 부동산 공부와 임장을 통해 나만의 지식과 경험이 더해져 추가 투자를 단행했다. 전국을 돌아다니며 울산, 창원, 청주, 천안, 충주 등 자금이 생길 때마다 투자 예산에 맞는 여러 지역을 투자하게 되었다.

물론 모든 부동산이 투자하자마자 오른 것은 아니다. 앞서 언급한 인천 송도를 비롯한 몇몇 지역은 단기적으로 하락의 경험을 맛보기도 했다. 하지만 이제 투자에 대한 확고한 중심을 세우게 된 나는 일시적인 하락을 두려워하지 않는 배짱을 가지게 되었다.

감당할 수 있는 자금 계획 안에서 투자를 하며 위험에 대비한 청주의 사례를 소개해본다.

청주의 경우 입주 물량이 많을 때여서 어느 정도 하락이 예상되었다. 하지만 매매가와 전세가가 붙어 있었기에 천만 원 이하로 투자금을 최대한 줄이면서 공급량으로 인한 일시적 하락을 피하고자 전세를 4년으로 맞추는 전략을 사용했다. 임대차보호법상 전세는 2년을 보장하지만

※ 역전세逆傳貰 : 전세 시세가 계약 당시보다 하락하는 경우

특약으로 4년을 계약, 하락기를 피하고 길게 보유하는 전략이었다. 4년 전세를 맞춘 물건은 하락을 겪으면서도 추가 자금 투입 없이 바닥을 찍고 상승으로 턴했다. 수익금은 상대적으로 적을지라도, 투자금 대비 수익률로 보면 상당히 좋은 성과를 낸 물건이었다.

투자는 남과 비교하는 분야가 아니라고 생각한다. 내가 아무리 많은 부를 얻었어도 나보다 더 부자인 사람이 있듯이, 내가 아무리 뛰어난 성과를 올렸어도 주위를 돌아보면 나보다 더 뛰어난 사람은 분명히 존재한다.

따라서 분명히 잘하고 있음에도 남들과 비교를 하며 초라한 자신을 발견하게 되는 순간, 탐욕에 빠져 브레이크 없이 질주하다 큰 사고가 발생할 수 있다. 자신만의 스텝으로 리스크를 관리하며 긴 호흡으로 꾸준함을 가지고 나아가야 한다. 나만의 투자 기준을 정립하고 느리더라도 올바른 방향으로 나아가는 것이 행복한 투자자의 모습일 것이라고 생각한다.

속도보다 중요한 것은 방향

지금은 소유한 부동산이 모두 매수 가격보다 올라있는 상태다. 그건 결코 내가 잘나서가 아니다. 그 이면에는 경제와 투자 분야를 공부하고 심도 있게 알아갈수록 느껴지는 화폐 가치의 하락, 즉 인플레이션이 있을 것이다. 더불어 시간의 힘을 믿고 두려움을 이겨내는 장기투자의 필연적인 결과로 이해하고 있다.

예전에 어느 신문 기사에서 부동산 투자자로 유명하신 분의 인터뷰 기사를 본 적이 있다. 그분의 말씀 중에 가장 기억에 남은 것은 자신이 투자한 물건에 실패한 적이 없다는 것이었다. 놀라웠다. 그 비결은 무엇이었을까? 간단하다.

'떨어지면 팔지 않는다'고 한다.

그 단순한 대답에는 시간, 인플레이션, 장기투자라는 투자의 본질이 함축되어 있다. 투자에 중요한 것은 빨리 수익을 얻으려는 '속도'가 아니다. 늦더라도 확실한 수익을 거둔다는 '방향'이 중요하다. 속도보다 방향인 것이다.

처음에 묻지마 투자로 1억 원이 하락하며 큰 고통과 절망을 주었던 아파트마저 시간이 지나니 집값이 오른 것이다.

나는 지금 1년이 넘게 월세살이를 하고 있다. 매월 100만 원 정도가 나가는 월세를 왜 내고 있을까? 월세는 전세보다 보증금이 훨씬 적기에, 전세 보증금으로 사용할 목돈을 투자금으로 확보해 여러 채의 투자를 이어나갈 수 있기 때문이다. 또한 운이 좋게도, 부동산에서 월세를 충분히 감당하고도 남을 수익과 현금흐름이 발생하고 있다. 전세를 살지 말고 월세를 살며 적극적으로 자산을 증식해볼 것을 권한다.

나는 아직 부자의 반열에 오를만큼 큰 부를 이루었다고 생각하지 않는다. 다만 부동산은 나를 가난에서 구해주고, 노력하고 인내하는 만큼 수익을 가져다 준 고마운 친구이다. 그렇게 고마운 친구를 어찌 함부로 대할 수 있겠는가. 나는 언제나 부동산에 진심이다.

투기꾼 프레임을 거부하는 나는 투자자다

좌파 정부는 부동산으로 인한 수익을 불로소득*이라 치부하며 투기꾼으로 몰아간다. 하지만 지난 6년 동안 가난에서 벗어나려는 간절함으로 피나는 노력을 경주하고, 입고 먹고 누릴 수 있는 모든 것을 줄이고 악착같이 절약해서 모은 돈으로 임장을 다니고 투자를 했다. 자본주의의 본질을 이해하려 노력하고, 시장경제의 메커니즘을 공부하며 확실함이 아닌 확률에 투자하며 두려움과 공포를 극복하고 인내했다. 시장의 변동성을 온몸으로 맞고 위험에 고스란히 노출되는 모든 과정을 어찌 불로소득이라 할 수 있는가.

내가 가난했던 이유는 두려움이 싫었고 공포가 무서웠기 때문이다. 경제를 모르는 무지성을 깨닫지 못하고, 폭락이라는 말에 몸서리치며 인생의 나락으로 떨어진다는 생각이 가난의 마인드다.

몰랐기 때문이다. 무지했기 때문이다. 그래서 가난의 마인드를 벗어나지 못했고, 부자를 투기꾼이라 욕하는 거지 근성을 버리지 못했던 것이다. 하지만 실상은 부자가 되고 싶었고, 부를 일군 사람들이 부러웠다. 이제는 말할 수 있다. 투자자의 수익은 결코 불로소득이 아니라는 것을…

아무 일도 하지 않으면 아무 일도 일어나지 않는다고 한다. 치열하게 공부하고 적극적으로 결단하며 실행에 옮겼기에 오늘의 수익이 있었다

---

* 불로소득不勞所得 : 직접 일을 하지 아니하고 얻는 수익. 이자, 배당금, 지대地代 따위를 통틀어 이른다.

고 생각한다. 분명 운도 있었을 것이다. 하지만 노력을 하는 사람에게 행운이 더 많이 찾아온다고 한다. 나는 노력은 결코 배신하지 않는다는 것을 투자를 통해 배웠다. 앞으로도 부동산에 진심인 자세로, 투자자의 길을 자랑스럽게 걸어갈 것이다.

그리고 나아가 작은 소망이 있다면 부자의 마인드와 자본주의 정신이 내 자녀에게 이어져 대대로 번성하는 투자 가문을 만드는 것이다. 미래의 어느 날 이 세상을 떠나는 날이 올 때 우리 가문의 부와 번영을 위해 최선을 다했노라고 자부하며 떠나고 싶다.

그렇게 될 것이다.
그렇게 되기를 나는 오늘도 기도한다.

투자의 수익은 고통의 위자료

역사로 보는 투자의 지혜

여러분에게 두 개의 질문을 드리겠습니다.

질문 1

1991년 1월, 목동신시가지 20평 매매가 1억 800만 원

이때로 돌아간다면 집을 사시겠습니까?

질문 2

2009년 2월, 반포자이 미분양 35평 분양가 11억 원

이때로 돌아간다면 미분양을 사시겠습니까?

이 글을 보는 많은 분들은 '집을 사겠다' 내지 '미분양을 사겠다'라고 답할 것입니다. 목동신시가지 20평은 현재 약 13억 원으로 1991년에 비해 12억 원 정도가 올랐으며, 반포자이 35평은 현재 약 35억 원으로 2009년에 비해 약 24억 원이 올랐기 때문입니다.

하지만 1991년은 1기 신도시가 입주를 시작한 해로, 주택 200만호 입주의 공급 폭탄이 떨어진 첫 해였습니다. 2009년 2월은 2008년 9월의 리먼브러더스 파산 사태로 촉발된 세계금융위기가 경제를 강타하던 때로, 미분양은 무려 16만 5천 호에 달했습니다. 여러분이 부동산을 투자하며 가장 두려워하는 것은 바로 '공급폭탄'과 '경제위기'죠. 그렇다면 공급폭탄과 경제위기가 있던 시기, 왜 여러분은 전세를 살지 않고 집을 사겠다고 답한 것인가요?

정답을 말씀드리겠습니다. 만약 여러분이 당시의 상황을 맞이하고 있다면 십중팔구는 매수를 하지 못했을 것입니다. 당시에 매수를 하려면 공급폭탄과 미분양, 경제위기라는 공포와 두려움을 이겨내는 강철의 심장이 필요했기 때문입니다. 그래서 그때의 고통을 이겨낸 사람들은 부의 결실을 거둘 자격이 있는 것이죠. 유럽 투자의 거장 앙드레 코스톨라니André Kostolany가 이렇게 말한 이유입니다.

"투자의 수익은 고통의 위자료다."

오랜 시간이 지나, 시간의 인플레이션을 깨달은 여러분은 당시가 기회였음을 알고 있습니다. 그때로 돌아가면 모든 자금과 능력을 총동원해 집을 사겠다고 생각하죠. 이제 지금의 시장으로 돌아와 봅시다. 지금은 여러분에게 위기입니까, 기회입니까? 지금 여러분은 시장을 떠나야 합니까, 시장에 머무르며 인내해야 합니까?

우리는 보통 원금을 지키는 것이 현명하며, 투자를 하는 것은 위험하다고 하죠. 그래서 부동산에 투자하면 집값이 떨어지지 않을까 두려워하고 걱정부터 합니다. 예금을 하거나 전세를 사는 것은 이런 걱정이 없고 원금을 지킬 수 있으니 안전하다고 생각하죠.

하지만 1991년과 2009년, 현금을 예금에 묻어놓거나 전세를 살며 전세금에 묻어놓은 사람들에게는 어떤 일이 일어났습니까? 그들은 부를 이루지 못했으며, 그때의 기회를 잡지 못한 것을 후회하고 있습니다. 하지만 당시는 자산시장에 공포가 가득했던 시기로, 지금에 와서야 우리는 그때의 위기가 기회라는 것을 알게 된 것입니다. 1991년부터 1997년까지는 공급량의 과다로 인해 주택시장에 장기 하락장이 펼쳐집니다. 그리고 1998년에는 IMF 외환위기가 닥치죠. 다수의 사람들은 공급과다의 두려움에 떨고 경제위기의 공포가 무서워 집을 사지 못했습니다. 하지만 자산시장의 승자는 집을 산 후 공포와 두려움을 견뎌내고 인내하며 부동산을 지킨 사람들이었습니다.

1998년 외환위기 이후 규제가 완화되며 부동산은 서서히 기지개를 펴기 시작했습니다. 하지만 많은 이들은 부동산이 오르기 시작하자 이번에는 "부동산이 오르니 떨어질 것이 두려워 집을 사지 못하겠다."라고 말하며 전세를 살았습니다. 그리고 부동산은 2007년까지 대세 상승장이 펼쳐지며 목동신시가지 20평은 5억 원까지 오릅니다. 용기 있게 매수하고 고통을 이겨낸 사람이 부의 결실을 거둘 수 있었던 것입니다. 앙드레 코스톨라니는 이렇게 말합니다.

"가격이 떨어질 때 자산을 가지고 있지 못하던 사람은,
가격이 올라도 자산을 가지고 있지 못하다."

그래서 사람들은 2008년 세계경제위기의 파고波高가 본격적으로 영향을 미치던 2009년, 반포자이 미분양을 비롯해 전국에 16만 5천 호나 쌓여있던 미분양을 매수하지 못한 것입니다. 당시 미분양을 용기 있게 매수한 이들은 모두 자산시장의 승자가 되며 부동산으로 큰 부를 이뤘습니다. 이제 다시 여러분께 질문합니다.

지금은 여러분에게 위기입니까, 기회입니까?

가족 전체가 벼락거지에서 탈출한 기적 같은 이야기 · 엔젤

강원도의 가난한 생활보호대상자, 월 1천만 원의 현금흐름을 만들다 · 아짐마

3500만 원에서 20억으로 — 젊은 부부의 재개발 투자 이야기 · 리트리

무지성 실패 매니아에서 부의 레버리지를 깨달은 투자자로 · 리라

인생에서 찾아오는 세 번의 기회와 세 번의 위험 · 윈즈힐

자산과 부의
레버리지

무릇 있는 자는 받아 더 풍족하게 되고
없는 자는 그 있는 것까지 빼앗기리라.

• 마태복음 25:29 •

1

노예의 삶보다 인생 레버리지

가족 전체가 벼락거지에서 탈출한 기적 같은 이야기

·

엔젤

인생의 우연한 충격과 꿈의 크기 – 경매의 성지로 가다

2017년 어느 날, 남편이 허리가 너무 아파 핸드폰으로 치료 방법을 검색하던 중 우연히 한 영상을 보고 충격에 빠졌다. 유튜브 '부동산 읽어주는 남자'의 영상이었다.

"절대로 전세 살지 마라"

당시 나는 목포에서 남편과 맞벌이를 하면서, 8년 후 분양하는 민간임대 아파트에 전세로 거주하고 있었다. 1억 2천에 전세를 살고 있던 셈이다.

'부동산 읽어주는 남자'의 모든 영상을 시청하고 경매에 도전하기로 결심, 1년간 교육하며 관리해주는 경매 강의를 신청하게 된다.

비용은 무려 550만 원.

정말 큰 돈이었지만 과감하게 결심했다.

일을 하고 있어 수요일마다 목포 경매 물건에 입찰했다. 목포는 매일 경매를 진행하지 않는다. 아쉬웠지만 살고 있는 지역이 좁다 보니 어쩔 수 없는 일이었다. 다른 부동산 강의를 찾아보았으나 모두 서울, 수도권의 강의였다. 강의를 실강으로 들으려면 목포에서 왕복 10시간 차를 타고 다녀와야 한다. 막막했다.

부동산에 입문할 때는 자신이 살고 있는 곳부터 시작하게 되므로 어디에 살고 있는지가 매우 중요하다고 생각한다. 이 경우 좁은 지역에 머무를지, 과감하게 광역시 급으로 이사를 가서 자신의 앞마당*을 넓힐지 진지하게 고민해야 한다.

꿈의 크기가 미래의 부를 결정한다고 생각했다. 목포에서 아무리 경매 입찰을 해봐도 답이 잘 나오지 않았다. 그래서 목포에서 계속 일을 할지를 원점에서부터 다시 생각해보기로 했다.

나와 남편의 나이를 생각했을 때 앞으로 길어봐야 10년을 일할 수 있다. 그럼 한 달에 250만 원을 저축할 텐데, 1년에 3천만 원을 모을 수 있다. 계산해 보면 10년을 뼈 빠지게 일해야 3억을 모을 수 있다는 말이다. 그런데 노후에 필요한 금액은 얼마일까? 검색해 보고 계산도 해본다.

8억! 노후 대비로 8억이 필요하다고 한다.

---

* 앞마당 : 본인의 영역, 본인의 영향력을 미칠 수 있는 범위를 가리키는 비유적 표현

하… 도저히 답이 안 나왔다. 연일 답답하기만 했다.

강의로 경매를 배웠으니, 경매로 월세를 세팅해 노후에 필요한 자금을 만들어보자고 결심했다. 하지만 목포는 너무 좁고 경매 입찰도 자주 열리지 않는다. 그래서 남편과 아이들을 설득해 경매의 성지로 불리는 곳으로 이사를 가게 된다.

경매의 성지, 인천이다.

월세로 옮기며 1억의 전세금으로 경매에 도전하다

인천으로의 이사를 설득하는 데는 명분이 필요했다. 마침 남편이 서비스업에서 고객을 상대하는 일로 스트레스가 심해져 우울증이 왔고, 아이들의 사투리도 심해졌다. 남편에게 새로운 곳에서 새로운 시작을 하자고 설득했다. 말은 제주로 보내고, 사람은 서울로 보내라는 말도 있듯, 아이들의 교육을 서울이나 수도권에서 해야 한다는 점도 강조했다. 아이들이 지방 출신으로 무시를 당해서는 안 된다고 생각했다. 목표를 세웠으면 이를 실현하기 위한 명분을 만들어 밀어붙여야 한다. 열 번 찍어 안 넘어가는 나무 없다고, 가족들은 처음에 난색을 표했으나 종국에는 이사에 동의하게 된다.

낯선 곳에 대한 두려움도 있었다. 하지만 다행히 친언니가 인천에 살아 새로운 환경에 적응하는 데 도움을 받을 수 있다고 생각했다.

2019년 2월, 목포 민간임대 아파트의 전세금 1억 2천만 원을 빼서, 인천으로 올라온다. 이 돈이 우리가 가지고 있는 전 재산이었다. 투자금이 없어 빌라에 월세로 거주하며 1억을 시드머니*로 경매 입찰에 도전하기로 했다.

절박한 마음으로 경매에 44건의 입찰을 했으나 싸게 사려는 마음에 낙찰가를 너무 보수적으로 잡아 계속 패찰을 했다.

첫 낙찰과 36%의 수익률, 경매에서 구축과 신축으로

2019년 5월은 잊을 수 없는 달이다. 처음으로 빌라를 낙찰받은 것이다! 경락잔금대출이 90퍼센트까지 나와 수익률을 계산해 보니 30퍼센트가 넘었다. 빌라 투자에 들어간 내 돈은 5백만 원, 그리고 경락잔금대출의 이자를 내고 나니 월 15만 원이 남았다. 500만 원으로 월 15만 원의 현금흐름을 만들었으니 연간으로 따지면 180만 원이 들어오는 셈이다.

500만 원으로 연 180만 원의 수익!
수익률은 무려 연 36%, 할 수 있다는 자신감이 생겼다.
첫 낙찰에서 내가 얻은 교훈은 두 가지다.

1. 적은 돈으로도 부동산에 투자해 수익을 거둘 수 있다.
2. 경매를 통해 현금흐름을 만들기 위해서는 시간이 걸린다.

---

* 시드머니seed money : 투자를 위한 종잣돈을 가리킨다.

나는 경매에 도전했고, 500만 원의 적은 돈으로도 투자를 할 수 있다는 것을 깨달았다. 하지만 경매로 현금흐름을 만들려면 시간이 걸린다는 한계를 동시에 절감했다. 월 300만 원의 현금흐름을 만들려면 월 15만 원의 수익을 발생시키는 빌라를 20채 낙찰받아야 한다. 하지만 경매로 1채를 낙찰받고 월세 수익으로 세팅하는 데는 시간이 너무 걸려 다른 방법이 필요하다고 생각했다.

경매에서 패찰을 하면 귀중한 시간이 성과 없이 흘러버릴 수도 있는 것이다. 경매를 해보면 1채를 낙찰받아 명도를 거쳐 수익을 거두기까지 생각보다 많은 시간을 요한다는 것을 알게 된다. 그래서 오히려 구축의 급매, 급급매가 나을 수도 있다.

무엇보다 부동산은 사이클이 있다. 그래서 계속되는 패찰로 상승기를 놓치고 조정기에 들어서면, 경매 시장도 침체를 겪으며 원하는 수익률을 달성하지 못할 가능성도 크다.

마침 유튜브를 보면서 부동산도 흐름이 있다는 것을 알게 된다. 그래서 나는 시간이 오래 걸리는 경매보다 구축, 신축 시장에 투자를 하는 것이 빠르게 상승 사이클에 올라탈 수 있는 방법이라 생각했다.

이에 부동산 책을 읽고 데이터를 분석하고 연구하며, 유튜브의 부동산 강의를 모두 찾아서 들었다.

구축 투자에 나서 단기에 130% 수익을 거두다

구축과 신축, 분양권 시장을 공부한 후 2019년 10월, 인천 송도 퍼스크파크 임장을 나갔다. 그때 26평 고층이 5억 7천이었는데 송도에는 입주 물량이 많아 전셋값이 너무 낮았다. 그래서 내가 가진 종잣돈에 은행에서 선순위 대출을 받고 전세까지 맞춰야 했기에 넘어야 할 허들이 너무 높았다.

그래서 첫 구축 투자는 너무 무리한 위험 감수보다 종잣돈을 적게 들이는 방향으로 추진하기로 결심하고 구월동 롯데캐슬을 임장한다. 매매가와 전세가의 차이인 갭은 8천만 원. 내가 가진 예산 범위 안에 들어온다! 다음은 구월 아시아드 선수촌을 임장했다. 매매가 2억 7천, 전세가 2억 3천으로 갭은 4천만 원이었다. 종잣돈을 최대한 효율적으로 활용하기 위해 롯데캐슬 대신 4천만 원의 갭으로 아시아드 선수촌 매수를 결정했다.

12월 잔금 후 2020년 2월, 두 달밖에 지나지 않았는데, 6천만 원이 올라 3억 3천만 원이 되었다. 경매에서 거둔 월 15만 원의 현금흐름과는 비교가 되지 않는다. 첫 거래에서 단기에 수익을 실현해 종잣돈을 늘리면 더 좋은 물건에 투자를 할 수 있겠다고 생각해 단기 매도를 하였다.

4천만 원의 투자금으로 일반과세의 세후 수익은 5천 2백만 원이었다. 2개월 만에 무려 130%의 수익률을 거두고 자신감이 붙은 나는 본격적인 구축, 신축 투자에 과감하게 나서보기로 했다. 코로나가 터지며 집값이 폭락할 것이라는 방송이 넘쳤지만 이때의 조정기를 역발상으로 이용해 더 적극적으로 투자하기로 결심했다.

거지로 살아가기보다, 노예처럼 살아가기보다, 비록 실패하더라도 후회 없이 투자해보고 싶었다.

인생에 단 한 번도 오지 않았던 기회가 온 것 같았다.

6주택 포지션의 세팅과 매매를 통한 교훈

첫 투자에서 회수한 돈으로 신축 분양권을 매수하기로 했다. 2020년 3월, 미분양의 무덤인 평택 분양권을 매수했다. 이왕 사려면 좋은 물건을 사야 한다고 생각해 약간의 프리미엄을 주고 분양권을 계약했다. 분양권의 계약금 10%에 프리미엄 900만 원, 복비까지 총 투자금 4천만 원이 들었다.

다음으로 2020년 4월, 원주의 분양권을 매수했다. 계약금 10%인 2300만 원에 프리미엄 600만 원, 복비 100만 원까지 총 투자금 3천만 원이 들었다.

2020년 8월, 부산 쌍용예가를 3억 7800만 원에 매수하고 3억 6천만 원에 전세를 놓는다. 이 전세는 주인이 매도를 하면서 세를 살기로 한 거래로, 법적인 용어로는 '점유개정'이라고 한다. 총 투자금은 1800만 원이 들었다.

주인이 매도를 하며 세를 사는 점유개정 거래는 전세금이 시세보다 과도하게 높지 않은지 주의를 해야 한다. 매도를 하기 위해 주인이 세를 비싸게 살며 갭을 적게 만들기 때문이다. 투자금인 '갭'이 적은 것만 보고 매수를 하면, 2년 뒤에 전세금이 하락해 돌려줘야 하는 역전세를 맞을 수 있다는 점을 유의해야 한다.

2020년 11월, 지인에게 투자로 삼산타운을 소개했는데 지인이 못하겠다 하여 내가 매수하기로 했다. 5억 3000만 원에 매수해서 4억 8000만 원으로 전세를 맞추고자 했는데 실패, 겨우겨우 후순위 대출을 내서 잔금을 치렀다. 매수 후 잔금일까지 전세가 맞춰지지 않아 하루하루 피가 마르는 날의 연속이었다. 매수 후 전세금으로 잔금을 치르는 거래를 계획했다면 잔금일까지 전세가 계약되지 않을 경우를 대비해 잔금 마련 방안을 준비해두는 것이 좋다.

잔금을 하고 전세를 높게 받기 위해 인테리어를 했다. 마음고생과 인테리어의 부대비용이 들었지만 전세를 4억 8천만 원에 맞추는 데 성공하고 1년도 안 되어 전세가 5억 1천만 원으로 올랐다. 이로써 이 물건은 갭이 2천만 원이 되었다.

2021년 11월, 군산의 구축을 4억 500만 원에 매수하고, 전세입자를 3억 5천만 원에 들였다. 매수 후 전세를 놓는데 마음고생을 했던 경험을 토대로 잔금일을 넉넉히 잡아달라고 요청했다. 2022년 5월에 잔금을 하기로 계약해 무사히 잔금일까지 전세를 계약할 수 있었다.

매수 후 전세를 놓을 때의 Tip

매수 후 전세를 놓아 전세금으로 잔금을 치를 때는 잔금일을 가급적 길게 잡는 것이 좋다. 잔금일을 촉박하게 잡으면 전세 시장의 공급에 따라 전세가 계약되지 않을 위험이 있기 때문이다. 한편 명시된 잔금일까지 전세가 계약되지 않을 경우, 잔금일을 연기한다는 특약 조항을 넣는 것도 좋다. 부동산 소장님께 도움을 청해 '잔금은 새로 들어오는 세입자의 전세금으로 치르기로 한다'라는 특약 조항을 넣으면 거래의 안정성을 더 높일 수 있을 것이다.

2020년 3월에 계약한 평택 분양권이 입주를 시작하자 전세를 놓았다. 이로써 다시 분양권 투자가 가능하게 되었다. 분양권의 중도금 대출은 세대당 2건까지 가능하기 때문이다.

이에 2021년 1월, 거제의 분양권을 매수한다. 계약금 10%인 5천만 원, 프리미엄은 1600만 원, 복비 100만 원으로 총 투자금은 6700만 원이 소요되었다.

그리고 원주의 분양권도 입주기에 전세를 맞춰 투자금의 일부가 회수되었다. 그리고 부산의 구축 물건도 전세가 상승하여 6천만 원이 회수될 예정이다. 이처럼 구축과 신축 분양권 투자로 현금 흐름을 만들며 새로운 투자를 이어나갈 수 있었으며 투자는 여전히 현재 진행형이다. 현재는 다주택자 규제로 인해 추가로 주택시장에 투자할 수 없게 되어 지식산업센터 등의 수익형 투자를 공부하고 있다.

전세를 떠나 월세를 살며 투자를 시작했을 때의 시드머니는 1억 원에 불과했다. 하지만 단기간에 무려 6주택의 포지션을 가지며 전세금 상승을 통해 안정적인 현금 흐름을 유지하고 있다. 이토록 과감하게 투자할 수 있었던 이유는 멘탈이 흔들릴 때마다 나의 마음을 잡아준 자유지성 채널이 있었기 때문이다.

나는 자유지성 영상을 공부한 후 상승 사이클과 인플레이션 베팅에 확신을 가질 수 있었다. 그리고 내가 공부한 경제 지식을 바탕으로 가족들을 벼락거지에서 탈출시키기로 결심한다.

가족들과 지인들의 투자를 상담해주고 청약을 가르쳐주며 당첨시켰을 뿐만 아니라 아파트 매수의 노하우를 가르쳐주는 일을 무한 반복하고 있다. 주변의 많은 이들을 벼락거지에서 탈출시키면서 몇 년 동안 정말 많은 일을 하고, 소중한 이들을 부의 길로 이끌었다는 보람을 느낀다. 모두 나에게 경제 지식과 용기를 주신 자유지성님 덕분이라고 생각한다. 독자님들에게 조금이나마 도움이 되기 위해 가족들의 벼락거지 탈출기를 소개하며 투자 수기를 마친다.

늦었다고 좌절하거나 포기하지 마라.

늦었다고 생각했을 때가 가장 빠른 것이다.

생각만 하지 말고 실행하라. 부의 길이 열리게 된다.

가족들의 벼락거지 탈출기 1 - 구축 매수

먼저 언니를 벼락거지에서 탈출시킬 계획을 세웠다.

언니는 빌라에 살고 있었다. 나는 자유지성 영상을 본 후 지금은 빌라보다 아파트를 살 때라고 판단, 언니에게 빌라를 팔라고 설득했다. 언니는 설득이 되었는데 형부는 쉽지 않았다.

"대출 이자가 부담이 된다. 집이 있으면 보험료가 올라간다. 세금이 나온다. 관리비가 나온다." 등등의 이유를 들었다.

지출되는 비용이 도대체 얼마가 늘어난다고 아파트를 사지 않겠다는 것인지! 내가 그 비용을 드리겠다고 하며, 돈에 맞는 아파트를 사자고 설득하고, 또 설득했다.

20년 전 그 인천 빌라가 3700만 원이었는데, 지금 6천만 원이다. 무려 20년 동안 2300만 원밖에 오르지 못한 것이다. 마침내 언니와 형부를 설득하는 데 성공, 빌라를 매도하고 아파트를 매수했다.

1억 8천만 원의 아파트를 70%의 대출을 받아 매수하고, 현재 실거주 중이며 1억 5천의 시세 상승을 이뤄냈다.

가족들의 벼락거지 탈출기 2 – 분양권 매수

언니가 청약통장이 있어 분양권 청약에 도전할 것을 설득했다. 그리고 인천 신축 아파트에 당첨된다. 그런데 4억 3000만 원의 분양가에 형부는 화를 낸다. 돈도 없는데 어떻게 할 거냐고.

청약 당첨으로 계약할 때 분양가의 10%만 필요하다는 것을 모르는 사람들이 너무나 많다. 그래서 형부에게 계약금은 10%만 있으면 되고 중도금은 대출이 나오며, 입주 시점에서 다시 시세의 60%가 대출로 나오니 그 사이에 최대한 열심히 일하고 아껴쓰라고 했다. 내가 예측한 입주 시기의 시세는 7억이었다. 그러면 60%가 대출로 나온다고 할 때 4억

2천만 원이 대출로 확보되니, 1천만 원만 보태면 4억 3천의 분양가를 해결할 수 있는 것이다. 그래도 만약을 대비하기 위해 강제저축의 액수를 늘려야 한다. 언니의 지출 내역을 들여다보니 보험료가 한 달에 230만 원이 나가고 있었다. 최소한을 제외하고 보험을 모두 해지하자고 제안, 절약한 보험료와 합해 매달 500만 원을 모으기로 했다. 집에서 새는 돈을 줄여야 하는 것이다. 현재 분양받은 아파트 시세는 정확하게 7억이다.

가족들의 벼락거지 탈출기 3 - 28세 조카

언니 아들인 28살인 조카는 회사에 취업해 정직원이 된 지 3개월밖에 되지 않았다. 그래서 신용대출이 안 되고, 모아놓은 돈도 없다. 나는 형부에게 신용대출 3천만 원을 받아 조카에게 증여를 하라고 제안했다. 그리고 조카 명의로 청주에 아파트를 매수할 것을 권했다. 매매가 2억 9000만 원, 전세가 2억 8000만 원으로, 투자금 1천만 원에 매수를 하고 현재 3천만 원이 상승해있다. 자녀에게 증여를 할 때는 5천만 원까지 증여세를 내지 않는다. 따라서 자녀가 신용대출이 되지 않을 때는 부모가 적극적으로 내 집 마련을 도와야 한다. 당장 입주를 하지 않아도 된다. 전세를 끼고 집을 매수해 둔 후 시간을 낚아라. 시간이 지나며 시세가 상승하면 대출을 받아 전세금을 충당해 입주할 수도 있고, 오르는 전세금으로 현금흐름을 만들어 재투자의 마중물로 만들 수도 있다.

가족들의 벼락거지 탈출기 4 – 시누이의 딸과 아들

2년 전 시누 딸에게 영상을 보내며 전세 살지 말라고 통화를 한 적이 있다. 그때는 나를 못 믿었는지, 지금도 역시나 전세를 살고 있다. 하지만 소중한 사람들을 구하는 것을 포기해서는 안 된다. 나는 계속해서 전세를 나와, 그 전세금으로 집을 사라고 권했다. 2년 후엔 그 집 전세에서도 쫓겨날 것이라고 말하면서…

마침내 전세 계약을 종료하고 전세금으로 강서구에 아파트를 매수하도록 했다. 현재 3억이 상승해 벼락거지를 면했다고 감사해한다.

우리 시누 아들도 전세 살지 말라고 영상 보내고, 통화하고, 설득했다. 시누 아들은 수원역 근처 아파트를 분양받았는데, 현재 프리미엄만 6억이다.

가족들의 벼락거지 탈출기 5 – 목포의 동생

목포에 살고 있는 동생은 20년 된 8천만 원짜리 나 홀로 아파트에 살고 있었다. 직장인 꽃가게와 가깝다는 이유 하나였다.

아파트는 핵심지를 매수해야 한다. 나는 2020년 4월, 그 집을 팔고 남악 신도시의 푸르지오로 들어가라고 했다. 공급물량이 넘쳐 프리미엄이 마이너스일 때였다. 이때를 기회로 삼으라고 했다. 그런데 제부는 내 제안을 거절했다. 가게와 멀다는 이유 하나로…

공급물량이 소화되면 가격은 오른다. 몇 개월이 지나자 마이너스 피는 모두 사라지고 프리미엄이 6천만 원 상승했다. 당시 시세는 3억 6천만 원이었는데 현재는 5억이다. 동생은 내 말을 듣지 않은 것을 아직도 후회한다. 하지만 이미 열차는 떠났으니 후회해도 어쩔 수 없는 것이다.

나는 지금이라도 나 홀로 아파트를 매도하고 핵심지 아파트를 매수할 것을 권했다. 늦었지만 동생은 남악 신도시의 우미 파렌하이트를 매매가 3억 8천만 원에 매수하고 3억 2천만 원에 전세를 놓았다. 6천만 원의 투자금으로 현재 시세는 5억이다.

늦었다고 생각할 때가 가장 빠른 것이다. 시작이 반이다.

가족들의 벼락거지 탈출기 6 - 작은아버지의 아들

작은아버지의 아들은 결혼을 앞두고 있었다. 나는 부산에 집을 사라고 권했지만 작은엄마는 매수를 하지 않았다. 2020년 부산이 본격적으로 상승하고 있음에도 작은아버지 아들은 여전히 전세로 거주하고 있었다. 당시 전세로 거주하던 집이 매매가 2억이었다. 현재는 매매가 4억이고, 주인이 전세를 무려 7천만 원이나 올려달라고 말한다고 했다.

나는 결혼 후 청약을 권했다. 문제는 돈이 없다는 것이다. 그래서 일단 계약금이 있어야 하니, 작은아버지께 계약금을 치를 수 있도록 지원을 부탁했다. 아들에게 돈을 차용해 주면 되는 것이다. 가족 간의 거래라도 증여가 아니라면 차용증을 써두어야 한다.

청약에 당첨되면, 작은아버지께 돈을 빌려 계약금을 치른다. 그리고 중도금은 무이자다. 잔금은 입주 당시 시세에 맞게 잔금 대출을 하고, 부족한 금액은 가족들이 힘을 합쳐 대비하기로 했다.

청약에 도전했으나 계속된 실패를 맛보았다. 그러다 래미안 포레스티지 4,043세대가 분양을 했는데 그 중 일반공급이 절반이었다!

기회가 될 것 같다고 생각해 신혼부부 특별공급을 넣고 다음 날 일반 청약도 넣으라고 했다.

결과는 당첨! 해냈다!

래미안 포레스티지의 분양가는 7억 5000만 원이었는데 주변 아파트의 시세는 11억 원이다. 이제 작은아버지의 아들은 열심히 부동산을 공부한다. 벼락거지 탈출을 넘어 부의 길을 걸어갈 신혼부부의 미래를 그려보니, 이루 말할 수 없는 보람을 느낀다.

법무사 비용
견적서 보는 법

여러분이 집을 사면 등기를 경료*해야 하며, 등기 업무를 법무사에게 의뢰하는 경우가 많습니다. 하지만 법무사마다 청구하는 비용이 달라 그 비용이 적절한지 여부를 문의하는 게시글이 인터넷에 자주 올라오죠. 법무사 비용, 적절하게 청구된 걸까요?

법무사에게 등기 견적을 의뢰하면 수수료 내역서 내지 비용 견적서를 보내옵니다. 비용 견적서의 항목은 크게 (1) 기본보수 (2) 공과금 (3) 기타 비용의 3가지 항목으로 나눠 볼 수 있으며 협의 가능한 항목과 협의 불가능한 항목이 있습니다. 각 항목별 세부 청구 내역은 아래 표와 같습니다.

---

* 경료經了 : 정해진 절차를 거쳐서 완성하다 또는 마치다.

1. 기본보수	기본료, 보수료, 보수액 등으로 표현	협의 가능
2. 공과금	(1) 취득세, 지방교육세, 농특세, 채권매입비, 인지대 (2) 증지대 (13,000~15,000원)	**협의 불가**
3. 기타 비용	(1) 제증명료, 열람 및 등본 등 각종 증명대(제증명) (2) 민원대행, 제출대행, 등록대행, 각종 신고 및 납부대행, 채권매입대행, 원인증서 작성, 작성료, 목록대 등 (3) 교통비, 일당, 수수료, 누진료 (4) 등기권리증*을 분실한 경우	협의 가능

1의 기본보수는 대한법무사협회(https://kjaar.kabl.kr)에 들어가면 하단에 있는 '법무사 보수표'를 클릭해 적정 보수인지를 확인해볼 수 있습니다.

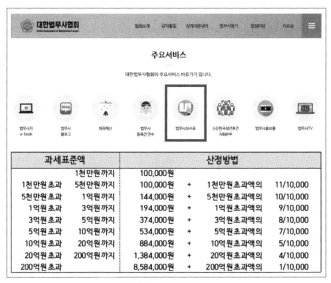

법무사협회 홈페이지 및 기본보수표

---

* 등기권리증 : '등기필증'이라고도 하며, 등기소에서 등기가 완료된 것을 나타내는 문서

예를 들어 4억 원의 집을 샀다면 기본보수료는 다음과 같습니다.

374,000원 + 1억×0.8% = 454,000원

하지만 보수료는 정해진 것이 아니며, 법무사와 협의 가능합니다.

반면 2의 공과금 항목은 이미 정해진 금액이기 때문에 협의가 불가합니다.

2-(1) 취득세, 지방교육세, 농특세, 채권매입비, 인지대는 매수가격에 따라 정해진 비용이 산출되므로 정확히 산출되었는지만 확인하면 됩니다. 채권매입비는 부동산의 매수가격에 따라 다르고, 채권의 매입 날짜에 따라 매일 가격이 달라집니다. 대한법무사협회 홈페이지에서 '채권계산' 항목을 클릭해 국민주택채권 계산기를 이용할 수 있습니다.

2-(2)는 증지대는 전자표준양식일 경우 1만 3천 원, 일반종이양식일 경우 1만 5천 원입니다.

3-(1)의 서류들은 대부분 무료 발급이 가능하지만, 등기부등본은 1건당 700원~1000원의 열람 또는 발급 수수료가 듭니다.

3-(1)(2)(3)은 등기서류를 제출 및 신고하는 과정에서 드는 비용으로, 기본 보수에 포함시켜 별도로 청구하지 않는 법무사도 있고, 개별 항목마다 몇만 원씩을 붙여 청구하는 곳도 있습니다. 협의가 가능한 항목이니 청구되었을 경우 견적에서 제외해줄 것을 요청할 수 있습니다.

3-(4)는 등기권리증을 분실했을 경우 별도로 3~5만 원의 비용을 받는 경우가 있습니다. 만약 매도인이 분실했다면 매도인에게 받으시면

됩니다.

요즘에는 '법무통'이라는 앱을 이용해 법무사의 비교 견적을 받는 경우가 많습니다. 스마트폰에 법무통 앱을 설치하고 견적을 요청하면 대한변호사협회, 대한법무사협회에 등록된 여러 법률전문가로부터 다수의 견적서가 도착합니다. 그러면 그 견적서들을 비교해 본 후 법무사를 선택해 등기업무 대행을 의뢰하면 됩니다.

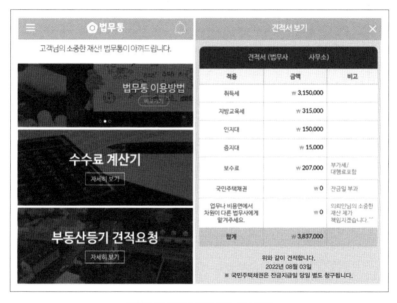

법무통 앱 화면과 견적 요청 회신 화면

서류 작성, 대행 업무의 유형	적용기준	대행료
1. 등기원인증서의 작성 또는 검인, 부동산거래의 신고 등 대행	1건당	40,000원
2. 취득세·등록면허세의 신고·납부 또는 감면신청 및 공과금 납부 대행	1건당	40,000원
3. 국민주택채권의 매입 또는 즉시매도 대행	1건당	40,000원
4. 등기원인에 대한 제3자의 허가(신고 포함)·동의·승낙 또는 등기상 이해관계인의 승낙에 관한 서류 작성 대행	종류마다	40,000원
5. 정관, 의사록, 내용증명 그 밖에 문안을 요하는 서류의 작성 대행	종류마다	60,000원
6. 제5호의 서류나 그 밖의 서류에 대한 공증 대행	종류마다	40,000원
7. 법인인감카드의 발급 대행	1건당	40,000원
8. 법원·검찰청 등에 제출하는 서류의 제출 대행	1건당	30,000원
9. 송무·비송·집행·가사 사건 등의 기록열람 대행	1건당	40,000원
10. 법원·검찰청으로부터 송달되는 서류의 영수 대행	1건당	50,000원
11. 확정일자 날인, 내용증명의 발송 대행	1건당	50,000원
12. 등기사항증명서 발급·열람, 등기부등초본·열람 대행	1건당	3,000원
13. 그 밖에 수임사건과 관련되는 업무의 대행	1건당	30,000원

대한법무사협회 기타보수 및 비용 기준 (협의 가능)

보수액			공과금		
적요	금액	비고	적요	금액	비고
수 수 료	348,800		취 득 세	3,250,000	
실거래신고			교 육 세	325,000	
계약서검인			농 특 세	-	
농지취득자격증명			인 지 대	150,000	
재산분할협의서			증 지 대	13,000	
대체취득감면			채 권 액	105,000	
상속조사대			채권매입대행	40,000	
교 통 비	50,000		취득신고및납부	80,000	
			원인증서작성	40,000	
			각종증명대	20,000	
			일 당	70,000	
소 계	398,800		소 계	4,093,000	
			부가가치세	39,880	
			총 합 계	**4,531,680**	

법무사 비용 견적서 예시

인생은 자고 쉬는 데 있는 것이 아니라
한 걸음 한 걸음 걸어가는 그 속에 있다.

• 로버트 브라우닝 •

대출과 전세의 이중 레버리지

강원도의 가난한 생활보호대상자 월 1천만 원의 현금흐름을 만들다

·

아짐마

빛이 보이지 않는 가난의 터널 속에서

가난한 강원도 시골 촌놈도 부자가 될 수 있을까? 나처럼 가난을 벗어나고 싶은 모든 이들에게 도움이 될 수 있기를 바라며 나의 투자 일대기를 시작한다.

나는 강원도 고성군 간성읍에서 태어나 시골에서 어린 시절을 보낸 오리지널 시골뜨기 촌놈이다.

어린 시절 아버지는 관광 사업을 하셨는데, 사업 과정에서 발생한 부채를 남겨둔 채 일찍 돌아가셨다. 기억나는 것은 그 부채로 인해 우리 집이 빚쟁이들의 독촉에 시달렸다는 사실이다. 어머니마저 고혈압과 심장

병으로 인한 협심증으로 일을 할 수 없게 되자 우리 가족의 삶은 가난의 나락으로 떨어졌다. 어머니, 어린 동생과 나까지 세 식구의 삶을 관통하는 것은 지독한 가난이었다. 내가 중학교 1학년, 동생은 초등학교 5학년 때의 일이다.

어머니가 지병으로 일을 할 수 없으니 소득이 있을 리 없다. 우리 세 식구는 생활보호대상자로 선정되어, 기초수당과 동사무소에서 지급되는 기초물품을 받아 생계를 유지했다. 어린 나이에 기억나는 것은 하루하루가 막막하고 희망도 없이, 어두컴컴한 집에서 비참한 나날을 보냈다는 것이다. 이 가난의 터널이 영원히 계속될 것 같았다.

그때의 어린 나는 가난을 벗어나고 싶은 마음뿐이었다.

가난한 두 남녀의 결혼, 내 집을 위한 사투

어느덧 가난했던 아이는 장성해 결혼을 생각하게 되었다. 그런데 내가 결혼하고 싶었던 지금의 내 아내는 나보다 더 가난한 인생을 살아온 사람이었다. 불우이웃돕기 광고에 나올 수준으로, 나보다 더 어렵고 험한 인생을 걸어온 아내. 그래서 우리는 서로를 잘 이해할 수 있었는지도 모르겠다.

하지만 우리 집에서는 결혼을 극구 반대했다. 우리도 못사는데, 우리보다 더 못사는 집안과 결혼을 하면 어떻게 하냐는 것이었다. 하지만 우리는 집안의 반대를 무릅쓰고 결혼을 하기로 했다. 집안의 반대 속에 강행한 결혼, 결혼 후에도 돈이 없으니 가난하고 궁핍한 생활은 계속 이어졌다.

다만 나는 아내에게 결혼을 하며 신혼집을 매수하자고 했다. 지독하게 가난한 우리가 어떻게 집을 살 수 있었을까? 이 선택은 훗날 우리가 부자의 길로 나아가기 위한 밑천이 된다.

당시 내가 가진 돈은 1천만 원, 아내는 나보다 훨씬 알뜰했다. 아내는 3천만 원을 모아놓고 있었던 것이다. 우리는 이 돈을 모아 4천만 원으로 춘천의 작은 아파트를 대출을 끼고 매수하게 된다.

신혼을 시작하며 더 이상 세입자의 불안한 삶을 지속하기 싫었다. 혼수, 결혼비용보다 중요한 것은 내 보금자리라고 생각했다. 때문에 결혼식도 조촐하게 돈을 거의 들이지 않고 올렸다. 혼수도 없었다. 생활에 필수적인 것들만 인터넷 쇼핑이나 중고로 사며 시작한 신혼이다. 다른 것을 하나도 사지 않아도 집부터 사자고 아내를 설득했다. 그렇게 나와 아내는 가지고 있는 전 재산으로 작은 아파트를 샀기에, 이후의 생활은 하루하루 끼니를 때우는 것에 급급할 수밖에 없었다.

2010년, 나의 외벌이 월급은 140만 원에 불과했고, 생활비 20만 원으로 아이를 키우며 처절하게 아끼며 살아가야 했으니까.

구두가 찢어지면 그걸 스테이플러로 집어서 신고 다녔다. 양말 꿰매어 신기는 기본이고, 아내의 임부복 고무줄이 끊어져서 검정 고무줄로 묶어서 쓰던 기억이 난다. 아기용품이나 옷을 살 돈이 없었다. 아는 분들에게 수소문해 구걸하다시피 해서 아기용품을 받아쓰고 옷을 받아 입었다. 이처럼 우리의 신혼은 가난과의 사투였다. 하지만 가지고 있던 모든 것을 끌어모은 내 집 마련이 우리를 가난으로부터 탈출시켜주는 신의 한 수가 될 줄은 꿈에도 생각하지 못했다.

신혼집의 상승과 갈아타기, 찾아온 첫 번째 기회

신혼집의 가격이 상승하기 시작했다. 없는 살림에 대출 원금을 먼저 상환하고 남은 돈으로 어떻게든 살아갔는데, 집값이 상승하니 신혼집을 매도하고 다시 대출을 받아 더 나은 아파트로 이사할 수 있게 된 것이다. 그때는 이것이 '상급지로 갈아타기'라는 것도 알지 못했다. 조금 더 넓은 아파트로 우리의 삶이 나아갔기에, 너무나 행복했던 기억이 머리를 스칠 뿐이다. 그리고 내가 부동산에 본격적인 관심을 갖게 해 준 첫 번째 기회가 찾아오게 된다.

동생에게 오토바이 사고가 나면서 보험금을 목돈으로 타게 된 것이다. 나는 동생에게 그 돈을 무이자로 빌려달라고 제안을 했다. 두 번의 아파트를 매수하면서 목돈이 생기면 아파트를 사야한다고 생각을 하게 되었다. 그래서 동생으로부터 무이자로 빌린 목돈으로 다른 아파트를 매수하기로 했는데, 급매로 나온 아파트는 수리가 하나도 되지 않은 상태였다. 집에 와서 셀프로 리모델링을 하면 얼마가 들지 생각해보고, 업체에 견적도 알아보며 비용을 따져봤다. 그 결과 매수를 해도 충분히 싸다는 생각이 들었다. 그래서 매수를 한 후 셀프로 수리를 시작하게 되었다.

돈이 부족했기에 배운 셀프 리모델링과 수리

동생의 보험금으로 아파트를 매수하고 수리비를 아끼기 위해 주택 리모델링을 공부하게 되었다. 내가 인테리어 업자의 역할을 한 것이다. 철거업체를 불러 철거를 해본다. 샷시 업체를 섭외해 샷시를 교체했다. 타일공을 불러 타일을 붙여본다. 도기와 자재는 도매상에 가서 직접 고르고 주문을 넣어 배달을 시켰다. 그리고 사람을 불러 설치를 했다. 싱크대도 업체를 수소문해 가장 저렴하고 품질 좋은 곳으로, 페인트는 직접 해도 무리가 없었다. 도배와 장판, 인터폰, 목공 작업, 전기 배선, 보일러 등 발품과 손품을 팔고 또 팔며 최소 비용을 들이고자 했다. 조명 교체, 콘센트, 스위치 커버, 수전, 문고리, 소방기기, 방화문 고무 패킹, 우유 구멍 등 빠르게 배워서 익힐 수 있는 것들은 스스로 하면서 비용을 절약했다.

최소의 비용을 들여 완성한 최고의 인테리어!

인테리어 업체가 볼 때는 미숙해 보일지 몰라도 내게는 최상의 인테리어였다. 그리고 이 아파트는 최고가에 월세를 놓게 된다.

무이자로 빌렸으나 고정적인 월세 수입이 나오므로 동생에게 약간의 이자를 주고 나머지를 생활에 보탤 수 있었다. 우리 가족의 삶과 생활이 조금 더 나아진 것이다. 이때 배운 인테리어는 이후의 투자에 있어 가장 든든한 무기가 된다. 셀프 인테리어는 반드시 해볼 것을 권한다.

아파트의 연속 매도와 신축으로의 퀀텀 점프*

인테리어를 공부해 살고 있던 아파트도 항상 깔끔하게 관리할 수 있었다. 이 실거주 아파트를 신고가*에 매도하며 이번엔 신축 아파트를 분양받아 이사를 가게 되었다.

이후 동생의 보험금으로 매수했던 아파트도 신고가에 매도를 하여 동생에게 빌린 돈을 모두 갚고 돈이 남게 되었다. 나는 돈이 생기면 아파트를 사야 한다는 것을 경험으로 알고 있었다. 그래서 남은 돈으로 강원도의 다른 신축 아파트를 하나 더 분양받게 된다.

이렇게 모두 정리를 하고 나니, 이제 나에게는 춘천 아파트 분양권이 2개 남게 됐다. 가난한 시골뜨기 청년이, 나보다 더 가난한 여인을 만나 지독한 가난의 고리를 끊고 신축 아파트 분양권 2개를 가지게 된 것이다.

처음으로 신축 아파트에 들어온 그 날을 결코 잊을 수 없다. 강원도 지방 소도시지만 내게는 일류 최고급 호텔도 부럽지 않은 최고의 집이었다. 아내와 집에 하루 종일 있으면 너무나 행복했고 매일을 웃음 속에 뿌듯해하던 기억이 난다. 우리는 해냈다. 우리는 더 이상 가난하지 않다. 이런 행복한 보금자리를 여러분도 꼭 가질 수 있기를 바란다.

그리고 또 하나의 신축 분양권은 준공이 되어 전세를 주었다. 지금 돌이켜보면 수도권에서 같은 과정으로 아파트를 샀더라면 훨씬 더 많은 돈을 벌 수 있었을 것이다. 하지만 내가 사는 동네를 내가 가장 잘 알기에 시세의 변화를 정확히 읽을 수 있었으며, 당시는 부동산에 대해 강의가 있는지도 몰랐고 책 한 권 읽어보지 않았기에 나의 투자는 오직 몸으로 부딪혀 경험한 것이었다.

---

* 퀀텀 점프Quantum Jump : 물리학 용어로, 양자세계에서 양자가 어떤 단계에서 다음 단계로 갈 때 계단의 차이만큼 뛰어오르는 현상을 뜻하는 말이다. 즉 어떤 일이 연속적으로 조금씩 발전하는 것이 아니라 계단을 뛰어오르듯이 다음 단계로 올라가는 것을 말한다. 경제학에서는 이러한 개념을 차용하여 기업이 사업구조나 사업방식 등의 혁신을 통해 단기간에 비약적으로 실적이 호전되는 경우 퀀텀 점프Quantum Jump라는 용어를 사용한다.

* 신고가 : 주식이나 부동산 등이 과거에 없던 최고 가격을 기록한 경우, 그 가격을 신고가라 한다.

몸으로 부딪힌 시세 비교와 추가 대출의 레버리지

네이버에 부동산 매물이 올라오는 데이터와 실거래 가격을 계속 체크하니, 내가 사는 곳의 아파트 단지 시세를 외우다시피 하며 자연스럽게 단지별 시세를 비교할 수 있게 되었다. 분명히 이 동네의 이 단지가 괜찮은데 저쪽 동네 아파트가 오르면 뭔가 이상한 거였다. 그래서 괜찮은 단지가 아직 오르지 않았다는 판단이 들었을 때 과감하게 매수하고, 시세가 올라 다른 동네보다 높다고 판단했을 때 매도한 것이었다. 오직 현장의 감에 의존한 투자였고 결과적으로는 운이 좋았다고 생각한다. 초심자의 행운이었으리라.

아내와 새로 입주한 신축 아파트의 가격이 다시 상승을 하니, 추가 대출을 받을 수 있었다. 그 대출금을 바탕으로 내가 사는 지역의 저평가된 아파트를 찾기 시작했다. 그중에 준공 후 6년이 지난 브랜드 아파트의 가격이 4년 동안 계속 눌려있는 것을 보게 된다. 나는 그 동네에 살고 있으니, 역에서 가깝고 주변의 재개발 속도도 빠른 그 아파트가 더 이상 떨어질 수 없다는 판단을 하게 되었다. 여기는 지방의 소도시라 입주 물량이 많지도 않다. 그래서 전세를 끼고 있는 물건을 찾아 빠르게 계약을 하게 되었다. 좋은 물건이라 판단해 아파트 내부도 살펴보지 않았다. 바로 전화상으로 가계약금*을 송금하고 계약을 마무리하였다.

＊ 가계약금 : 본계약을 체결하기 전에 매물을 잡아두기 위해 임시로 구두나 문자로 계약 의사가 있다는 것을 확정하기 위한 '가계약'을 위해 보내는 돈이다. 일반적으로 계약금은 전체 대금의 10%지만, 가계약금은 거래 당사자가 합의하여 계약금보다 낮은 금액으로 정한다.

이 계약은 레버리지를 두 번 활용한 셈이다. 내가 살고 있는 아파트를 담보로 대출을 받아 은행으로부터 돈을 얻었으니 한 번의 레버리지를 사용했다. 그리고 대출금으로 전세를 끼고 아파트를 샀으니 전세입자의 전세금이라는 돈을 활용해 아파트라는 자산을 산 것이다. 내 돈은 하나도 들어가지 않았다. 은행의 대출금과 전세입자의 전세금이 아파트를 살 수 있게 해주었다. 내 돈을 들이지 않고 자산에 투자하는 것이 부에 이르는 원리라는 것을 훗날 알게 되었으나, 당시의 나는 이론을 모르는 실전 투자자로 이 모든 것을 경험으로 부딪혀 알게 된 것이다.

이 물건은 내가 매수한 바로 다음 달부터 가격이 상승하기 시작했으며 현재까지도 계속 상승하고 있다. 전세를 끼어 투자금이 적기에 부담 없이 보유할 수 있고 호재도 많다. 그래서 당분간 매도하지 않고 기다려 보려고 한다.

실패로부터 얻은 두 번째 부의 기회와 지식산업센터

내가 지식산업센터를 알게 된 것은 우연한 기회였다. 남양주에 있는 분양홍보관*을 지나치다 들어가 보니, 지식산업센터를 분양하고 있었다. 소액으로 투자가 가능하다는 설명을 듣고, 즉흥적으로 분양면적 100평의 지식산업센터 청약금을 송금했다. 그 후로 대출규제 정책이 발표

---

* 분양홍보관 : 아파트, 오피스텔 등의 홍보를 위해 만든 시설로 모델하우스를 오픈하기 전에 입지, 평면도 등을 보여주며 상담을 받을 수 있도록 만드는 시설이다. 모델하우스는 아파트 사업 승인이 나야 개관할 수 있지만, 홍보관은 승인을 받지 않아도 운영할 수 있기 때문에 계약을 진행한다면 사업 승인 여부를 확인해 보는 것이 좋다.

되자 불안과 고통이 시작되었다. 밥도 못 먹고 잠도 못 이루며 전전긍긍하다가 결국 계약을 취소해달라고 요청했다.

환불을 해주지 않으려는 시행사*와 환불을 받으려는 나와의 싸움은 길어졌고, 피 말리는 시간 동안 삶은 계속 피폐해졌다. 다행히도 청약금을 돌려받을 수 있게 된 나는 투자의 고통을 체감하며 추가 투자를 하지 않겠다고 다짐한다.

하지만 청약금을 환불 받는 과정에서 공부한 지식산업센터에 대한 지식이 나로 하여금 다시 자만심을 가지게 했다. 지식산업센터를 잘 알게 되었다고 착각한 것이다. 투자를 쉬겠다고 다짐한 지 얼마 지나지도 않아 김포의 지식산업센터 계약을 했다. 무모한 짓이었다.

그때 계약했던 지식산업센터는 준공 후 1년의 공실로 이어졌고, 매달 대출금에 대한 이자와 관리비를 지출하며 고통을 안겨줬다. 실패의 원인은 김포 지역에 대한 사업체 수요를 제대로 파악하지 않았고, 역세권만 보고 투자했기 때문이다. 또한 김포 골드라인의 전철이 2량뿐이라는 것도 몰랐으며, 주변에 지식산업센터를 공급할 수 있는 땅들이 아직 많이 있어, 공급이 많다는 것도 파악하지 못한 상태였던 것이다. 얼마나 주먹구구식으로 투자를 했는지를 통렬하게 반성하는 계기가 되었다. 투자를 할 때는 장점과 단점을 냉정하게 바라볼 수 있어야 한다. 나는 단점을 깊이 있게 조사하지 못한 채, 장점만 바라본 것이다. 김포 역세권의 대장

---

* 시행사 : 건축물을 지을 때 공사의 책임을 맡아 전과정을 관리 감독하는 회사. 주택의 경우 기초적인 행정절차부터 계약자들의 입주까지 전과정을 담당한다. 한편, 시공사는 시행사로부터 사업을 발주 받아 실제로 건축을 하는 회사를 말한다.

지식산업센터이고, 1군 시공사에서 시공했으며 지구 내 첫 번째 지식산업센터라는 좋은 점만을 본 것이 실패의 원인이었다.

현재는 다행히 임대를 맞췄지만 공급이 많아 여전히 매도를 하지 못하고 있다. 하지만 지식산업센터 투자의 경험은 더 이상 세금으로 다주택 투자를 하지 못했던 규제 속에서 새로운 눈을 뜨게 해주었다. 지난 실패를 곱씹어 반성하며 사업체의 수요와 지역의 특징을 더 정밀하게 조사하는 가운데 결국은 서울이라는 결론에 이르렀다. 이에 나는 서울에 있는 지식산업센터 분양권에 투자하기로 결심하게 된다.

하지만 이전에 겪었던 실패를 돌이켜 위험을 분산하는 것이 필요했다. 투자금이 분양금액의 10%라고 하지만 투자금을 분산할 수 있다면 실패하더라도 손실이 적을 것이다. 그래서 친한 지인들에게 투자를 제안하여 투자금액을 분담하는 공동투자를 처음 시도하게 된다. 분양금액의 10%인 계약금을 마련해 공동투자로 들어간 곳이 지식산업센터 중 가장 핫하다는 성수동, 문정동, 영등포 지역이었다. 이후 지식산업센터의 붐이 일어나며 단기간에 분양권을 매도해 큰 수익을 얻을 수 있었다. 서울 투자의 경험을 쌓은 나는 수도권에 대한 공부를 시작했고, 지식산업센터에 추가 투자해 현금 흐름을 만들었다. 동시에 미래를 위해 주식과 비트코인 투자 공부를 시작하며 매매 경험을 쌓고 있다.

매월 1천만 원 이상의 현금 흐름과 인생의 행복

지금도 가끔 생각한다. 가난의 마인드를 벗어나지 못했다면 내 삶은 어떠했을까. 귀찮고 신경 쓰이며 무섭다고 투자하지 않았다면 어떻게 되었을까. 현실에 안주하며 주변 사람들처럼 가만히 있었다면 나는 아직도 세상을 비관하며 비참하게 살아가고 있을 것이다. 아니 비참한 줄도 모르고 가난 속에 부자들을 원망하고 있었을 것이다.

이제 나는 서울로 직장을 옮겼다. 그전에는 지하철을 타보지도 못했던 가난한 시골 촌뜨기가 서울에 취직해 직장을 다닐 수 있게 된 것을 상상이나 할 수 있었을까. 비록 지방 소도시지만 다주택의 포지션을 가지고 있으며 월세가 나오는 지식산업센터 투자를 늘려가고 있다. 그 결과 현재는 근로소득과 부동산 소득을 합해 매월 1천만 원 이상의 현금 흐름을 만들 수 있게 되었다.

그리고 이제 나는 행복한 순간을 경험한다. 장을 보러 마트에 가서 계산기를 두드리지 않고 사고 싶은 것을 살 수 있게 되었다. 먹고 싶은 것을 마음껏 먹으며 행복해하는 아내를 보며 우리의 삶에 부가 얼마나 중요한 것인지를 다시 느끼게 된다. 그리고 아내와 사랑하는 아이가 가난하고 비참한 과정을 겪지 않아도 된다는 사실에 감사한다. 부는 행복을 위한 최소한의 조건이며, 내가 부에 이를 수 있었던 것은 돈이 생길 때마다 부동산에 투자했기 때문이다. 지식은 없었지만 생활을 절약해 부동산을 산 것이 지금의 부에 이른 원동력이 되었다.

우리의 인생을 바꾸려면 3가지가 달라져야 한다고 말한다.

첫째, 환경이 달라져야 한다.

둘째, 만나는 사람들이 달라져야 한다.

셋째, 시간을 다르게 써야 한다.

나는 책을 읽으며 이 세 가지에 공감했다. 그리고 삶의 자세와 환경, 만나는 사람을 모두 바꿨다. 가난한 곳을 떠나 더 나은 곳으로 가고자 했다. 가난한 사람들이 아닌 부를 꿈꾸는 사람들을 만나고자 했다. 내 시간을 쪼개 공부하고 현장에서 배우고자 했다. 이제 내 꿈은 수도권의 아파트를 매수하고, 자산의 규모를 더 키우는 것이다. 꿈꾸는 만큼 발전한다. 그래서 지금 이 현실에 안주하지 않고 더 큰 꿈을 꿀 것이며, 더 큰 부를 이뤄 행복을 전하는 사람이 되고 싶다.

가난 속에 절망하는 청년들에게 말하고 싶다. 세상을 탓하지 말고, 부자들을 증오하지 말고, 젊음이라는 패기로 도전해 볼 것을 권한다. 140만 원의 월급을 받았던 나도, 40세가 되지 않은 지금 월 1천만 원의 현금 흐름을 만드는 사람이 되었다. 하물며 나보다 훨씬 훌륭한 여러분이 나보다 더 큰 부를 이룰 수 있는 것은 당연하지 않을까! 실패를 두려워하지 않고 도전하는 용기만 있다면 말이다.

가계약에 대한 오해와 진실

우리가 집을 살 때 매수를 결정한 후 정식으로 계약서를 쓰기 전, 매도인의 계좌를 받아 약간의 돈을 입금해 선점을 해두는 경우가 많습니다. 다른 사람이 먼저 계약을 할 수 없도록 하기 위함이죠. 이것을 보통 '가계약'이라고 칭합니다.

많은 분들이 '가계약'은 본계약이 아니라고 생각해 신중하게 생각하지 않고 일단 가계약금부터 송금하곤 하는데요. 가계약금 송금 후 생각이 달라져 본계약을 하기 전에 매수를 취소하고자 할 때, 매도인이 가계약금을 돌려주지 않아 분쟁이 생기는 경우가 많습니다.

하지만 가계약이 계약이 아니라는 것은 명확한 오해입니다. 가계약도 일종의 계약이며 '본계약'으로 해석될 수 있기에, 언제든지 취소하며 가계약금을 돌려받을 수 있는 것이 아니라는 점을 주의하시기 바랍니다. 아래의 사항을 유의하셔서 가계약으로 인해 피해를 보는 일이 없어야 하겠습니다.

　1. 가계약금을 송금하고 본계약이 성립되지 않을 경우, 그 가계약금을 돌려받기 위해서는 가계약금이 '본계약금의 일부'로 지급된 것이 아니라는 점이 증명되어야 합니다. 즉, 표현에 있어 '가'계약임을 명확히 하시고, 장차 계속될 '본'계약을 위한 교섭의 기초로 지급한 '증거금'이라는 점을(2019나13407 판결) 문자로 정확히 표시하도록 중개사에게 요청합니다. 그렇지 않다면 가계약금은 '해약금'으로 해석되는 경우가 많으므로 계약을 취소하는 매수인은 지급한 돈을 돌려받을 수 없고, 매도인이 취소할 경우 지급받은 돈의 배액을 상환해야 합니다(민법 제565조 제1항).

　2. 만약 중개사의 문자에 '계약이 성립되었음을 확인하기 위해 매도인의 계좌로 금 ○○○원을 지급하되, 이는 계약금의 일부로 하기로 한다'라고 기재되었다면 이는 가계약이 아니라 문자로 '본계약'이 성립된 것입니다. 따라서 매수인이 송금한 돈을 가계약금이라 생각하였더라도, 이는 가계약금이 아니라 본계약금의 일부가 된다는 점을 주의하세요. 계약은 반드시 문서로 해야되는 것이 아니며 구두나 문자로도 성립되기 때문입니다.

　3. 가계약이 취소되었을 때 발생하는 또 다른 갈등과 분쟁은 (1) 매수인의 경우 송금한 가계약금만 포기하면 되는 줄 알았는데, 전체 매도금

액의 10%인 본계약금 전체를 반환하라고 하는 경우 (2) 매도인의 경우 송금받은 가계약금의 배액만 배상하면 되는 줄 알았는데, 전체 매도금액의 10%에 해당하는 본계약금 전체의 배액을 배상하라고 하는 경우입니다(2018가합110415 판결).

이는 계약의 해석으로 결정되며, 당사자는 가계약금으로 주고 받았다고 생각하더라도 문자의 표현상 본계약이 체결되었다고 인정되면 계약금 전체가 몰취 또는 배액 상환의 대상이 될 수 있다는 점을 주의하셔야 합니다(2014다231317 판결). 판례에 따르면 정식 계약서가 작성되지 않았더라도 매매계약의 중요사항인 부동산의 목적물, 매매대금, 계약금, 중도금, 잔금의 액수와 일자 등이 정확히 표현되었을 경우 매매계약이 성립된 것으로 봅니다(2005다39594 판결).

그렇다면 가계약으로 인해 매수인, 매도인 모두가 억울한 피해를 당하지 않으려면 어떻게 해야 할까요? 보통 공인중개사가 문자를 양쪽과 주고받으며 가계약의 과정에 개입하게 되는데 거래 당사자는 그 문자의 내용을 명확히 할 것을 아래와 같이 요청하셔야 합니다.

(예시 1) 가계약금 반환

본 송금액은 가계약금으로, 이는 본계약 진행의 기초로 지급한 증거금입니다. 따라서 본계약이 성립하지 않을 시 매도인은 송금액을 매수인에게 반환하여야 합니다.

(예시 2) 해약금으로 몰취 또는 배액상환

본 송금액은 가계약금이나, 본계약이 성립하지 않을 시에는 해약금이 됩니다. 따라서 계약을 취소하는 매수인은 송금액을 돌려받을 수 없고, 매도인이 취소할 경우 송금액의 배액을 상환해야 합니다.

(예시 3) 본계약 성립으로 계약금 기준

본 송금액은 본계약금의 일부로 지급하는 것입니다. 따라서 계약을 취소할 경우 본계약의 계약금을 기준으로 해약금이 처리됩니다.

가계약이라 하더라도 계약이며 송금으로 법률관계가 성립된 것입니다. 따라서 공인중개사를 통해 주고받는 문자의 내용을 명확히 확인하셔서, 가계약금과 관련된 분쟁의 피해를 받는 일이 없도록 각별히 주의하시기 바랍니다.

용기 있는 사람은 두려움을 느끼지 않는 사람이 아니라,
두려움을 정복하고 압도하며 뛰어넘는 사람이다.

• 넬슨 만델라 •

3

정비사업의 시간 레버리지

3500만 원에서 20억으로
젊은 부부의 재개발 투자 이야기

●

리트리

남자의 시선

초조함과 불안함에 폭락론자가 되다

2018년, 대학원 졸업과 동시에 운 좋게도 한 번에 취업에 성공했다. 주위의 부러운 시선에 어깨가 으쓱하던 시절이었다. 특히 이른 나이에 주식을 시작해 재테크에 자신감도 있었다. 주식 이외의 자산에는 전혀 관심이 없었고, 나쁜 소비 습관까지 생겨버렸다.

6년째 만난 여자친구와 결혼식을 어디서 할지는 고민했어도, 우리가 어디에 살 것인지는 진지하게 고민해 본 적이 없다. 적당히 신혼집을 전세로 구하고, 월급을 모아 집을 살 '계획 아닌 계획'을 가지고 있었다. 막연하게 시간이 지나면 내 집이 생길 줄 알았다.

2019년 2월 결혼식장을 계약하고 신혼집을 알아보기 시작할 무렵, 부동산 폭등 뉴스가 언론에 도배되었고 전셋집으로 점찍어둔 아파트 가격도 하루가 다르게 상승했다. 초조함이 머릿속을 가득 채웠다. 그렇게 한동안 불안에 떨다 내린 결론은 이러했다.

"지금 집값은 미쳤어! 이건 버블이야!"

그래야 했다. 설상가상으로 입사 초에 불었던 비트코인 열풍에 휩쓸려 모든 돈을 털어 넣었던 코인 계좌는 인생 역전은커녕 -80% 손실이 난 상태였다.

그래서 '폭락이'가 되었다.

쪼그라든 계좌와 부동산 폭등 사이의 괴리감은 내 인생이 부정당하는 느낌마저 들게 했다. 그래서 부동산 스터디 카페에 가입해 '폭락' 키워드를 매일 검색하고, 유튜브에서 집값 거품론 영상을 시청하며 상처 난 마음에 안정과 위로를 얻고자 했다.

그때는 부동산 가격을 폭등시켰다는 가상의 투기꾼들이 미웠다. 하지만 내가 아무리 폭락을 외쳐도 시장은 제 갈 길을 걸어갔다. 마음의 위로와 안정은 '폭락'한다는 글을 읽었을 때 잠시뿐, '거품'이라는 영상을 시청했을 때 아주 잠시뿐이었고, 내가 집이 없다는 사실은 변하지 않았다.

그 무렵 회사의 회식 자리에서 우연히 나를 제외한 팀원 전부가 집을 가진 유주택자임을 알게 되었다. 심지어 나보다 1년 먼저 들어온 선배마저도 몇 달 전 집을 샀다며 털어놓았다. 그렇다. 나를 제외한 팀원 모두가 조심스레 부동산 상승을 반기고 있었다.

집으로 돌아오는 길에 그들과 나는 같은 회사를 다니지만 전혀 다른 삶을 살고 있다고 느껴졌다. 앞으로 더 벌어질 자산 격차가 와닿는 순간, 더 늦기 전에 그들과 같은 배를 타야겠다는 생각이 머릿속에 꽂혔다. 그리고 결심했다.

"집을 사야겠다."

첫 집을 매수하고 신축으로 갈아타다

그날 이후, 부동산 공부를 시작했다. 사실 공부라기보단 네이버 지도를 펼치고 회사 근처의 아파트 시세부터 조사했다.

당연히 직장 근처의 아파트는 방 한 칸도 얻기 어려웠고, 직장으로 출퇴근이 용이한 지역의 아파트도 살 수 없었다. 그렇게 역세권에서 비역세권으로, 평지에서 언덕으로, 30분 거리에서 50분 거리로 천천히 밀려났다. 그럼에도 서울에 있는 20평대 아파트는 단 1곳도 살 수가 없었다.

'결국 전세를 살아야 하는 걸까…'

여전히 해결되지 않은 집 문제로 스트레스를 받으며 누워있던 일요일 오후, 습관처럼 네이버 부동산을 보고 있었는데 상도동에 있는 아파트가 눈에 들어왔다.

매매가 3억 9천, 15평, 올수리, 7호선 상도역 10분 거리

평수가 작고 대출을 꽤 받아야 했지만 우리 예산으로 가능한 범위였다! 여자친구에게 급하게 상황을 설명하고 함께 집을 보러 갔다.

해당 매물은 단지에서 가장 언덕진 곳에 위치하고 있었으나, 1년 전 인테리어를 해서 내부가 깨끗했고 층과 호수도 마음에 들어 우리의 첫 시작으로 괜찮다고 생각했다.

"요새 엘리베이터 차이로 매물 뺏긴대. 내일 바로 계약해야 해."

계약하자는 화끈한 여자친구의 결단으로 집을 본 다음날 퇴근길에 계약서를 작성했다. 6년 동안 원룸에서 자취하며 고생했던 여자친구는 아이들이 뛰어노는 아파트의 온기가 좋아 사야겠다고 확신이 들었다고 한다.

감격스러웠다. 거실과 작은방 1개뿐인 15평 아파트지만, 내 집이 있다는 사실 하나만으로 너무나 행복했다. 이날 우리의 용기와 과감한 결단력은 향후 3년간의 투자 행보에 큰 역할을 하게 된다.

우리 집 근처엔 '연예인 이시언 아파트'로 유명한 '상도 노빌리티'가 있다. 아내와 함께 그 근방을 걸을 때마다 얘기를 하곤 했다.

"우린 언제쯤 저런 신축 아파트에서 살 수 있을까?"

내 집을 마련했다는 기쁨도 잠시, 첫 집을 사고 나니 더 좋은 곳으로 가고 싶다는 욕망이 더욱 커졌다. 그래서 부동산 공부를 더 열심히 하기 시작했다. 하루의 시작과 끝은 언제나 부동산이었으며 좋아하던 게임도 멀리했다. 여행을 갈 때도 부동산 책을 꼭 들고 갔으며, 맛집과 와인을 사랑했던 소비 습관도 검소하게 바뀌었다.

그리고 15평 아파트로 이사 온 지 1년이 지난 2020년 7월, 그날도 어김없이 주변 지역 아파트의 시세를 살펴보고 있었다.

신길 뉴타운 ○○아파트 – 59㎡, 10억 8천

'응? 입주도 안 한 초신축 아파트가 10억 8천이라고?'

매일 시세를 보았기에 당시 주변 시세가 12.5억 정도라는 것을 알고 있었다. 10억 8천은 솔깃했기에 부동산에 전화를 했다. 해당 물건은 재개발 조합원 1+1[*] 매물이라는 설명이다. 부동산에 가서 자세히 듣기로 하고 아내와 부동산으로 향했다.

1+1 매물 중 +1 매도는 계약 후 전세로 거주하다 보존등기[*]가 나온 후 명의 이전을 받아야 하는 위험이 있었다. 리스크가 있는 만큼 일반 매물보다 가격이 싼 것이다. 역시 시장은 정직하다.

하지만 '신축 아파트'라는 목표를 위해 결단을 내려야 했다. 만약을 대비해 풀로 받아놓은 나와 아내의 신용대출 그리고 지금 거주하고 있는 집의 시세 차익을 고려해 무리하면 할 수 있을 것 같았다.

"우리가 사겠습니다."

무리를 하기로 했다. 10년 뒤에나 가능할 것 같던 꿈을 이룬 그날, 눈물이 쏟아졌다. 그날, 내 마음처럼 하늘에서도 비가 쏟아졌다.

그날부터 재개발 공부가 시작되었다. 사전 지식 없이 조합원이 되어

---

[*] 재개발 조합원 1+1 : 재개발 사업에서 규모가 큰 다가구 주택 등을 소유한 조합원인 경우 입주권을 2개 받는 경우가 있다. 이런 경우 1+1이라고 한다.
[*] 보존등기 : 부동산 소유권의 보존을 위하여 미등기 부동산에 최초로 행해지는 등기를 말한다. 사람으로 치면 출생신고와 같은 것이다.

버린 나는 재개발의 모든 것을 닥치는 대로 공부했다. 계약서 상 불리한 내용도 법무사 검토를 통해 다시 작성했다. 우리의 첫 집 또한 운 좋게 신고가로 매도할 수 있었다.

그렇게 3개월이 지나 우리는 꿈에 그리던 신축 아파트에 입주했다. 입주한 지 한 달이 지나도 이게 내 집인가 헷갈렸다. 퇴근하고 집에 돌아오면 스트레스가 눈 녹듯 사라졌다.

그러다 우연히 유튜브 알고리즘에 '자유지성' 채널이 노출되어 시청하게 되었다. 현재 집값이 오를 수밖에 없는 이유를 데이터와 거시적 관점으로 분석한 영상이었는데, 망치로 머리를 한 대 맞은 듯 정신이 번쩍 들었다. 여기에서 멈춰서는 안 되며 자산의 시가총액을 더 늘려야 한다는 것이다. '자유지성'의 영상들은 부동산 공부와 앞으로의 투자 방향 및 기준을 잡는데 아주 큰 영향을 주었다. 우리 부부는 자유지성의 모든 영상을 시청하며 경제 지식을 쌓아갔다.

조합원이 되어 재개발 전도사가 되다

신축에 살아 보니 사람들이 왜 신축을 선호하는지 알 것 같았다. 지하주차장, 커뮤니티 시설 등 굳이 외부로 나가지 않아도 많은 활동을 아파트 내에서 해결할 수 있다. 신용대출 이자, 주택담보대출 원리금, 회사 대출까지 삶이 팍팍해졌지만 극도의 절약하는 생활로 견뎌나갔다. 내 집이 있어 행복하게 버틸 수 있던 것이다.

그즈음 대출규제가 강화되어 대출이 어려워지고 있었는데 우리는 감당할 수 있는 레버리지를 이미 사용했으니 자유지성 유튜브를 꾸준히 본 보람을 느꼈다.

신축 매수는 주위 사람들을 챙길 여유도 생기게 했다. 문득 20년 넘게 구축 아파트에 사시는 부모님이 떠올랐다. 오랜 기간 고생하신 부모님도 내가 지금 누리고 있는 편안함과 안락함을 경험하게 해드리고 싶었다. 하지만 아버지의 은퇴가 얼마 남지 않아 무리한 대출은 어려운 상태라 같은 동네의 신축은 불가능하였고 수도권으로 눈을 돌려야 했다.

그래서 발을 담가봤던 재개발을 물색했다. 신축이 밀집한 뉴타운에 거주하다 보니 편리함을 느낄 수 있었고, 그래서 일반 재개발보다 뉴타운 위주로 알아보다 광명 뉴타운이 눈에 띄었다. 관리처분인가*가 난 이후의 사업장이 많아 사업 속도도 빠르고, 무엇보다 2만 5천 세대의 신축 단지가 밀집되어 거주환경이 크게 좋아지기 때문이다.

다행히 급급매를 잡아 구축 아파트를 매도한 금액으로 총 투자 금액을 맞출 수 있었다.

부동산에서는 4년이면 입주할 수 있다고 했는데, 이 계약으로 나와 재개발은 긴 인연을 맺기 시작한다. 부모님 대신 조합원으로 재개발 사업에 참여를 했는데 역시 백문이 불여일견이었다. 책이나 강의로 공부하는 것보다 조합원으로 사업에 참여하며 배우는 것이 훨씬 컸다. 그동안 익혔던 나의 재개발 지식은 산산조각이 났다.

---

* 관리처분인가 : 정비사업 시행 후 조합원들에게 분양되는 대지나 건축시설을 배분하는 내용을 담은 계획을 시장·군수에게 인가받는 것
* 세입자 알박기 : 정비구역 내의 세입자가 보상을 요구하며 이사를 나가지 않고 버티는 것

'관리처분인가를 득하면 사업의 80%는 끝났다'라는 책의 문구를 상기하며 계약서에 도장까지 찍었건만 현실은 달랐다. 곳곳이 암초 투성이였다. 세입자 알박기*, 철거 시 각종 민원, 철거 후 폐기물 반출, 평형 변경, 최종 공사비 협상, 일반 분양가 산정, 무능한 조합장 리스크 등 사업 지연 요소는 양손으로 다 셀 수조차 없었으며, 3000세대 대단지* 이면에 있는 많은 조합원 수는 오히려 올바른 의사 결정의 방해 요소로 작용했다. 외부에서 바라보는 것과 조합원으로 직접 사업에 참여하며 경험하는 것은 하늘과 땅 차이였다.

극심한 스트레스로 포기하고 싶었지만, 나만 믿고 살던 집을 파신 부모님이 떠올라 도저히 그럴 수 없었다. 그런데 재개발에 대해 경험을 쌓고 공부를 하면 할수록 오히려 기회의 땅처럼 느껴지는 것이었다. 재개발이 질릴수록 재개발의 매력에 더욱 빠지게 되었다. 매일 조사하던 아파트 대신 재개발 물건의 시세 및 사업성 분석을 훨씬 많이 하게 되었고, 서울과 수도권의 관심 가는 지역은 매일 챙겨봤다. 부동산 구입을 주저하던 지인들에게 재개발을 적극 추천하며 도움을 주기 시작했고 임장과 매수에 동행하며 조언을 드리기도 했다. 재개발의 전도사가 된 것이다.

그렇게 2년간 조합원으로 정말 많은 시간을 투여해 정비사업을 경험하고 공부했다. 지인들이 조합원이 되어 사업단계가 나아갈수록 기뻐하는 것을 보니 나 역시 뿌듯함과 보람을 느꼈다.

---

* 대단지 : 세대 수가 많은 아파트 단지로 보통 500~1,000세대 이상이면 대단지로 불린다.

본격적으로 재개발에 투자하며 법인을 세우다

더 이상 자금 여력이 없어 추가 투자는 어렵다고 생각하던 2022년 초, 우리 부부가 애정하던 유튜브 자유지성 채널에 투자자들의 공부 모임인 '자유지성 아카데미'가 생겼다. 나와 비슷한 생각을 가진 투자자들이 모여 있고, 새로운 자극과 다양한 지식 공유가 이뤄지는 아카데미에 큰 매력을 느껴 매니저로 지원해 활동을 시작했다.

그리고 아카데미에서 '후순위 대출' 제도가 있다는 걸 알게 되었다. 추가 투자에 목말라 있던 내게 한줄기 빛이 샘솟는 듯했고, 즉시 대출 상담사에게 전화해 현재 거주하고 있는 집을 담보로 대출이 가능한지 확인했고, 가능하다는 답변을 받았다.

예상치 못한 예산 3억 원이 확보되자 그동안 관심 있게 지켜본 매물들을 다시 천천히 살핀다. 오랜 기간 재개발 공부만 해왔기 때문에 그간 보던 것도 대부분 정비사업 관련 매물이었다. 고민 끝에 선택한 매물은 재건축이 가능한 아파트의 '단지 내 상가'였다.

취득세 및 종부세 중과에서 자유롭고 매달 받는 월세로 후순위 대출의 이자까지 커버할 수 있기 때문이다. 또한 향후 신축 아파트 입주권까지 노려 볼 수 있는 최고의 선택이라 생각했다. 하지만 인연이 없었는지 점찍어둔 매물의 계약 의사를 밝히자 매도인이 1억 원을 올리며 계약은 성사되지 않았다.

그래서 이번에는 초기 재개발 시장을 물색해보기로 했다.

특히 서울은 정비사업 외에는 추가 공급 방안이 전무했고, 집값을 자극할 수 있는 재건축보다 낙후된 거주환경 개선이란 명분이 있는 재개발 활성화가 정치인 입장에서 덜 부담될 거라 생각했다.

나는 초기 재개발 시장 중 신축 빌라 분양에 투자하기로 결정했다. 물론 초기 재개발에서 신축 빌라 투자는 위험한 일이다. 권리산정기준일* 이후 준공된 신축 빌라는 현금 청산의 위험이 도사리고 있기 때문이다. 그래서 공공재개발*, 공공도심복합사업, 신속통합기획 사업을 추진하는 초기 재개발 사업장은 전부 제외했다.

이런 위험에도 불구하고 신축 빌라를 선택한 데는 이유가 있었다. 계약금, 중도금, 잔금 일정이 여유롭고 주택임대사업자 등록을 통해 취득세를 85% 감면받을 수 있다. 또한 재개발 사업지 내 물건임에도 불구하고 관리의 수월성, 그리고 향후 재개발이 진행되어 감정평가 시 신축으로 높은 감정평가액을 기대할 수 있기 때문이다.

또한 나는 초기 재개발 중 역세권시프트*와 모아타운* 사업을 주목했다. 서울시의 수장인 오세훈 시장이 밀어주는 사업이자 합리적인 권리산정기준일 및 매매의 자유로움이 그 이유였다.

---

* 권리산정기준일 : 재개발·재건축 등 정비사업지에서 아파트 분양권을 받을 수 있는 권리를 부여하는 시점을 말한다. 권리산정기준일 이후 매매나 신축 빌라 건설, 지분 쪼개기 등을 하면 입주권을 얻지 못하고 현금청산 대상이 된다. 현금청산 산정액은 보통 시세보다 낮게 계산돼 투기 수요를 막는 규제 수단으로 사용한다.

* 공공재개발 : 토지주가 소유권은 유지, 공공기관이 총괄 관리자로 사업을 지원한다. 사업성이 부족하거나 주민 간 갈등으로 사업이 장기간 정체된 지역에 공공이 참여해 규제 완화, 공적 지원을 부여하여 개발을 촉진한다.

* 역세권시프트 : 역세권 지역에 주택을 건설하려는 민간사업자에게 '용적률 상향' 등의 인센티브를 부여하는 대신 그로 인해 추가되는 물량 일부를 장기전세주택(시프트)로 공급하는 형태이다. 시프트란 주변 전세가격의 80% 수준에 최장 20년까지 살 수 있는 공공주택을 가리킨다.

* 모아타운 : 신축과 낡은 건물이 혼재돼 있어 대규모 재개발이 어려운 10만㎡ 이내 노후 저층주거지를 하나의 그룹으로 묶어 대단지 아파트처럼 양질의 주택을 공급하는 정비방식이다. '미니 재개발'이라고도 한다.

해당 사업에 대한 공부와 면밀한 검토를 거친 뒤 역세권 시프트 1곳, 모아타운 2곳을 계약했다. 추가로 명의 분산과 수입 다각화, 가족 법인을 만들기 위해 신규 법인을 설립하는 새로운 도전도 하게 되었다. 소호 사무실* 계약부터 법무사, 기장 세무사 계약까지 법인 설립을 위한 준비를 모두 마쳤다.

우리는 이제 모든 투자를 법인을 통해 진행하고 있다. 앞서 계약한 신축 빌라도 법인을 통해 주택임대사업자 등록을 할 예정이다.

인고忍苦의 시간, 이제부터가 진짜 시작이다

우리 부부는 젊음을 무기 삼아 시간으로 돈을 버는 재개발에 집중 투자했다. 재개발은 시간을 돈으로 바꿔주는 투자영역인 것이다. 특히 항상 수요는 넘치고 공급은 언제나 부족한 대한민국 제1의 도시 수도 서울에 씨앗을 뿌려 놓았다. 초기 재개발 특성상 사업이 엎어질 수도, 오랜 기간 연기될 수도 있는 위험이 있지만 긍정과 낙관으로 최후의 열매를 딸 때까지 버텨보려 한다. 이제부터는 인내와 인고가 필요한 시간이다.

지난 3년간 내 인생에는 많은 변화가 있었다.

사랑하는 여자친구를 만나 결혼을 하고 가정을 이뤘으며, 내 집 마련을 시작으로 현재 다주택자가 되었을 뿐만 아니라 가족 법인도 만들었다. 돌이켜보면 실력과 상관없이 운이 따랐으며 위험한 투자였지만 실

---

* 소호 사무실 : SOHO란, Small Office Home Office(소규모 사무실, 가정 사무실)의 머리글자를 따서 만든 말이다. '소호 사무실'은 작은 규모의 사무실이나 주소지만 임대하는 비상주 사무실을 가리킨다.

행하는 용기 덕에 제법 성숙해졌다. 그리고 경험과 지식이 쌓이며 주변인들에게 도움을 주는 간접투자로도 많은 것을 배우고 있다.

무모해 보였던 젊은 신혼부부의 변화와 도전은 아직도 현재 진행형이다. 나와 아내의 대화는 여행, 패션, 와인에서 경제와 부동산으로 바뀐 지 오래다. 각종 세금을 내고 대출금을 상환하기 위해 허리띠를 졸라매고 소비 습관을 검소하게 만들었다. 그리고 자유지성 아카데미에서 정비사업의 지식과 경험을 강의를 통해 나누고 있으며 스마트 스토어를 만들어 굿즈를 판매했다. 그리고 2023년에는 NFT*를 민팅*할 수 있도록 준비하고 있다.

이제 우리의 목표는 앞으로 6년 남은 40대가 되기 전 총자산 50억이다. 3년 전 3500만 원에서 지금 자산이 20억 이상 되었으니 무려 5800%의 성장을 이루었다. 50억 목표 달성을 위해, 우리는 사랑하는 남편과 아내이자 경제 파트너로서 고난과 역경을 함께 이겨나가며 끊임없는 도전을 계속 해나갈 계획이다.

＊ NFT : 대체 불가 토큰Non-Fungible Token. 블록체인 기술을 이용하여 디지털 자산의 소유주를 증명할 수 있는 권리증 같은 것이다. 그림·영상 등의 디지털 파일을 가리키는 주소를 토큰 안에 담음으로서 그 고유한 원본성 및 소유권을 나타내는 용도로 사용된다.

＊ 민팅minting : 동전과 같은 법정화폐를 주조한다는 뜻을 가진 단어로 'NFT를 발행한다'는 의미로 통용되고 있다. 마인팅miniting으로도 불린다.

한 번은 털어놓고 싶었던 나의 이야기

엄마는 존경하고 사랑하는 아빠가 점점 작아지는 모습 그리고 가세가 기울면서 자식인 나와 동생에게 기대야 되는 현실의 무게를 감당하기 힘들어했다.

나 또한 그 무게가 무겁다며 철없이 툴툴거렸는데, 그게 평생 후회할 일이 돼버렸다. 엄마는 55살이라는 젊은 나이에 알츠하이머에 걸렸다. 엄마가 마주한 극적인 상황이 병을 독촉시켰던 건 아닐까.

나의 어린 시절은 행복하고 풍족했다. 당시 대기업에 다니던 아빠가 해외 발령을 받아 이민을 가게 되었다. 국제 학교를 다니며 돈 걱정 없이 미국에서 디자인을 전공해 대학을 졸업했다. 우리 가족에게 변화가 시작된 것은 한국으로 귀국했을 무렵이다.

아빠는 20년 넘게 다녔던 직장에서 권고사직을 당하셨다. 아빠는 한동안 지인 회사에 다녔지만 얼마 안 되어 일을 그만두고 그간 모은 돈과 퇴직금으로 주식을 시작했다. 대박이 나기는커녕 매일 오후 3시 폐장 시간마다 한숨을 쉬고 화를 내는 아빠를 보며 엄마도 지쳐갔다.

난 도망치듯 취직 2년 차에 따로 자취를 시작했다. 부정하고 싶은 현실이 힘들어 어디론가 벗어나고 싶었던 것이다. 하지만 애써 외면했던 현실은 이내 방문 앞으로 다시 찾아왔다. 아빠는 내게 대출받아 돈을 빌려줄 수 있는지를 물어봤고, 몇 차례나 내 명의로 대출을 받아 생활비를 메꿨다. 이후에도 집에 있던 귀중품을 하나씩 팔아 생활비를 마련하셨고, 하나 남은 재산인 30평대 집 또한 파셨다.

매번 대화를 시도할 때마다 자리를 피하거나 화를 내는 아빠에게 지쳤던 나와 동생은, 결국 매달 생활비를 보내드리기 시작했다.

운명의 짝을 만나 내 집을 마련하다

처음 자취방을 알아볼 무렵, 지금의 남편을 만났다. 20대 초반이었던 그는 내 주변 또래 남자들과 사뭇 달랐다. 그는 어린 나이에도 재테크를 하고 있었고, 이수역 부근에 요식업 사업을 꿈꾸며 정치와 경제뉴스를 매일같이 봤다.

알고 보니 그의 경제적 상황도 어려웠지만, 나처럼 회피하지 않고 이성적으로 현실을 직시하며 맞서 싸우고 있었다.

연애 초부터 남편은 비싼 월세가 아깝다며 전세 대출을 권했다. 하지만 나는 아빠의 대출 요구로 생긴 대출 트라우마를 쉽게 극복하기 어려웠다.

몇 년간 무주택 월세살이의 서러움을 꽤 느끼고 나서야 집에 대한 소중함과 대출에 대한 부정적 편견을 걷어내기 시작했다. 남편은 대학원을 졸업한 후 단번에 취업에 성공했고, 우리는 서로에게 힘이 되어주며 1년 뒤 결혼을 약속했다.

그런데 막상 결혼을 하려고 보니 내 통장 잔고엔 돈이 없었다. 8년간 열심히 일했지만 직업인 패션 디자인의 특성상 겉모습을 치장해야 좋은 평가를 받는다는 핑계, 자취방 월세를 내고 부모님께 용돈을 드린다는 이유였다.

지금 생각해 보면 온통 가난한 마인드였다. 결혼해서 어디에 살지는 안중에도 없었고, 내 결혼식이 '어디서', '얼마나 예쁘게' 결혼할지에 집중했다. 한 번뿐인 결혼식 로망을 나는 놓지 못했다.

반면 결혼식 날짜가 다가오며 남편은 부동산에 반쯤 미쳐있었다. 처음엔 현금이 많지 않으니 전세로 살자던 그가 네이버 부동산을 보고 있던 어느 날, 우리 예산으로 살 수 있는 매물을 찾았다고 했다.

그동안의 경험을 통해 나 또한 전세보다는 조금 작아도 우리 집이 있었으면 했기에 바로 부동산으로 향했다. 도착한 곳은 경사가 높은 위치의 아파트였다. 언덕을 올라가며 놀이터 아이들이 보였다. 근처 쉼터에서는 할머니들이 삼삼오오 모여 수다를 떨고 있었다. 그 모습을 보니 봄 날씨와 함께 그곳이 그렇게나 완벽해 보였다.

연식이 꽤 있어 보이는 외관과 달리 집안은 수리한 지 일 년밖에 지나지 않아 깨끗했고, 15평 남짓한 공간은 나의 '감각적인 터치'가 들어가면 둘이 꽁냥거리며 살기엔 충분할 듯했다.

많지는 않지만 몇 차례 부동산 계약을 하며 느낀 게 있다면 노력과 함께 언제나 운도 따라야 한다는 것이다. 이틀 전, 결혼을 앞둔 직장 선배에게 집을 보러 다니다 놓쳤다는 얘기를 들었다. 문득 선배의 섬뜩한 얘기가 떠오른 나는 남편에게 지금 당장 계약하자고 했다. 그렇게 덜컥 우리의 첫 집을 장만했다.

신축으로 한 걸음 더 나아가는 결심

사람의 욕심은 끝이 없다더니, 완벽해 보였던 첫 집에 막상 살아 보니 더 넓은 곳으로 가고 싶다는 마음이 굴뚝같이 들었다. 남편과 밤마다 운동 겸 동네 산책을 했는데, 매일 동네 시세를 조사하던 남편이 걸으면서 주변 집 시세와 특징들을 읊어주곤 했다.

"여긴 85 ㎡ 기준 9억이고 초품아라 연식이 있어도 인기가 많아."

"여긴 이시언 아파트인데 12억이야. 분양가 7억이었는데 금방 10억을 돌파했어."

그렇게 매일 남편에게 브리핑을 받으며 두 번째 집을 고민했다.

그런데 얼마 지나지 않아 우리가 후보로 두었던 집들의 가격이 훅훅 오르는 것이었다. 남편 또한 패닉에 빠졌다. 이전보다 부동산에 더 매달리기 시작한 남편을 보며 안쓰러웠지만 그만두라고 할 수는 없었다. 우리의 꿈, 미래의 희망이 걸려있었기 때문이다.

그러던 어느 일요일 아침, 어김없이 네이버 부동산으로 아침을 맞이하던 남편이 벌떡 일어나 부동산에 전화를 걸었다. 아리송한 설명에 직접 가서 들어보는 게 좋다고 동의한 우린, 누가 먼저랄 것도 없이 대충 옷을 걸치고 집을 나왔다.

조합원 1+1 매물에 대해 설명을 듣고 고민에 빠진 남편과 달리, 눈치가 빠르고 귀가 밝은 나는 건너편 다른 분들이 같은 물건에 대해 상담 받고 있는 걸 알아챘다. 마음이 급해져 남편에게 우리 예산으로 가능하냐고 물었더니 남편은 "무리하면 가능할 것 같아."라고 답했다.

'무리해야 할까? 이대로 가다간 15평 집에서 나올 수 없을 거야.'

남편의 안목을 믿기도 했지만 서당 개 3년이면 풍월을 읊는다고, 등 너머 배운 게 있다면 서울의 입지 좋은 신축은 수요로 인해 더욱 오를 수밖에 없다는 것이다. 미리 신용대출도 받아놔서 통장에 돈이 있던 터라, 덜컥 "계약금 쏠게요."라고 말을 해버렸다.

얼떨결에 계약을 하고 나오는데 다리가 후들거렸다. 10억짜리 신축이라니… 집에 돌아가는데 마취가 풀리는 듯한 얼얼함을 느꼈다. 갑자기 하늘에 구멍이 뚫렸는지 비까지 와락 쏟아졌다. 남편은 나를 보지 않았다. 훗날 들어보니 쏟아지는 비처럼 눈물이 나왔다고 한다. 꽤나 드라마틱했던 그날은 평생 잊지 못할 날이 되었다.

신축 입주 전, 점등식*이 있는 날이었다. 모든 집들의 불이 환하게 켜져 있었고 그 조명에 비친 남편은 백마 탄 왕자처럼 보였다. 불빛에 홀린 건지 행복감에 홀린 건지 모르겠다. 앞으로 우리에게 어려움이 닥칠 때 그날을 회상하며 이겨낼 것이다.

그림 대신 부의 미래를 그리다

남편의 가이드 및 티칭으로 나도 한걸음씩 성장하고 있었다. 언젠가부터 주말에 쇼핑이나 여행 대신 남편과 나란히 소파에 앉아 자유지성 유튜브를 보며 공부하고 있고, 박병찬 대표님 사연을 들으며 눈물을 흘

※ 점등식 : 새 아파트가 완공되면 입주자가 들어오기 전에 아파트 전체의 조명을 밝히는 행사. 이를 통해 새 아파트의 완공을 축하하면서 아파트의 시설과 전기 과부하 여부 등을 점검한다.

리며, 슈카님 방송을 들으며 까르르 웃고 있었다.

남편의 헌신적인 노력에 조금이나마 도움이 되고자 생활비를 더욱 꼼꼼하고 철저하게 관리하기 시작했다. 예전처럼 맛집과 외식을 즐기며 하고 싶은 것을 하면 절대 저축을 할 수 없다. 직접 요리를 해먹으며 요리 실력도 늘었으며 회사엔 도시락과 커피까지 싸간다.

나의 실천을 통해 아빠를 설득하고 있기도 하다. 지금이라도 늦지 않았다고, 용기를 내면 앞으로 나아갈 수 있다고 말이다. 예전에는 아픈 엄마가 너무 안타까웠는데, 요즘은 아픈 엄마를 돌봐 주는 아빠가 더욱 마음에 걸린다.

출퇴근 지하철에서 책을 읽고, 점심시간에도 책을 읽는 일이 많아졌다. 신기한 변화는 경제를 공부하니 회사 동료들, 친구들과의 시시콜콜한 얘기들이 지루해졌다는 것이다. 남편과 하는 투자 얘기가 더욱 재미있고, 자유지성 아카데미 디자인 매니저 활동도 보람차다. 또 도전을 하다 멈춰있던 NFT를 다시 민팅할 수 있는 기회가 생길 것 같다. 새로운 NFT 디자인에 대한 꿈으로 설레는 요즘이다.

미술 전공에 패션계 직장까지 시각적인 아름다움을 추구하며 와인, 여행 위주의 삶을 살던 나였다. 하지만 경제에서 흥미를 느끼는 나의 모습을 보며 새로운 여유와 즐거움을 찾는 법을 배워가고 있다.

소득 불평등을 악화시키는
결혼 격차

2001년 노벨경제학상을 수상한 조지 애커로프George A. Akerlof*는 부의 지혜에 관해 이렇게 말합니다. "남성들은 결혼할 때 정착하고, 결혼에 실패하면 정착하지 못한다." 도대체 무슨 말일까요?

하버드의 연구에서는 결혼한 남성이 독신 남성보다 매년 400시간 더 일하는 것으로 나타났습니다. 또한 결혼한 남성은 독신 남성보다 평균 20% 더 많은 돈을 벌었습니다. 교육, 인종, 민족성 등 다른 배경의 차이를 통제한 후에도 같았습니다. 오늘날 결혼을 가치 없는 것으로 여기는 청년들이 많아지고 있지만, 부를 이루려면 결혼을 해야 하며 결혼이야말로 부를 위한 '프리미엄'이라는 말입니다.

프레이거유PragerU.com 에 소개된 T씨의 사례를 살펴봅시다. T씨는

---

* 조지 애커로프George A. Akerlof : 전 FED 의장이자 미국 재무장관 재닛 옐런의 남편으로도 유명하다.

18세 때 인쇄소에서 최저임금을 받으며 일했고, 부모님과 함께 지하방에서 살았습니다. T씨는 말했죠. "저는 돈이 없지만 아무 걱정거리가 없어요." 하지만 T씨가 19살에 결혼해 아이를 낳자, 그는 완전히 변했습니다. "저는 가족을 책임져야 하니 더 많은 돈을 벌어야 합니다."

그래서 T씨는 인쇄소에서 일할 때보다 더 많은 돈과 의료보험 혜택을 받을 수 있는 육군에 입대합니다. 그는 가족들에게 더 많은 부와 혜택을 주고자 매사 혼신의 힘을 다했습니다. 그는 최근에 수입을 더 늘리기 위해 육군을 떠나 자동차 회사의 재정 관리자로 이직했습니다. 그는 현재 억대 연봉을 받고 있습니다.

버지니아 대학의 사회학과 교수 브래드포드 윌콕스Bradford Wilcoxz는 이렇게 말합니다. "결혼은 남성들의 행동과 정신건강, 재정상태에 변화를 가져옵니다. 결혼한 남성들은 더 열심히, 더 전략적으로 일해서 비슷한 배경의 독신 남성들보다 훨씬 많은 돈을 법니다."

윌콕스 교수는 저서 『부자와 가난한 자, 가족이 경제적 성공을 이루는 법For Richer, For Poorer』에서 특히 남성이 부에 이르는 길을 아래와 같은 4가지의 결혼 프리미엄에서 찾습니다.

1. 결혼 후에 남성들은 새로운 정체성을 갖는다.

결혼은 남성들의 정체성을 바꾸어 놓습니다. 그들은 친구와의 시간을 줄이고, 가족과 더 많은 시간을 보냅니다. 그들은 술집에 덜 가고, 교회에 더 많이 갑니다.

2. 결혼한 남성은 수입을 극대화하는 동기를 받는다.

결혼은 직업에 대한 남성의 태도를 바꿉니다. 그들은 더 많이 일하고 더 강한 책임감을 갖습니다. 남성들은 결혼 후 근무 시간을 늘렸고, 이혼 후에 근무 시간을 줄였습니다.

3. 고용주들은 결혼 남성들을 선호하고 장려한다.

결혼한 남성들은 더 책임감 있고 헌신적으로 일하기에 고용주들이 선호하며, 승진할 수 있는 더 많은 기회가 주어집니다.

4. 결혼한 남성은 가족의 충고와 격려로 동기를 부여받는다.

아내는 남편의 성공에 큰 관심을 기울이며 응원하므로, 남성에게 배우자는 최고의 동기부여자입니다. 부모는 자녀를 위해 혼신의 힘을 다해 일하며, 자녀를 보며 힘을 얻는 동기를 부여받습니다.

안타까운 소식은, 이 같은 결혼의 프리미엄과 장점에도 불구하고 결혼이 점점 줄어들고 있다는 사실입니다. 윌콕스 교수에 따르면 1960년 대에는 모든 성인의 72%가 결혼했습니다. 하지만 오늘날에는 49%만 결혼을 합니다. 늦은 결혼, 줄어드는 결혼은 소득의 감소를 낳고, 이는 특히 중산층과 하류층 사람들에게 더 부정적입니다.

정치학자 찰스 머레이Charles A. Murray는 저서 『분열Coming Apart』에서 연구 결과를 설명합니다. "소득 불평등의 이면에는 결혼의 위기가 있다. 이른바 '결혼 격차'의 발생이다. 이는 전 세계에서 가장 단순한 수학 공식이다. 하나보다 둘이 훨씬 큰 소득을 만들어냈다."

　결혼은 더 나은 삶과 부에 이르는 분명한 길입니다. 여러분들이 행복한 가족을 이루고 미래를 향해 나아가며, 부와 경제적 성공에 도달할 수 있기를 바랍니다.

실패란 더 현명하게 다시 시작할 기회일 뿐이다.

• 헨리 포드 •

Rule

4

시가총액의 극대화

무지성 실패 매니아에서
부의 레버리지를 깨달은 투자자로

•

리라

나의 첫 집, 이제 다시는 만나지 말자

"여보세요? 여기 ㅁㅁ부동산이에요. ○동 ○○호 집 아직 안 나갔죠? 집도 안 보고 사겠다는 손님이 있는데 가격 조정 좀 해줘요."

드디어 기다리던 전화가 왔다.

"가격 조정이요? 지금도 본전에 내놓은 건데…"

"사겠다는 손님 있을 때 팔아야죠. 그러지 말고 200만 빼줘요."

"200만 원이나요? 저도 상의를 좀 해야 돼서요. 좀 이따 연락드릴게요."

"그래요. 손님 잡아두고 있을 테니 바로 연락 좀 줘요."

집을 부동산에 내놓은 지 3개월 만에 연락이 왔다.

이 집으로 말할 것 같으면, 나의 첫 집이다. 정확히는 우리 가족의 첫 집.

첫 주택 취득의 소중한 기회도, 청약도 모두 다 날려버리고 달랑 매물 2개를 보고 둘 중 하나를 골라서 그날 바로 계약했다. 태어난 지 100일도 채 안 된 아기를 맡기고, 좋다는 카더라 통신*만 듣고 덜컥 가서 계약서를 쓰고 왔다.

보증금 1000만에 월세 45만을 받는 월세를 낀 아주 오래된 소형 아파트였고, 심지어 정비구역에 지정되었다가 해제된 이후엔 죽도 밥도 안 된 비역세권 나 홀로 아파트.

지금 같으면 절대 살 리 없는 아파트인데, 그 당시에 팔랑귀로 덜컥 계약금부터 썼다. 심지어 난 그 지역을 살아본 적도 없고, 태어나서 처음 가본 동네였다.

매수가 1억 원짜리 아파트였다. 단순무식한 나의 생각으로, 당시 모은 돈도 거의 없었지만 신용대출을 받아 사면 월세 받아 이자를 내고도 월 20만 원이 남으니 엄청난 이익인 듯 생각되었다. 그렇게 3천만 원의 신용대출을 받아 매수한 집은 뭣도 모르고 산 만큼 호된 수업료를 치러야 했다.

내 나이를 훌쩍 넘는 그 아파트는 1년 반을 보유하며 세입자가 2번 바뀌었다. 기존에 월세로 살던 세입자는 월세를 자주 밀렸고, 전세로 전환

* 카더라 통신 : '~하더라'의 경상도 사투리인 '~카더라'를 이용한 신조어로, 근거가 부족한 소문이나 추측을 사실처럼 전달하거나, 그런 소문을 의도적으로 퍼트리는 사람 또는 언론 따위를 비유적으로 이르는 말

한다고 하자 기간만료 후 나갔다. 새 세입자의 전세금 8천만 원을 받아 신용대출을 갚고 한숨을 돌렸다.

나는 '겨우' 내 돈 2천만 원으로 집을 장만했다는 생각에 의기양양했다. 미련하게 즉시 대출을 갚았고, 이후 변기가 막혀서 고쳤는데 5만 원 들었으니 돈을 보내 달라는 등 전세입자의 잦은 연락에 지쳐서 집을 내놓았다.

집을 사는 데 걸린 시간은 고작 2~3시간이었지만 집을 내놓고 팔리기까지는 3달 걸렸는데, 그 시간이 굉장히 길게 느껴졌다.

집 살 때 배우자와 한마디 상의도 없이 덜컥 샀던 나
그리고 일단 첫 집이 생겼다고 하니 좋아하던 배우자
둘 다 부동산의 ㅂ도 몰랐고, 그냥 아무 생각이 없었던 것 같다.

속만 썩이던 첫 집은 우리가 내놓은 금액에서 딱 100만 원을 깎아 매도했다. 내가 산 가격보다 겨우 100만 원 더 보탠 금액이었다. 사실상 중개수수료, 자잘한 수리 비용을 더하면 손해였다.

"소장님, 200은 저희도 산 금액이 있으니 어렵고, 100까지만요. 더 이상은 어려워요."

"그래요, 그럼 계좌 불러줘 봐요!"

그렇게 우리 가족의 첫 집은 팔렸고, 결국 손해로 끝났다. 당시 거주지에 경쟁률 낮은 공공분양도 나왔는데, 우린 그 1억짜리 아파트를 갖고 있다는 이유로 '유'주택자가 되어버려 공공분양* 청약의 기회도 물거품이 되어버렸다.

이후에라도 정신을 차렸어야 했는데, 그러지 못했다.

묻지마 분양권, 배고프다고 아무거나 주워 먹으면 안 된다

생애 첫 집을 1년 반 보유하면서 스스로 '투자자'가 되었다는 기분에 취해있었나 보다. 하긴 뵈는 게 없으니 두려울 것도 없었다.

일단 나는 '유'주택자였으니까, 이번엔 분양권을 해보자 싶었다. 공공분양을 놓치고 나니 일반 분양에 눈길이 갔다. 보니까 당장 내일 청약하는 단지가 있다. 건설사는 대충 2군인 거 같다. 지도를 보니 역세권이다.

오케이 이거다!

청약을 넣었다. 발표가 났는데 떨어졌다. 근데 뭔가 이상했다.

미계약분*이 속출하고 소위 '줍줍*'하러 오라고 친절하게 연락이 오는 게 아닌가.

이제 아기는 돌 무렵이 되었다.

아기를 업고 가족이 총출동해서 모델하우스를 갔다.

역시 신축이다. 구조 멋지다. 모형 보니 더 멋지다.

---

* 공공분양 : 민간 건설사가 하는 분양에 대응되는 개념으로, 국가나 지방자치단체, 토지주택공사 등 공적 사업주체가 부동산을 분양하는 것
* 미계약분 : 아파트 청약에서 당첨되었으나 당첨자가 계약하지 않은 물량
* 줍줍 : 미계약 또는 미분양된 무순위 분양권을 계약한다는 뜻

순번표를 받고 설레는 마음에 호명을 기다렸다. 2시간 정도 지나 마침 내 내 순서가 왔다.

"26층 있는데 하시겠어요? 지금 바로 결정하셔야 돼요. 안하시면 다음 번호 분께 넘어가요."

모하*를 처음 가본 나. 줍줍이란 것도 처음 해본 나.

"네! 할게요!"

동도 향도 몰랐다. 그냥 내가 안 하면 뒷사람에게 기회가 간다니 이런 좋은 걸 잡아야 되지 않겠는가! 당시 분양가는 평당 1400만 원가량이었다. 몇 년 전의 일이었으니 지금이야 나름 합리적(?)일 수 있지만, 당시에는 비싼 분양가였다.

당장 계약금 10%를 이체하고 뿌듯한 마음으로 계약서를 받아서 나왔다. 돌 된 아기에게도 고생했다고 토닥거려주며, 우리 가족의 마음은 벅차올랐다.

유주택에 이어 분양권까지! 와, 우리는 진짜 멋진 투자자다!

"집에 가지 말고 우리 아파트 짓는 데 가볼까?"

배우자가 제안했다. 무려 방금 계약한 '우리' 아파트다.

흔쾌히 현장을 가본다. 얼마 멀지도 않았다.

펜스 쳐진 구역을 한 바퀴 돌아봤는데, 역세권은 맞다. 그런데 너무 부지가 작다. 달랑 3개 동이었는데, 펜스 바로 코앞에 나 홀로 아파트가 또

---

* 모하 : '모델하우스'의 준말

있다.

네이버 검색을 해본다.

> 옆 건물이랑 너무 가깝고 저층이면 창문도 못 열고 살아야 되는
>
> 최악의 입지. 현장 가보고 청약 포기합니다.

이런 글이 많았다. 그래서 계약포기분 줍줍이 나왔던 거다.

왜 줍줍이 나왔는지 이유도 모른 채 계약했던 나는, 현장을 가보고 나서야 그 이유를 알았다.

잘못을 깨달은 나는 바로 부동산에 매물을 내놓았다. 그래도 26층이니 옆 건물과 코 닿을 거리는 아니고, 옆 건물 옥상이 보이는 고층일 테니 P*가 붙기는 한다고 했다. 다행이다.

P300에 거래가 되었다. 수수료는 100만 원이었다.

어쨌거나 분양권 투자로 200만 원을 벌었다며 좋아했다. 성공적 투자야! 나는 아직도 정신을 못 차렸다.

서울 신축빌라, 유료 컨설팅에 눈탱이를 맞다

1주택 '유'주택자의 경험, 분양권 매매해서 차익 본 경험 1회. 이쯤 되

＊ P : 프리미엄premium의 약자. 아파트 분양권의 시세가 올라 원래 분양가에 얹어주는 웃돈을 말한다.

니 대단한 투자자가 된 줄 착각했나 보다. 정신 못 차리고 내친김에 큰 물에 가보기로 한다.

이 시기의 나는 매일 케이블 채널에서 낮 시간쯤에 하는 부동산 방송을 라이브로 즐겨 봤다. 항상 패턴은 같았다. 전화 상담 → 그리고 좋은 매물 소개.

그 좋은 매물이란 '신축빌라'였다.

'무료' 세미나 참석 기회도 준다고 하니 솔깃했다.

세미나를 예약하고 찾아가 보았다.

TV에서 보던 강사님을 실제로 보니 신기했고, 굉장히 많은 사람들이 노트를 들고 와서 필기하며 경청하고 있었다. 강사님 덕분에 좋은 매물을 샀다는 간증을 들으면서, 나도 그 투자자 모임에 속해 있다는 뽕에 취했다. 그렇게 홀린 듯 '무료' 세미나에서 '유료' 컨설팅을 계약했다. 가격은 무려 백만 원.

사실 나는 '서울 아파트'를 사고 싶어서 상담을 신청했는데, 강사님은 서울 아파트는 너무 비싸고 이제는 돈이 안 된다고 했다. 진짜 돈 되는 게 따로 있고 이건 '유료' 컨설팅으로만 이루어지는 특별한 정보라고 소개했다.

강사님의 '유료' 정보는 이거였다.

매년 신축빌라를 1~2채 정도 사되, 한 채당 전세를 끼고 투자금 4천만 원~6천만 원으로 매수한다. 2년 뒤에 전세가 오르면 내 돈이 다 회수되고, 그렇게 전세를 2번만 돌리면 한 채당 최소 1억은 벌 수 있다고 했다. 그런 신축빌라 매물 4채를 알려 주겠다고 했다. '유료' 컨설팅 비용과는 별개로 채당 200만 원씩을 따로 줘야 한다고 했다. 서울의 좋은 위치에 지어지는 신축빌라고, 주변엔 각종 호재가 가득하다며, 좋은 매물 구해서 얼른 연락주겠다고 해 철썩같이 믿었다.

그런데 그 이후 한참 동안 연락이 없었다. 전화를 해보니 실장이라는 여자분이 전화를 받았다. 담당자가 바뀌었다고 한다. 진행 상황을 물어보니 잘 모르겠다고 한다. 뭔가 이상했다.

여기서 그쳤어야 했는데, 다른 강사를 찾아가게 되었다.

다른 강사도 '무료' 세미나를 진행했고, 대신 컨설팅 비용 없이 신축빌라를 소개해 주겠다며 선심을 썼다. 게다가 채당 100만 원씩만 달라고 했다. 상대적으로 저렴(?)하고 양심적인 강사구나 하는 생각이 들었다. 그 강사는 미리 준비해둔 매물을 보여주며 말했다.

"이거 다 팔리고 지금 몇 개 없어요. 바로 계약해야 좋은 층을 가질 수 있습니다."

다시 발동한 "어머 이건 사야 돼!"

그렇게 또 덜컥 계약을 했다.

계약서는 아주 허접했고, 해당 신축빌라는 이제 '지으려' 한다고 했다. 강사가 준비해둔 매도인 인감증명서와 위임장. 매도인은 강남구에 사는 ○○○ 씨였다. 조건은 매도가 2.6억에 매도인이 전세 2.2억을 맞춰줄 것이고 나는 그것을 인계받는 방식이었다. 아직 존재하지 않는 건물의 한 호실을 계약하는 거였는데, 계약 당일 바로 계약금 천만, 일주일 뒤 중도금 천만, 잔금은 한 달 뒤에 2천만이었다. 아직 존재하지도 않는 '신축빌라'에 대한 계약금, 중도금, 잔금은 불과 한 달 만에 속전속결로 이루어졌다.

이제 와서 생각해 보면 참 철두철미했다. 중도금까지 받음으로써 계약을 취소 못하게 했고, 잔금까지 번갯불에 콩 볶아먹듯 먼저 받아가고선 실제 빌라가 지어진 건 잔금 치고 1년이 지난 후였다.

결국 그 신축빌라의 운명은?

전문관리업체가 있다는 말과 다르게 실제로는 관리가 전혀 안 되었으며, 세입자를 맞춰준 부동산은 사기로 문을 닫았다. 세입자는 만기를 앞두고 연장을 하지 않는다고 하며, 강사한테 연락하니 자기는 매도를 도와줄 수 없다며 모른 척했다. 나가는 세입자의 전세금을 돌려줘야 한다는 생각에 공포감이 밀려왔다.

4천만 원으로 겁도 없이 신축빌라를 산 내가, 무슨 수로 갑자기 전세금 2.2억을 마련해 돌려줄 수 있을까? 결국 나는 −2500만 원을 낮춰서, 복비까지 2배로 주며 간신히 매도했다. 그 빌라는 법인이 사갔는데, 법인은 바로 2.2억에 세입자를 새로 맞췄다.

난 매매가 2.6억 중 내 돈 4천만 원으로 2.2억의 전세를 끼고 사서, 팔 때는 2.35억에 팔았다. 손해는 −2500만 원 + 팔 때 복비 2배 + 매수 당시 들어간 비용들 + 강사에게 뜯긴 100만 원. 등기치고 딱 2년 갖고 있다 손절했는데 3천만 원 이상의 손실이었다. (참고로 내 물건을 받아간 법인은 단돈 1500만 원에 사서, 얼마 안 되어 2.5억에 털고 나갔다)

그 시기에 내가 다른 선택을 했더라면 어떻게 되었을까?

서울 아파트도 당시 지역을 잘 고르면 전세를 끼고 몇천만 원으로 살 수 있었다. 빌라나 나 홀로 아파트를 빼면 어떤 아파트를 샀더라도 최소한 손해는 아니었는데, 신축빌라를 선택한 결과는 참담했다.

이쯤 되니 정신이 번쩍 들었다.

그리고 부동산이 싫어졌다. 나의 무지성 투자 행적을 떠올리는 것 자체만으로도 충분히 고통스러웠고, 부동산에 아예 관심을 끊자고 결심했다.

신도시 입주장, 도저히 안 팔려 입주한 '진짜' 우리집

'나'라는 사람은 참 쓸데없이 부지런했나 보다.

어디 말하기도 창피할 수준의 무지성 투자를 반복하며 부동산에 관심을 끊자고 결심했건만, 특유의 부지런함으로 급기야 신도시에 청약을 넣었다.

결과는 당첨이었다. 나름 RR* – 로얄동, 로얄층 – 이었다.

그런데 입주장을 몇 달 안 남기고 시장이 안 좋았다.

사실 시장에 대한 이해도 없고, 수요와 공급에 대한 물량 이해도 제대로 못한 나로선, 이런 거대한 입주장은 공포 그 자체였다.

당시 우리는 썩 좋지 않은 집에서 월세로 살기는 했지만 큰 불만이 없었다. 그래서 신축 아파트에 들어가 살면서 빚을 갚아야 할지도 모른다고 생각하니 부담감에 숨이 턱 막혔다.

빚을 진다니, 빚은 나쁜 것이 아닌가!

내가 헛발질을 할 동안 아기는 부지런히 커서 이제 5살이 되었다.

---

* RR : 로얄동, 로얄층을 가리키는 말로, 같은 아파트 단지 내에서도 위치가 좋은 동, 채광과 조망권이 좋아 거래 가격이 높은 집

아직까진 아이에게 돈이 크게 안 들어가는데, 이제 슬슬 몇 년 후가 걱정되기 시작했다. 결국 입주장 공포에 쫄려서 집을 팔아야겠다고 생각했다. (입주장의 물량으로 인한 일시적 하락은 시간이 지나며 자연스럽게 회복이 된다는 사실을 그때는 알지 못했다) 그래도 RR인데 P를 조금 얹어서 집을 내놓았다.

안 팔린다. 연락도 안 온다.

부동산 여러 군데에 전화를 돌렸으나, 입주장 매물 폭격으로 쉽게 안 팔릴 거라고 한다. 전세도 아주 싸게 나와 있다고, 누가 굳이 지금 사겠냐고 한다. 그것도 P를 주고 말이다.

배우자와 상의를 했다. 어쩌지? 갖고 가야 되나? 대출은 어떻게 갚지? 몇 날 며칠을 걱정하며 얘기를 나눴다.

사전점검 날짜가 코앞으로 다가왔다.

5살인 아이는 이제 말을 제법 잘하게 되었고, 우리 가족은 몇 년 전 겁도 없이 '모하'를 갔던 그날처럼 사전점검을 함께 갔다.

아직 휑한 도시에 수많은 새 아파트들…

그리고 (안 팔린) 우리 집…

구축에 월세로 살던 우리 가족에게 신축 아파트는 너무 설렜다.

새 아파트는 너무 좋았고 특히 아이가 너무 좋아했다.

우리 이제 새집에서 사는 거냐고, 이사오냐고 묻는 아이에게…

그렇다고 했다. 집을 내놓았다는 말을 할 수 없었다.

그리고 정말 우리는 새집으로 이사를 했다.

애가 너무 좋아했기에 안 올 수가 없었다. 자식에겐 뭐든 해주고 싶은

게 부모 맘인가 보다. 생전 처음 받아보는 큰 금액의 주택담보대출이었지만 35년간 갚는다고 생각하니 괜찮을 것 같았다.

새집에 이사 온 지 몇 달 후, 부동산에서 집 팔렸냐고 전화가 왔고, 내가 불렀던 P보다 훨씬 더 준다고 했다. 입주장이 지나 시세가 회복되며 가격 상승이 시작된 것이다.

"저희 집 안 팔아요~ 이미 입주했어요~"

안 팔린 집이 '진짜' 우리 집이 되었다.

신도시 입주장을 이겨낸 우리 집은 어떻게 되었을까?

지금 그 무엇보다 든든한 우리 가족의 보금자리이다.

KB시세*도 든든하다!

증여와 미국 주식, 자녀의 미래를 준비하다

이제 유치원생이 된 아이에게 부모님이 용돈을 주셨다.

그 무렵 친정엄마는 유튜브에서 보셨다며, 손주에게 미국 주식을 사주고 싶다고 하셨다. 그렇게 부모님이 주신 용돈을 합쳐 아이에게 비과세 한도만큼 증여를 하고, 주식계좌를 개설해 주식을 사주었다.

우량주들로 사준 자녀의 계좌는 시기도 잘 탄 덕분에 푸근한 계좌로 자라고 있었다. 나중에는 얼마나 크게 불어날지 생각하니 흐뭇했다. 증여도 빠를수록 좋다는 걸 알게 되었다.

---

* KB시세 : 민간기관인 국민은행(KB)에서 매주, 매월 단위로 조사하여 발표하는 부동산 시세

그리고 나도 생애 첫 주식을 시작하게 되었다.

운 좋게도 코로나로 저점 무렵이었고, 부동산에 지쳤던 나에게 실거주한 채의 안도감과 더불어 이제 주식을 해야지 생각한 시기이기도 하다. 수익률도 썩 괜찮았다. 일 년 동안 100% 이상을 벌었으니, 나쁘지 않았다.

나는 투자자다. 이제 주식이다!

레버리지에 대한 깨달음, 대출의 야수가 되다

주식이 최고라고 생각했던 것도 잠시, 내가 주식을 시작했던 시기에 비슷한 초기 투자금으로 부동산을 장만한 친구의 아파트 소식을 들었다. 불과 1년여 만에 투자금의 약 10배가 된 것이다. 자기 돈 1억에 대출을 더해 전세를 끼고 장만한 아파트가 10억이 된 것이다.

거기서 1차 현타*가 왔다.

주식도 레버리지가 가능하긴 하다. 대신 잘못 쓰면 골로 갈 수가 있다. 주식의 미수* 신용* 몰빵은 패망의 지름길이다.

그럼 부동산은?

전세라는 타인 자본, 대출이라는 금융의 무기를 활용하면 굴리는 자산의 크기 자체가 어마어마하게 커질 수 있는 것이다.

---

* 현타 : '현실 자각 타임'을 줄여 이르는 말로, 헛된 꿈이나 망상에 빠져 있다가 자기가 처한 실제 상황을 깨닫게 되는 시간을 말한다.
* 미수未收 : 증권사의 자본을 이용해 외상으로 주식을 사는 것. 3일간의 단기투자를 목적으로 하는 경우가 많다.
* 신용 : 증권사가 고객으로부터 일정한 보증금을 받은 다음, 주식을 사려는 자금이나 팔려는 주식을 빌려주는 것

아, 부동산이구나! 2차 현타가 왔다.

이게 똥인지 된장인지 찍어먹어 봐야만 아는, 아니 여태 찍어먹어 보고도 무지했던 나는 진심으로 달라지고 싶었다.

그러기 위해 이제 무지성 투자를 깨야만 했고, '장님'으로 살면 안 된다는 생각이 강하게 들었다. 뭔가 제대로 공부하고 싶고, 제대로 된 투자를 하고 싶다는 갈증이 밀려왔다. 일단 책을 읽고 부동산에 관한 정보를 찾아보기로 했다.

유튜브 알고리즘이 이끌어준 나만 알고 싶은 채널

책도 읽고, 나름 강의도 들어보았다.

이번엔 TV에 나오는 신축빌라 파는 강사들은 아니다.

부동산에 대한 기본적인 이해와 지식이 부족하니, 차근차근 기초부터 공부해보기로 했다. 어렴풋이 알 것도 같고 아직은 알쏭달쏭하다. 뭐를 놓치고 있는 건지 잘 모르겠다. 주식이랑은 다른데, 뭔가 이론적인 퍼즐이 맞춰지지 않는 기분이다.

지식에 대한 갈증에 유튜브를 이것저것 찾아보던 중, 알고리즘이 이끌어준 채널의 이름은 바로 자유지성!

내가 궁금해했던 레버리지와 부동산에 대한 내용들에 빠져들어 영상을 열심히 보고 또 보았다. 경제라는 살아있는 생명체가 어떻게 유기적으로 연관돼 있는지, 거시경제란 무엇인지, 어떻게 하면 부를 이룰 수 있는지에 대해 궁금해했던 모든 내용들이 다 담겨 있었다.

우선 투자에 대한 확신이 없으니, 확신이 생길 때까지 공부 또 공부하기로 한다.

몇 달이 지났다.

그리고 확신이 생기자, 드디어 투자를 결행하게 되었다.

취득세의 허들을 넘어, 천만 원으로 조정지역 아파트 매수

글자 그대로다. 대출을 받고 전세금이라는 타인 자본을 활용해 전세를 끼고 내 돈 단 천만 원으로 아파트를 매수했다. 취득세 중과는 신용카드 무이자할부 신공을 사용하였다. 조정지역이고 자금조달계획서라는 것도 써야만 했지만 확신이 있기에 투자를 진행했다. 월 대출이자는 30만 원을 내고 있다. 현재 전세금은 이미 내가 산 매매가에 도달했다.

글로는 쉬워 보인다. 하지만 이 집을 매수하기까지 몇만 보를 걸어다녔는지 모른다. 대신 결단은 그날 바로 했다. 왜냐면 그만큼 확신이 있었으니까!

입지, 수요와 공급은 기본적으로 체크를 했고, 그 외 환경을 점검했다. 이 동네에서 내가 아이를 키우고 산다면 괜찮은 곳인가? 여기서 직장까지 출퇴근은 어떨지 등을 철저하게 거주자(실수요자) 입장에서 판단해 보았다. 주변 환경, 인프라*, 학군 등. 여기서 오케이면 전세 수요는 확실히 받쳐줄 것이었다.

---

* 인프라infrastructure : 생산이나 생활의 기반을 형성하는 도로, 항만, 철도, 발전소, 통신 시설 등의 산업 기반과 학교, 병원, 상하수 처리 등의 생활 기반 시설

그렇게 나는 2주택자가 되었고, 곧바로 3번째 주택을 알아보기 시작했다. 오래 고민하고 공부했기에 빛의 속도로 실천했다.

늦게 배운 도둑질이 무섭다 – 잔금과 협상의 기술

3번째 주택은 내 돈 2500만 원을 투자해 장만했고 ①잔금을 최대한 길게 끌고 ②전세를 바로 놓을 수 있는 공실을 매수하며 ③중간에 중도금을 미리 약간 지불해 잔금 전에 수리를 할 수 있게 협의했다.

그 결과 최고가에 전세를 놓을 수 있었으며, 잔금 날 바로 전세금을 받아 잔금을 치렀다. 현재 해당 주택의 전세가는 내가 산 매매가보다도 몇천만 원이 더 높다.

재개발 투자, 나는 아직도 목이 마르다

3번째 주택까지 장만하고 잠시 숨 고르기에 들어가기로 한다.

취득세 중과를 맞으며 2주택을 취득했으나, 이익이 훨씬 컸다. 한편 나는 대출의 야수가 되어 레버리지 극대화로 내 자본을 최소화하는 투자를 통해 투자만족도 역시 매우 높았다.

숨 가쁘게 3주택까지 왔으니, 이제 뭘 더 할지를 고민해보았다.

중장기투자로 가면서 확실한 이익을, 그것도 이익을 크게 얻을 수 있는 건 뭐가 있을까?

그래서 재개발 공부를 시작하게 되었다.

책을 여러 번 읽었으나, 역시 어렵다.

어차피 마음먹었으니, 재개발을 무조건 사보기로 했다. 실전보다 나은 선생님은 없다.

그동안 규제는 더 심해졌고, 대출도 어려워졌으며 토지거래허가구역*도 생겼다. 책을 보고, 영상도 보고, 인터넷을 뒤져 봤지만 잘 모르겠다. 우선 현장을 가보기로 한다.

곧 무너질 것 같은 건물들이 있고, 이미 사람이 안 산 지 오래된, 세입자를 구할 수도 없는 집들도 있었다. 이것이 재개발 구역이구나.

전국을 돌아다녀 본다. 전국구가 된 것이다.

내가 가진 자본 안에서, 가능하면서도 확실한 이익을 주는 곳이면서, 내가 지금 싸게 사는 게 맞는! 그런 곳을 찾아 수없이 찾고, 또 찾아다니며 마침내 시기적절하게 투자를 할 수 있었다.

서울? 좋다. 좋은 건 아는데 초기 투자금이 많이 든다. 내가 돈이 충분하다면야 가능하겠지만, 그동안 무지성 투자로 인해 시간과 돈을 날린 내게 여유는 없다. 그럼 포기할 것인가? 절대 아니다. 내가 가진 돈으로 가능한 범위에서 최선의 선택을 하면 되는 것이다.

그리고 무조건 싸게 사야 맘 편하게 들고 갈 수 있다.

싸게 사기 위해서는 남들보다 몇 배 노력해야 한다.

---

* 토지거래허가구역 : 토지의 투기적인 거래가 성행하거나 그럴 우려가 있는 지역, 지가地價가 급격히 상승하는 지역과 그러한 우려가 있는 지역으로서 대통령령이 정하는 지역에 대해서 5년 이내의 기간을 정하여 토지거래허가구역으로 지정할 수 있다. 1979년 구역 지정이 처음 이뤄졌고 해마다 갱신된다.

또 조정지역이다. 또 취득세 중과다.

관리처분인가 후에 사면 취득세가 낮아지는데, 그 사이 P가 오를 게 불 보듯 뻔하다.

취득세 중과? 그냥 맞기로 한다. 지금 내가 사는 P가격과 매매가 자체가 취득세 중과를 상쇄시켜준다. 이익이 더 크다고 판단했다. 그럼 밀고 나가는 것이다. 과감하게 매수했다.

몇 차례 무지성 투자의 반복 끝에 부동산 시장을 외면했던 나. 이젠 마음을 제대로 잡고 공부해서 부동산 시장에 다시 뛰어든 것이다. 예전엔 막연한 두려움이 있었다면 지금은 전혀 두렵지 않다.

자본주의와 시장에 대한 깊은 깨달음을 주신 자유지성님으로 인해 투자세계의 장님으로 살던 나는 눈을 뜰 수 있었고, 왕관의 무게를 견디는 인내를 배웠으며, 뼈까지 발라먹어 마침내 승리하라는 말씀을 늘 새기고 있다. 숨 가쁘게 투자를 하며 낸 취득세만 계산해보니 1억을 훌쩍 넘겨 나라를 위해 헌신한 애국자가 되었다.

지난날의 나는 걷는 법을 배우려고도 하지 않았고, 걷지도 않았다. 수차례 실패를 거듭했으나, 지금의 나는 이제 걷는 법을 배웠고, 걷고 있다. 아니 힘차게 달리고 있다. 중간에 멈추거나 포기하지 않으면 결국 나는 경제적 자유를 얻게 될 것이라 확신한다.

의미 없는 실패란 없다. 실패가 있었기에 투자자로 거듭날 수 있었다. 오늘도 나는 부지런히 자유와 번영을 향해 걸어갈 것이다.

집을 빨리 파는 방법과
중개 수수료를 통한 거래의 기술

집을 빨리 팔 수 있는 비법이 있을까요? '매수는 기술이고 매도는 예술'이라는 투자의 격언처럼 집을 원하는 시기, 원하는 가격에 파는 것은 결코 쉬운 일이 아닙니다. 상승기에는 수요자가 많으므로 매도가 용이하지만, 집을 너무 일찍 팔아 올라가는 집값을 보며 땅을 치고 후회하는 경우가 허다하죠. 따라서 상승기가 끝나고 조정기에 들어설 때 집을 팔며 갈아타기를 시도하는 경우가 많습니다. 하지만 조정기에는 매수의 수요가 말라붙어 급매로 내놓는 경우가 많죠.

집을 팔기 위해서는 기본적으로 매수인과 이사 날짜를 맞추고 인테리어와 청소상태를 신경 써 '사고 싶은 집'으로 만들어야 할 겁니다. 하지만 무엇보다 중요한 것은 '매도 가격'입니다. 대부분의 매도인들은 집을 급매로 싸게 팔고 싶어하지 않기에 "집이 안 팔린다."라고 말하는 것입니다. 내가 매수할 집은 급급매로 최저가에 사고 싶지만, 내가 매도할 집은 고가에 팔고자 하는 것이 모든 사람들의 공통적인 심리라는 거죠. 그렇다면 집을 빨리 팔기 위한 최선의 방법은 무엇일까요?

최선의 방법은 중개 수수료를 활용하는 것입니다. 부동산 소장님으로 하여금 여러분의 물건이 '팔아야 하는 1순위'가 되도록 만들어야 하는 것이죠. 매수인이 여러분의 물건을 사도록 설득하는 것은 부동산 소장님이기에, 소장님들이 고객에게 어떻게 말하고 소개하느냐에 따라 여러분의 물건이 가장 빨리 팔릴 수도, 가장 늦게 팔릴 수도 있습니다. 중개 수수료를 2배 드린다고 말하면서 매도를 의뢰해보세요. 여러분의 집이 소장님의 1순위 매물이 되고, 여러분의 집이 비로얄동, 비로얄층이라 하더라도 집의 장점이 부각되어 소개될 겁니다.

여러분의 집이 비로얄 물건이라면 소장님께 중개 수수료를 2배 드릴 것을 약정해보세요. 소장님께서 집의 상태를 개선할 것을 코치해주고, 선호되는 급매 물건으로 브리핑하며 매수인의 마음을 흔들어 놓을 겁니다. 집을 빨리 파는 왕도는 중개사와의 긴밀한 협업이죠.

중개 수수료 2배 지급의 약속과 함께 최대한 많은 부동산에 내놓으세요. 중개사님들은 여러분의 물건을 앞다퉈 적극적으로 소개하고, 빨리 팔기 위해 경쟁할 것입니다. 전세를 놓아 세입자를 맞출 때도 마찬가지입니다. 가격을 낮추는 것이 최선이지만, 중개 수수료를 높이고 다수의 부동산에 물건을 의뢰하면 더 많은 조언을 얻으며, 더 빨리 계약이 체결될 수 있을 겁니다. 중개 수수료가 아깝다고 생각하지 마세요. 중개 수수료는 가장 좋은 부동산 거래의 기술입니다.

비관론자는 어떤 기회가 찾아와도 어려움만을 보고,
낙관론자는 어떤 어려움이 닥쳐도 기회를 찾아낸다.

• 윈스턴 처칠 •

5

위험 감수의 지렛대

인생에서 찾아오는
세 번의 기회와 세 번의 위험

·

윈즈힐

1부 실패 편
세 번의 기회, 세 번의 위험

'누구나 인생에 세 번의 기회가 찾아온다'는 말이 있다.

나 역시 돌아보니 기회를 놓쳤던 아쉬움의 순간들이 있었다.

하지만 지금 이 말을 언급한 것은 세 번의 기회 따윈 애초부터 없다고 말하기 위해서다. '기회'란 또 다른 쌍둥이 '위험'과 늘 공존하기 때문이다. 세 번의 기회란 곧 세 번의 위험이다.

우리는 스스로 위험을 예측하여 감당할 수 있을 때 결단, 감당할 수 없을 때 포기한다. 선택의 결과가 최선이면 성공이라 말하지만 그렇지 못하면 실패로 낙인찍는다.

결국 인생 최고의 순간은 우연히 찾아오는 삼세 번이 결코 아니라는 말이다. 태어나면서 죽는 순간까지 우리는 기회와 위험 중 하나를 선택해야 한다. 대부분 성공한 롤 모델들은 이러한 선택의 갈림길에서 위험을 선택했고, 그 결과 다음 스텝에서도 위험을 견디는 노하우를 바탕으로 최상의 선택을 위해 도전하게 된다.

그런데 공평한 것은 그런 롤 모델 역시 매번 기회만 얻은 것은 아니라는 점이다. 오히려 평범한 나 같은 사람보다 수십 배 더 처절한 실패의 흔적들이 가득했을 것이다. 그러니 지금 내가 인생의 결정적 순간에서 잠시 실패를 맛보았다 하더라도, 그것으로 인해 절망할 필요는 없다. 시간은 되돌릴 수 없고, 나는 앞으로의 시간을 또 다른 선택과 위험 사이에서 결정해야만 하기 때문이다.

나는 가족사에서 실패한 3번의 경험을 통해 징비록을 남기는 심정으로 여러분에게 위안과 용기를 드리고 싶다.

첫 번째 아픔 – 목동 트라팰리스와 인천 계양구 아파트

이 일은 시댁의 일이라 조심스럽지만 배움을 위해 오픈한다.

남편은 학군지 목동 출신이다. 비록 그 시절 목동은 논밭이었지만, 지금 목동에서 가장 금싸라기 아파트 중 하나인 트라팰리스 웨스턴 아파트가 지어진 바로 그 자리의 연립주택에서 살았다. 그러나 시부모님은 그 연립을 헐값에 파시고 인천 계양구 효성동에 40평 아파트를 사셨다.

이런 비극이…

왜 파셨을까? 그 당시 오래된 다세대 연립은 한겨울 온수조차 나오지 않았고, 다섯 식구가 살기엔 너무 비좁고 추웠다고 한다. 자유지성 채널에서 부동산 복리를 설명하며 목동 아파트 이야기를 할 때마다 연립을 팔았다는 사실이 너무나 아쉬웠다. 무엇보다 더 가슴이 아픈 것은 연립을 팔고 산 인천 계양구 효성동 아파트는 10년 가까이 가격이 전혀 오르지 않았다.

시부모님은 목동을 지나치며 그 자리에 웅장하게 선 트라팰리스를 볼 때마다 눈물을 훔치셨다고 한다. 나라도 속이 상할 지경이었다.

두 번째 아픔 – 신혼집 전세와 제로인 통장 잔고

달랑 서로의 믿음 하나 보고 시작한 우리의 신혼은 지금 와서 말하면 참으로 무모했다. 당시 남편은 모아놓은 돈이 고작 1,000만 원 정도였고, 나 역시 부모님이 주신 돈과 모아놓은 돈을 신혼살림 장만하는 데 다 써버렸다. 요즘 2030 신혼들은 합리적으로 돈을 모아 작은 집부터 산다는데, 우린 그때 둘 다 참 어리숙했다.

남편은 마이너스 통장 3,000만 원에 자신이 모아 놓은 1,000만 원을 더해, 재건축을 앞둔 광명 성애병원 옆 철산 주공 13평 전세를 신혼집으로 얻었다. 40년 가까이 된 저층 아파트는 언제 재건축으로 인해 이주가 결정될지 모르는 상황이었다. 오래된 단지 내 나무들처럼 집이 말 그대로 썩을 대로 썩은 1층 집이었다.

샷시*는 삭아서 잘 열리지도 않았고 한겨울에는 매서운 바람이 숭숭 들어왔다. 하지만 여름이면 울창한 나무와 장미 덩굴에서 뿜어져 나오는 꽃 향기가 좋아 첫 아이를 낳고도 3년 정도를 더 살았다.

기간제 교사였던 남편의 수입은 고작 200만 원 안팎이었다. 나는 결혼하면 무조건 아이를 키우며 현모양처가 되리라 약속하고, 결혼 1년 뒤 첫아이를 낳을 무렵 다니던 직장에 과감하게 사표를 던졌다.

막상 아이가 태어나고 집에서 살림만 하려니 몸이 근질근질해서 동네 젊은 엄마들과 친분을 쌓아가던 무렵, 충격적인 경험을 했다. 단지 내 엄마들 세 명이 모여 점심을 먹었는데 대화 주제는 부동산이었다. 다들 잘나 보이는 거 없는 평범한 주부들인데 누구는 강북에 아파트 청약 당첨, 누구는 시부모님이 철산 주공 조합원 분양권 2개와 상가입주권을 이미 획득한 상태였다.

아이를 유모차에 태우고 집으로 돌아오는 길에 문득 올려다본 하늘이 노랬다. 나는 당시 통장 잔고가 제로였으니 말이다. 당시에 이미 웃돈이 붙어 있던 재건축 분양권을 살 엄두조차 낼 수 없었다.

그게 더욱 슬펐다.

세 번째 아픔 – 우울증과 워커홀릭, 그러나 다시 전세로…

아이가 두 살 될 무렵, 당시 기간제였던 남편에게 정규직 교사 임용 시

---

* 샷시, 샤시, 새시, 새시 : 새시sash가 표준어지만 이 책에서는 일반적으로 많이 쓰이는 표기인 '샷시'를 그대로 썼다. 철, 스테인리스강, 알루미늄 따위를 재료로 하여 만든 창의 틀.

험에서 최종 면접만 남겨둔 순간이 찾아왔다. 2개 학교 중 하나를 선택해야 했다. 남고인 인천이냐, 여고인 서울이냐. 우리는 인천행을 선택했다. 한편 흙수저이자 집안의 가장이던 남편은 수입이 없으신 시부모님까지 책임을 저야 할 상황이라, 결국 나는 시댁과 살림을 합치고 다시 일하기로 한다. 인천이 처음인 나는 아이를 맡기고 남편과 집을 보러 주말마다 임장을 다녔다.

20년 전이기에 당시 인천에서 연수구는 가장 핫한 동네였고 도시가 생각보다 깨끗했다. 하지만 당시 시부모님이 사시던 하안 주공 아파트를 정리하고 부모님의 빚을 갚고 나니, 수중에 돈이 우리의 전세 보증금과 합쳐도 2억이 채 안 되었다.

그래서 당시 이름도 모르고 위치도 몰랐던 송도 신도시에 처음 발을 딛게 된다. 갯벌을 메워 지은 송도는 당시 2공구 풍림 1단지 주변에 상가 몇 개와 아파트 단지 몇 개가 전부였고, 지금 사는 1공구는 아예 도로도 없는 허허벌판이었다.

전세가 아주 쌀 때라 풍림 1단지 43평 전세로 시부모님을 모시고 살게 된다. 비록 전세지만 새 아파트라 콘도에 온 기분으로 처음엔 좋았다. 집주인 아주머니는 분당과 서울에도 집이 여러 채라며 당시 우리에게 집을 4억 3천에 사라고 했다. 앞으로 많이 오를 거라는 이야기와 함께…

하지만 우리 부부는 대출이 두려웠다. 지금 생각하면 대출을 풀로 받아 집을 샀어야 했는데 두고두고 후회한다.

또한 당시 아파트에서 아이 또래 엄마들을 놀이터에서 자연스레 알게 되며 또 좌절을 맛본다.

엄마들은 놀이터에 모이면 하나같이 부동산 얘기뿐이었다. 젊은 능력자 엄마들은 대부분 시댁 찬스나 잘난 남편 덕에, 혹은 일찍 재테크에 눈떠 자가를 소유했고 하루아침에 집값이 올라 2년 만에 3억대 집이 8억이 되었다는 이야기를 했다. 나는 상대적 박탈감에 엄마들과의 교류를 멀리했다. 돈이 다가 아니라고 애써 위안을 삼으며 아이 교육에 매진했다. 하지만 이내 우울증을 겪게 되고, 이혼을 생각하기에 이른다. 남편은 심한 무기력과 우울증, 실어증이 걸린 나를 근처 문학산에 억지로 데리고 다녔다. 정상에 다다르면 눈 앞에 펼쳐진 수많은 아파트 단지들이 보였다.

'저 많은 아파트 속에 왜 내 집은 없을까?'

산을 다니다 보니 오기가 생겼다. 그래서 아이를 시부모님께 맡기고 다시 돈을 벌기 위해 서울의 중소기업에 취직한다. 그리고 부동산에 미친 도시 송도를 잠시 떠나기로 했다.

미친 듯이 일했다. 둘째를 낳고도 쉬지 않고 일했다. 새벽 4시 반에 일어나 차를 몰고 서울로 출근해 밤 8시가 넘어 퇴근하는 일상이 반복되었다. 큰아이가 초등학교에 들어갈 무렵, 승진의 기회를 얻은 나는 중대한 선택의 갈림길에 선다. 이렇게 살다가는 내가 원하는 커리어를 얻는 대신 아이를 망칠 것 같다는 생각이 들었다.

과감히 사표를 던지고 프리로 할 수 있는 일을 찾았다. 그 무렵 잠시 송도를 벗어나 연수구의 구축 아파트를 샀지만 대출 이자를 계산하면 안타깝게도 팔 때 손해를 보고 나왔다. 그 후 대출 이자에 지긋지긋해진 우리는 시댁과 분가하여 동춘동의 저층 아파트 5층에 전세를 살게 된다.

엘리베이터 없는 5층은 정말 최악이었다. 둘째를 늘 업고 계단을 올랐으며 때로는 20kg 쌀 포대를 들어 날랐다.

집주인은 대구 분으로 처음엔 무슨 막노동판에서 일하시는 분인 줄 알았다. 계약서를 쓰던 날 젊은 부부가 안쓰러워 보이셨던지 근처 횟집에서 점심을 사주셨는데, 이때 이 분이 부동산의 고수라는 사실을 알았다. 전국을 다니며 아파트, 빌라가 수십 채였고 집 내부를 직접 수리를 다 하시는 기술자였다. 나는 그때 알았다. 사람의 겉모습이 다가 아니라는 사실을…

세 번의 실패와 위험의 자각

세 번의 쓰디쓴 실패 경험에서 나와 남편은 기회와 위험 사이에서 늘 위험을 먼저 자각했다. 그리고 겁을 먹고 늘 한발 뒤로 물러섰다.

하지만 이제 나는 변했다. 내가 변한 계기와 이야기는 실전 편에서 하기로 한다. 참고로 나는 지금 20년 전에 비해 총자산이 10배 가까이 늘었다. 또 다주택자가 되었다.

나와 같은 경험 또는 비슷한 처지의 분들에게 나의 이야기가 반면교사反面敎師가 되기를 바라는 마음에 써내려 간 실패담을 마치기로 한다. 하지만 실패담이 끝이 아니다. 실패가 없었다면 변화도 없었을 것이다. 간절한 욕망은 우울증을 낳기도 했지만 욕망은 또한 부를 향한 원동력이 되었다. 위험을 감수할 수 있었던 것은 위험이 곧 기회라는 사실을 경험으로 자각했기 때문이다.

2부 실전 편
비법은 없어, 특별한 건 너야

"비법은 없어." 애니메이션 〈쿵푸팬더〉에 나오는 명대사다.

국숫집을 운영하는 양아버지 '핑'은 판다 '포'와 단란하게 살아가고 있었다. 그는 아들이 자신의 국숫집을 물려받기를 원하는데, 핑의 기대와는 다르게 포는 항상 무림의 고수가 되고픈 환상에 빠져 산다. 우여곡절 끝에 무림의 고수 5인과 고된 훈련을 마친 포는 마침내 최고의 무림 고수에게 내려지는 용의 문서를 손에 얻는다. 하지만 정작 그 안에는 아무것도 없는, 빈 두루마리였을 뿐이다.

포는 실망을 안고 고향으로 돌아온다. 포는 아버지 핑이 만든 추억의 국수를 먹으며 특별한 맛의 비법을 묻는다. 핑은 말한다.

'사실 비법이란 없단다. 자신이 특별하다고 믿는 그 자체가 국수를 특별하게 만드는 거지.'

핑은 포에게 스스로 미래를 개척해 나가라고 조언한다.

최고의 무림 고수에게 내려진 문서에는 아무것도 없었다. 국수 맛의 비법도 없었다. 나 역시 마찬가지다. 아무 커리어도 없고, 어떤 분야에도 특별하지 않다. 하지만 항상 꿈을 꾸며 나 자신의 특별함을 믿고 살아왔다.

나는 나 자신이 포라고 생각한다.

나라는 사람, 미치도록 몰두한다

맞다. 최근 남편과 아이들에게 이 말을 자주 듣는다.

'나'라는 사람의 특징 하나, 무언가에 미치면 아무도 못 말린다.

1부에서 나의 실패 이야기를 들었다면 2부는 후회 없는 전술과 전략, 실전 편의 이야기다.

나는 뭔가에 몰두하는 버릇이 있다. 좋게 말하면 고도의 집중력이지만, 나쁘게 말하면 지나치게 하나에 빠져 주변을 잘 못 본다. 그래서 내가 자주 듣는 말이 '또 뭐에 빠졌군, 미쳤어'라는 말이다. 내가 자유지성에 빠진 이유는 무지를 벗어나고 싶다는 간절한 바람 때문이다.

부로 향하는 여러 번의 소중한 기회를 날려버린 나는 어느새 나이가 마흔을 넘어서고 있었다. 나는 과거 부동산에 대해 떠들던 아줌마들을 교양 없고 돈밖에 모르는 속물처럼 여겼다.

하지만 제자리걸음이었던 내가 가난으로부터 탈출할 수 있었던 출구는 근로소득이 아니었다. 어느덧 낼모레면 나이 50인데, 조급하고 절박했다. 그래서 더 집중할 수밖에 없었다.

과거로 거슬러 시댁과의 6년살이를 정리하고 분가를 단행했다. 하지만 결국 또 전세를 살게 되었다고 1부에서 이야기했다. 그것도 전세대출을 받아서 말이다. 남편의 유리 지갑 월급봉투만으로는 빠듯하여 나는 방과 후 교사 활동과 작은 소규모 사업체를 하게 된다. 하지만 모든 일이 그렇듯 처음부터 대박이란 있을 수 없으니, 빠듯한 살림에 늘 허덕이며 가계부채는 점점 늘어만 갔다.

결전의 시간, 송도 미분양을 계약하다

'나'라는 사람의 특징 둘, 포기도 빠르다.

나는 대단한 능력자가 아니지만 어떤 일이든 직진 본능으로 시작한다. 하지만 아니다 싶으면 포기도 빠르다. 그래서 지지부진한 기존의 사업체를 정리하고 새로운 일을 시작했다. 하나둘씩 일거리가 늘기 시작했는데 주로 일하는 무대는 송도였다. 그래서 나는 남편에게 며칠을 밤새워 계획서를 작성해 송도로 이사를 하자고 제안했다.

이제 막 대출을 어느 정도 갚아나가며 한숨 돌리던 남편은 말도 안 되는 소리라고 했다. 생활이 안정기로 접어들고 있는데 새로운 위험을 감수하는 일을 반대한 것이다. 하지만 나는 무슨 일에 꽂히면 계획서를 작성해 설득한다. 남편도 나의 집요한 설득에 이끌려 마지못해 송도로 마음이 기울고 있었다. 처음엔 어림도 없다던 남편의 태도가 서서히 바뀌어 가기 시작했다.

당시 송도는 입주 물량이 많아 미분양이 속출했고 프리미엄이 그리 크지 않았던 시기다. 나는 일을 마치고 저녁이 되면 아이들을 차에 태우고 드라이브하듯 새로 입주하는 아파트 주변을 배회했다.

그 무렵 나의 취미이자 여가활동은 모델하우스 관람 및 분석, 부동산을 방문하는 일이었다. 거의 모든 단지를 임장했고, 특히 빈 집을 먼저 보고 내부 구조와 자재, 단지별 특징과 시세 등을 파악하며 가격과 동향 등을 줄줄이 외우는 경지에까지 이르게 되었다. 송도의 부동산에는 대부분 분양 단지의 브로슈어*가 있었는데, 단지 배치도와 지도를 보고 분석하는 게 너무 재미있었다.

    송도는 매립지이고 평지이며 경제자유구역이라, 각 공구별 구획과 개발 방향 및 성격이 다 달랐다. 그래서 지도를 보며 한눈에 도시의 특징을 파악하고자 했다. 단지별 배치도와 평면도, 세대수, 입주 시기 등을 비교해 공부하다 보니 마치 시험 족보를 만들어 외우는 것 같았다. 항상 가방이나 집안 곳곳에 단지별 브로슈어가 여기저기 널려있었다. 지도를 보고 송도 전체를 임장 다니며 서서히 단지별 특징들을 익히게 될 무렵, 가고 싶은 상급지의 순위를 정하고 가진 예산을 굴려보며 드디어 결전의 시간을 맞이하게 된다.

    처음 등기를 친 곳은 미분양이 속출하던 5공구의 아파트 전용 $84\,m^2$ 이었다. 입주가 시작되는 시기였기에 매수자와 매도자의 눈치 작전이 시작되었다. 입주장 물량으로 가격이 서서히 내릴 무렵, 고집불통 남편의 뜻에 따라 호반(프리미엄 3천) 매물을 계약한다. 나는 지금은 송도 대장이 된 퍼스트파크(프리미엄 7천)을 주장했으나 남편이 송도로 오기로 설득되었으니 나란 여자, 포기도 빠르다.

    나는 그날의 감격을 잊을 수 없다. 사실 감격이기보다는 두렵고 떨렸다. 남편에게 앞으로 나는 생활비를 책임질 테니 당신은 대출 이자를 책임지라 말하며 큰소리쳤다. 사실은 퍼스트파크를 사고 싶었다. 지금도 종종 남편에게 말한다.

---

* 브로슈어brochure : 설명, 광고, 선전 따위를 위하여 만든 얇은 책자

"그때 내 말 듣고 퍼팍*을 잡았어야지."

이후로 남편은 집을 사고 팔 땐 전적으로 내 말을 듣는다. 때로는 작은 것을 잃고 큰 것을 얻을 때도 있다.

송도 새 아파트에 등기를 치고 이사해 처음 밤을 맞았을 때의 그 기쁨은 이루 말할 수 없다. 종일 부동산과 은행을 오가며 법무사 만나랴 서류 작성하랴 고생한 남편이 안쓰럽고 고마웠다.

독수리의 날갯짓, 나만의 특별한 비법

시간이 흐를수록 송도의 분위기는 상승곡선이었다.

삼성바이오와 셀트리온, GTX* 호재까지.

시간이 흐를수록 처음 내가 가고 싶었던 퍼팍이 더 간절해졌다.

나의 유일한 취미인 부동산 임장과 모델하우스 방문은 계속되었고, 어느 날 나는 지인에게 아메리칸타운 분양권을 사라는 권유를 받았다. 갈아타기를 고심하며 한동안 아메리칸타운 곳곳을 펜트하우스까지 돌아보며 기회를 엿봤다.

하지만 아무리 머리를 써도 돈이 부족했다. 살던 집을 부동산 여러 곳에 매물로 내놨지만 막상 거래가 없었다. 결국 기회는 날아갔지만 아쉬움에 1공구 아파트를 돌며 두 번째 기회를 잡게 되었다.

＊ 퍼팍 : 송도신도시의 퍼스트파크 아파트를 줄인 말
＊ GTX : GTX(는 수도권 광역급행철도Great Train eXpress의 약자로, 수도권 외곽에서 서울 도심 거점인 서울역·청량리역·삼성역을 30분대에 연결하는 것으로 목표로 하고 있다.

송도 하면 누구나 떠오르는 그곳, 바로 센트럴파크 뷰가 한눈에 보이는 유리온실 같은 초고층 주상복합* 센트럴파크2를 본 나는 한눈에 반했다. 40평대가 가격도 5억 8천이라니 믿기지 않았다. 문제는 살던 집이 도통 팔릴 생각을 하지 않았다는 거다. 이유를 생각해보니 내가 매도로 내놓은 가격과 시장의 급매 사이의 갭이 컸다. 그때 과감히 팔고 센트럴파크2를 샀어야 했다.

뒤늦게 자유지성을 공부하며 알게 된 사실이지만 조정기에는 거래가 없다. 그래서 상급지로 이동할 때는 급매로 팔고, 급매로 사야 한다. 내 아파트는 비싸게 팔고, 상급지 아파트는 싸게 사려고 하니 내 집을 못 팔아 상급지 이동에 실패를 하는 것이다. 하지만 비율로 따지면 급매로 팔고, 급매로 사도 이익이다. 그래서 조정기가 상급지 이동의 적기라는 것이다. 과감하게 매도할 때도 있어야 한다.

나는 포기하지 않고 부동산을 여러 번 찾아가며 내 사정과 간절히 사고 싶다는 의지를 피력했다. 사장님은 연민을 느끼셨는지 나에게 옆 단지를 추천하셨고, 마침 빈집이었던 그곳에 도착했을 때 이 집이 내 집이라고 마음속으로 깃발을 꽂았다.

며칠 잠을 못 이루던 나는 결국 남편에게 무모한 도전을 말한다. 또 핀잔을 듣는다. 그래도 포기하지 않고 억지로 남편을 끌고 임장을 간다. 결국 부동산 사장님의 친절한 권유와 앞으로의 기대 전망을 들은 남편이

---

* 주상복합 : 주거를 위한 공간과 상업 활동을 위한 공간이 복합된 집합건물

조금씩 설득된다.

집주인을 만나던 날, 나는 비장한 각오로 단칼에 내가 원하는 가격에 쇼부*를 보기 위해 모든 에네르기*를 모아 고도의 연기와 전략으로 집주인을 설득했다. 나중에 안 사실이지만 그 당시 집주인은 다주택 매물을 세금 때문에 팔지 말지 고민 중이었고, 나는 그런 집주인의 심리를 파악하여 절세의 방법을 제안해 더 가격을 낮출 수 있었다. 결국 부동산 급등 전에 유일하게 6억 밑의 가격으로 센트럴파크 앞의 아파트 40평대를 구매하는 기회를 잡았다. 남들은 이것을 행운이라고 말할지 모른다.

하지만 나는 피와 땀, 눈물의 소산이라 말하고 싶다. 이 프로세스는 쿵푸팬더의 '핑'이 말한 나만의 특별한 비법이다.

1. 간절히 바라고,

2. 방법을 찾고, 플랜을 짠다.

3. 주변의 기운을 최대한 내 편으로 설득한다. (부동산 소장님, 남편, 매도인)

4. 자금 확보에 총력을 기울인다.

5. 마지막 등기를 얻기까지 긴장을 늦추지 않고, 기도하고 또 기도한다.

6. 이사하고 새집에서 두 다리 뻗고 누워 감사를 잊지 않는다.

7. 부동산 소장님께 소소한 선물을 드린다. 소장님은 나를 살뜰하게 챙기며 급매가 있을 때 연락을 주신다.

이후로도 한 번의 아파텔* 당첨과 분양가를 뛰어넘은 전세금을 활용해 원룸 오피스텔 2개를 더 매수해 다주택자가 되었다. 현재 얼마의 이익을 얻었는지는 굳이 말하지 않겠다. 다만 내가 매수한 모든 물건이 모두 두 배 이상의 가격이 되었다. 총자산은 무려 10배 이상이 늘어났다.

처음이 어렵지 반복하다 보니 대출과 레버리지의 리스크를 최대한 활용하는 나름의 노하우도 생기게 되었다.

생각의 차이가 부를 만든다. 포기하지 말고 도전하라

나도 마이너스로 시작했다. 그리고 실패했다. 극심한 우울증을 앓았다. 하지만 산에서 수많은 아파트를 바라보며 '저 아파트 중 왜 내 아파트는 없지?'라는 부정적 생각을 '저 아파트를 내 것으로 만들자'라는 긍정적 오기로 바꾸었다. 결국 '포기'라는 비관적 생각과 '도전'이라는 낙관적 생각은 전혀 다른 결과를 가져오는 것이다. 내 이야기가 과거 나와 같은 깊은 절망과 고민에 빠진 2030세대에게 조금이나마 위안과 동기부여가 되기를 바란다.

'안될 거야', '어림없어' 보다는 '해보긴 했어?', '정말 후회 없어?' 이 마인드로 지금껏 살아왔던 것 같다.

또 내가 해보았기에 주변에 말할 수 있다.

---

* 쇼부shobu : 이기고 짐을 겨룬다는 뜻으로 어떤 일에 대해 확실히 결정지음을 이르는 말
* 에네르기Eenergie : 에너지energy의 독일어 발음
* 아파텔 : '아파트'와 '오피스텔'을 합친 말로, 주거용 오피스텔을 가리킨다. 오피스텔로 건축허가를 받아 짓지만 아파트와 비슷한 평면 구조로 주거 편의성이 높다.

'결코 포기하지 마라. 긍정과 낙관의 자세를 가져라'

끝으로 이 말을 전하고 싶다. 집을 살 때마다 나는 이자보다 집값이 더 오를 곳을 사자고 마음먹는다. 내가 가장 잘 아는 곳을 먼저 타겟으로 하자. 선택과 집중을 위해. 나는 송도를 택했다.

영화 〈최종병기 활〉의 마지막 대사를 전하며 수기를 마친다.

'바람은 계산하는 것이 아니라 극복하는 것이다'

비유하자면, 대출은 계산하는 것이 아니라 극복하는 것이다.

살아 보니 그렇더라.

선택과 집중이다! 위기는 곧 기회다!

중도금이 먼저냐 계약파기가 먼저냐 매도인과 매수인을 위한 거래의 기술

부동산의 상승기와 하락기에는 매매계약을 파기하는 경우가 적지 않게 발생합니다. 통상 매매계약부터 잔금 지급까지는 수개월이 소요되므로, 그 사이에 부동산의 가격이 변동하면 계약을 파기하는 것이 오히려 이익이 될 수 있기 때문입니다.

예를 들어보겠습니다. 5억에 아파트 매수계약을 체결한 갑돌이는 계약금을 3천만 원으로 정해 지급하고, 중도금을 두 달 후로 정하였습니다. 그런데 한 달만에 아파트가 6억으로 오른 겁니다. 이 경우 갑돌이와 매도인의 이해관계는 어떻게 다를까요?

매도인은 계약을 파기하는 것이 이익입니다. 계약을 파기하면 민법 제565조에 따라 계약금의 배액을 상환해야 하므로 갑돌이에게 6천만 원을 지급하면 됩니다. 하지만 집값이 1억 원 올랐으니 4천만 원이 오히려 이익인 것이죠. 따라서 매도인은 계약을 파기하려 할 겁니다.

반면 갑돌이는 계약을 파기하지 못하도록 하고 싶을 것입니다. 하지만 계약을 해제하지 못하도록 하려면 민법 제565조에 따라 계약의 이행에 착수하여야 합니다. 계약의 이행에 착수한다는 것은 무엇일까요?

바로 '중도금'의 지급입니다. 따라서 매도인이 계약을 파기하지 못하도록 하려면 갑돌이가 중도금을 지급하면 됩니다. 중도금을 지급하면 이행의 착수로 간주되는 거죠. 그런데 문제는 중도금의 지급 날짜가 한 달 더 남았다는 것입니다. 갑돌이는 계약이 파기될까 조마조마합니다. 갑돌이는 중도금을 먼저 지급해도 되는 걸까요?

결론적으로 중도금의 지급 시기가 계약에 정해져 있다고 하더라도 '지급 시기 전에 지급할 수 없다'는 특약이 없는 한, 계약에 정해진 날짜 이전에 중도금을 지급할 수도 있습니다(2002다46492 판결). 따라서 갑돌이는 계약서에 명시된 계좌로 중도금을 지급하면 이행에 착수한 것이 되므로, 매도인은 계약금의 배액을 배상하는 것으로도 계약을 해제할 수 없습니다. 갑돌이는 계약이 파기될까 봐 불안해하지 말고 재빠르게 중도금을 입금해야 하는 것이죠. 단, 매도인이 중도금을 받지 않기 위해 계좌를 닫아버리는 경우도 있다는 점도 주의하세요.

그렇다면 매도인은 계약 파기를 위해 어떻게 해야할까요? 매도인은 '중도금이 들어오기 전에' (1) 계약을 해제한다는 의사표시를 매수인에게 하고, (2) 계약금의 배액을 수령할 것을 알리며 받지 않을 경우 공탁하겠다고 통지하여야 합니다. 매도인의 계약 해제 통지 후 매수인이 중도금을 입금하였다고 하더라도 이는 매도인의 계약 해제에 영향을 미치지 않습니다(92다31323 판결).

결국 매매계약의 이행과 파기를 둘러싼 법률관계는 (1) 중도금이 먼저냐(이행), (2) 계약 해제 의사표시가 먼저냐(파기)의 문제라고 할 수 있습니다. 따라서 계약을 유지하려는 매수인은 계약이 파기되지 않도록 계약금을 많이 걸어놓는 것이 좋으며, 중도금을 신속히 입금하는 것이 좋습니다.

하지만 하락기에는 어떻게 될까요? 하락기에는 계약을 유지하는 것이 이익인 당사자는 매도인이며, 매수인은 계약을 파기하는 것이 오히려 이익이 될 수 있습니다. 상승기냐 하락기냐에 따라 부동산을 둘러싼 매수인과 매도인의 이해관계는 반대가 되는 것입니다.

부동산 계약에 있어 중도금을 입금하기 전에는 계약을 파기할 수 있으나, 중도금을 입금한 후에는 계약을 뒤집을 수 없다는 것을 기억하세요.

부동산 거래에서는 중도금의 이행과 계약 파기의 의사표시 중 우선적으로 이행되는 것이 효력을 발생한다는 것을 염두에 두시고, 자신에게 유리한 법률관계를 형성해 더 큰 수익과 부를 이루시기를 바라겠습니다.

민법 제565조 (해약금)

① 매매의 당사자 일방이 계약 당시에 금전 기타 물건을 계약

금, 보증금 등의 명목으로 상대방에게 교부한 때에는 당사자 간에 다른 약정이 없는 한, 당사자의 일방이 이행에 착수할 때까지 교부자는 이를 포기하고 수령자는 그 배액을 상환하여 매매계약을 해제할 수 있다.

내 집 마련으로 시작하는 신혼부부 투자의 정석 · 리치앨리스

마이너스의 손에서 마이더스의 손으로 · 리치맘

투자 원칙을 세우고 시간의 힘을 믿어라 · 오비탈

무일푼의 두 남녀, 2030년의 자산가를 꿈꾸다 · 자유부인

제3법칙

시간과
인플레이션

인플레이션은 언제, 어디서나 화폐적 현상이다.

• 밀턴 프리드먼 •

내 집 마련으로 시작하는
신혼부부 투자의 정석

·

리치앨리스

어린 시절부터 꿈꿨던 자유, 월급 외의 소득이 필요해

어려서부터 어떻게 하면 돈을 많이 벌 수 있을까를 고민했다. 그래서 전공을 살려 가장 연봉이 높은 분야로 취업했고, 이직할 때도 연봉을 1순위로 고려했었다.

주변에서 투자 관련 조언을 해줄 수 있는 어른은 없었다. 대학 시절부터 재테크 책은 읽었지만, 저축하라는 내용과 연금펀드 또는 ETF 등을 추천하는 책들이었다. 그나마 다행인 점은 그래도 열심히 돈을 모았다는 것이다. 명품 같은 것에는 관심도 기울이지 않고 한 푼조차 아껴 쓰며, 소득의 70% 정도를 계속 저축했다.

평균보다 많은 월급을 받았지만 매일 계속되는 야근과 장거리 출퇴근에 피로감이 누적되면서 번아웃*이 왔다. 퇴직을 하겠다고 말하니 휴직권고를 받았다. 하지만 즐기는 것도 하루 이틀, 몇 달간 무급으로 백수생활을 즐기다 보니 돈이 필요했다. 결국 6개월 휴직권고 중 3개월만 쉬고 다시 회사로 복직을 한다. 이때 경제적 자유가 필요하다는 것을 뼈저리게 느꼈다.

월급 외의 소득이 필요하다!

그렇지 않으면 회사에 종속된 생활을 벗어날 수 없겠구나!

교훈 1

아무것도 모를 땐 우선은 모아야 한다. 소비를 절제하는 습관이
시드머니를 만들어 주고, 종잣돈이 있어야 투자의 기회가 왔을
때 잡을 수 있다.

나의 20대, 놓쳐버린 부동산 투자의 기회

건물주가 장래희망 1위라고 했던가, 나도 예전부터 건물주를 동경했다. 월세를 받아 현금흐름을 창출해 회사를 때려치우고 자유를 찾는 꿈

---

* 번아웃burnout : 한 가지 일에 지나치게 몰두하던 사람이 극도의 신체적, 정신적 피로를 느끼고 이로 인한 무기력증, 의욕 상실 등에 빠지는 현상

말이다. 유명한 재테크 카페, 부동산 스터디 모임 등 한동안 여러 곳에 열정적으로 참여했고 글을 읽느라 밤을 새우곤 했다. 20대의 사회 초년생에게는 아득히 먼 일 같아 보였지만 스터디 모임에서 공부를 하다 보니 투자의 길이 어렴풋이 보였다.

내가 모은 자금으로 투자할 수 있는 아파트!

인천 연수구 원인재역 앞에 위치한 아파트는 수인선과 인천 1호선이 지나는 더블 역세권에 지역에서 가장 인기가 많은 아파트였다. 수요가 많으니 전세가가 높아 투자금이 많이 필요하지도 않았다. 급매로 나온 1층 물건이 사고 싶어 부모님과 상의를 했다.

결과는 불허.

20대는 대개 부모님으로부터 정신적인 독립을 하지 못한다. 나 역시 마찬가지여서 혼자 결정해 투자를 한다는 것에 겁이 덜컥 났다. 아무리 생각해도 맞는 것 같아 보고 또 봤지만 용기를 내지 못했다. 그리고 몇 달이 지나 그 아파트를 다시 봤을 때, 이미 6천만 원이 올라 있었다. 철없던 나는 부모님 탓을 했다.

"엄마 아빠 때문에 내가 돈을 벌 수 있는 기회를 놓쳤잖아!"

부모님께 상처를 드렸다. 복직 후 야근이 많아지며 투자는 뒷전으로 물러났다. 나의 20대는 다가온 한 번의 기회를 놓치며 지나갔다.

교훈 2

남들과 거꾸로 가라는 말이 있다. 20대에 하루라도 빨리 정신적 독립을 이루고 스스로 결정하라. 20대에 모은 돈으로도 투자할 수 있는 기회가 온다. 투자의 확신이 있다면 실행하는 것도 나의 몫, 책임도 나의 몫이다.

전세로 신혼을 시작하며 놓친 또 한 번의 기회

30대가 되며 결혼을 했다. 회사가 남편과 서로 다른 지역에 있어 주말 부부를 해야 했다. 남편은 기숙사에서, 나는 친정집 근처의 소형 아파트를 전세로 얻어 신혼생활을 시작했다. 당시에는 남편이 이직할 생각이었기 때문에 집을 살 생각을 하지 않았다. 집은 반드시 거주하는 곳으로 생각했던 때였다. 몇 년간 투자에는 관심을 갖고 있지 않았던 터라 집은 꼭 우리가 사는 곳에 마련해야 한다고 생각했다.

결혼은 내 집 마련을 위한 가장 좋은 기회가 된다. 무조건 집을 사며 시작해야 한다. 당장 거주하지 않더라도, 일단 전세를 끼고 집을 사놓았다가 나중에 입주해도 된다. 하지만 나는 거주와 투자를 분리하는 마인드를 가지지 못했기에 결혼이라는 계기로 더 일찍 시작할 수 있던 투자의 기회를 다시 놓쳐 버린다.

신혼집은 구축 아파트를 올수리 해준다는 말에 내부도 안 보고 최고가에 전세계약을 했다. 집주인은 샷시를 빼고 내부를 올수리했다. 가장 많은 비용이 드는 샷시를 빼고 말이다. 올수리라는 개념이 사람마다 다르게 해석될 수 있다는 것을 그때는 몰랐다. 그래서 계약을 할 때는 어느 부분을 어떻게 수리하고 들어가는 건지 정확하게 명시할 필요가 있다.

샷시를 고치지 않고 외벽 단열공사를 하지 않은 복도식 아파트는 겨울이 되니 찬바람이 엄청나게 들어왔다. 너무 추워 이불 속에서 나갈 수가 없었다. 거실은 보일러가 들어오지 않아 맨발로 발을 디딜 수도 없었다. 나중에 안 사실인데, 보일러 배관 청소를 10년 넘게 하지 않아 배관에 찌꺼기가 가득 껴서, 제거가 불가능한 상태라고 했다. 차가운 바닥 때문에 방바닥에는 항상 카페트를 깔아야 했다.

낮에는 회사에서 일을 하고, 야근 후 밤늦게 퇴근하다 보니 말 그대로 잠만 자는 곳이었다. 그래서 2년을 버틸 수 있었던 것 같다.

교훈 3

전세로 신혼을 시작하지 마라. 결혼은 내 집 마련의 가장 큰 동기이자 기회가 된다. 여건상 세를 산다면 수리의 대상과 범위, 구체적인 내용을 정확히 계약서에 특약으로 명시하라. 해석의 차이가 발생하는 추상적인 조항은 특약의 효력이 발생하지 않는다.

수익형 호텔*에 씐 묻지마 매수 귀신을 물리치다

전세 만기를 6개월 앞두고 임신을 하게 되었다. 임신으로 회사를 그만두게 되면서, 집안의 소득이 반으로 줄었다. 다시 한번 현실의 벽을 마주하게 됐다.

'소득이 필요해. 월급 외 소득!'

그러다 우연히 분양을 하고 있는 모델하우스를 발견했다. 매달 월세를 주는데 그걸 보장해준다는 것이었다. 바로 수익형 호텔이었다. 당시에 묻지마 매수 귀신이 달라붙었는지 말리는 남편의 말도 듣지 않았다. 심지어 엄마 이름으로 하나 더 사야겠다며 2개를 계약하기로 했다. 분양사무소에서는 내 마음을 초조하게 했다.

"지금 로얄 호수가 몇 개 안 남았는데, 계약하실 거면 잡아놓을게요. 지금 다른 호수가 계속 나가고 있어요. 빨리 결정하세요."

지금 당장 계약을 하지 않으면 잡지 못할 거 같았다.

"계약금 1천만 원만 이체하시면 됩니다."

산책 삼아 밖에 나와 분양사무소에 갔던 것이, 뭐에 홀렸는지 2개의 계약서를 썼던 것이다. 이체를 하려고 보니 보안카드를 가지고 오지 않았다. 그런데 이건 뭐지? 여자 팀장이 남자 부장에게 나를 따라가서 이체를 확인하고 오라며 시키는 거다. 이상했다. 남편은 우선 장모님께 수

---

* 수익형 호텔 : 시행사가 투자자들에게 호텔 객실을 아파트처럼 한 호수씩 분리 분양하고 완공 후 위탁 운영회사가 호텔을 운영하여 발생한 수익을 수분양자와 운영회사가 나눠 갖는 시스템으로 관리한다. 하지만 약속한 수익이 지켜지지 않는 사례가 있어 계약에 주의가 요구된다.

익형 호텔을 살 의향이 있는지 물어보라고 했다. 내가 말을 듣지 않자 엄마와 통화를 하도록 한 것이다. 묻지마 매수 귀신이 씌었을 때는 가족의 존재가 소중하다.

엄마와 통화를 하니 엄마 친구분이 분양대행사를 다녀서 알아보겠다고 한다. 그리고 다시 울리는 엄마의 전화,

"당장 그만두래! 그거 절대 하는 거 아니래!"

일단 끈질기게 쫓아오는 남자 부장님을 돌려보내고 집으로 돌아왔다. 검색을 해보니 수익형 호텔 분양은 대부분 사기로 이어졌다. (당시에 분양받은 분들은 지금 모두 손해를 보고 있다) 조급함은 판단력을 흐리게 한다. 조급한 마음이 들 때마다 숨 고르기를 하고 다시 한번 생각해보자.

부동산 투자는 매수 심리를 움직여 성사된다. 부동산에 우연히 들렀다가 급매, 급급매가 나왔다는 소장님의 말에 마음이 조급해지는 자신을 발견할 것이다. 계약금을 바로 넣지 않으면 다른 사람이 매수한다는 말은 조급함을 부채질하는 설득의 기술이다.

교훈 4

묻지마 매수 귀신을 퇴치할 때는 남편이나 주변 사람들의 조언을 반드시 듣고 한 템포 쉬어가라. 부동산이나 분양사무소는 언제나 조급함을 이용하며, 조급한 결정은 반드시 후회로 이어진다. 수익률이 높다는 상품은 의심부터 하라. 쉽게 얻을 수 있는 돈은 어디에도 없다.

임장을 다니며 입지의 중요성을 깨닫다

수익형 호텔 사건이 있었지만 부동산으로 부를 이뤄야겠다는 생각은 변함이 없었다.

당시 동탄신도시 입주장의 공급물량으로 전세가 저렴했기 때문에 일단 전세를 살아보며 거주 환경을 체험하는 것이 어떨까 생각하고 임장을 나갔다. 임장을 가보니, 이미 입주가 완료되고 편의시설들이 입주한 곳은 전셋값이 저렴하지 않았다. 입주장이 곧 시작되는 물건들만 저렴했던 것이다. 무엇보다 교통이 힘들었다. 임신한 상태여서 아이를 데리고 병원에 간다든지, 아니면 외출을 할 때 택시를 잡기도 힘들 것 같았다. 그래도 외벌이로 살아가기 위해서는 고생을 감내해야 하는 것이 아닌가 생각했다.

교훈 5

입주장 초기에는 전세가 저렴하다. 공급물량이 한 번에 몰리기 때문이다. 하지만 시간이 지나 입주가 완료되면 전셋값은 올라간다. 거주와 투자를 분리해, 거주는 입주아파트의 저렴한 곳에 세를 살고 투자는 핵심지에 전세를 끼고 해놓는 발상의 전환도 필요하다. 물론 임신 중이던 나는 좋은 입지의 실거주를 택했다.

부동산 스터디 모임을 했던 곳에서 강의가 열렸다. 이 강의를 들으며 평생의 은인을 만났는데, 그 분께서 지금의 집을 사는 데 크게 도움을 주셨다. 우선 임신한 몸으로 곧 아이가 태어날 테니 안정적인 실거주의 중요성을 설명해주셨다. 그리고 투자를 무리하게 병행하기보다 임장을 다니며 부동산을 보는 안목을 넓히라는 조언을 주셨다. 기회가 왔을 때 잡으려면 준비가 되어 있어야 하기 때문이다.

우선 우리가 가진 자금으로 남편의 출퇴근이 가능한 곳인 수지부터 임장했다. 용인 수지는 상승이 한 차례 지나간 후, 2019년의 조정이 있을 때였다. 수지구청역의 신정마을을 첫 번째 후보지로 방문했다. 그런데 수지의 가격이면 분당에도 들어갈 수 있다는 조언을 듣고 추가 조사를 시작했다.

두 번째로 분당 구미동을 임장했다. 구미동 무지개마을의 대장 단지는 호가가 많이 올라와 있었고, 물건 중 가장 가격대비 좋다고 판단한 12단지를 후보로 뽑았다. 그리고 또 한 번의 비교를 위해 죽전을 다녀왔다. 분당을 보고 나니 죽전이 눈에 들어오지 않는다.

아! 이런 것이 입지 비교구나!

가격은 비슷한데 애매한 거리에 백화점, 마트 등이 있어 편의 시설의 부족함을 느꼈고, 아파트 관리 상태가 좋지 않았다. 무엇보다 교통체증이 우려되어 죽전은 후보지에서 제외를 했다.

마지막으로 임장한 곳은 분당에서 가장 좋은 입지를 가진 정자동과 서현동이었다. 구미동 무지개마을의 대장 가격이면 정자동, 서현동의 소형 아파트에 충분히 들어갈 수 있는 가격이었다.

부동산은 첫째도 입지, 둘째도 입지, 셋째도 입지다. 몇 차례 임장 끝에 분당 서현동에 우리의 첫 집을 마련하게 되었다.

땡볕이 쬐는 한여름에 배가 불러 임신한 몸으로 집을 보러 다녔으며, 인테리어를 하는 과정도 힘들었다. 하지만 완성되어 가는 보금자리의 모습을 볼 때마다 너무 기쁘고 뿌듯했다. 내 집 마련의 보람이 바로 이런 것이구나 생각했다.

교훈 6

살 때 이왕이면 좋은 입지로 사라. 지금 실거주 중인 분당의 20 평대 아파트는 죽전의 30평대 아파트와 같은 가격이다. 같은 돈 이라면 더 좋은 입지로 매수하자! 그리고 핵심지의 큰 평수는 상 승장에서 오름폭이 크다. 따라서 첫 집은 여력을 총동원해 가장 좋은 물건을 매수할 것을 권한다.

역전세로 고초를 겪고 마침내 내 집 마련에 성공하다

그런데 당시 전세로 거주하던 신혼집에 역전세가 났다. 역전세란, 내가 계약했던 전세가보다 전셋값이 떨어지는 것을 말한다. 그러니 전세 만기가 되면 집주인은 떨어진 전세가격만큼 전세금을 돌려줘야 한다. 이사 날짜를 통보했는데, 집주인은 부동산 한 곳에만 집을 내놓고 전세는 나가지 않고 있었다.

초조한 마음에 전화를 하니 집주인이 오히려 화를 냈다.

"내가 당신들한테 돈 빌렸어요? 전세가 나가야 전세금을 돌려줄 거 아닙니까. 왜 빚쟁이처럼 계속 전화하는 거에요?"

전세금은 내 돈을 빌려준 게 맞다. 그것도 무이자로. 내 전세금으로 인해 집주인은 매매가와 전세가의 차이만큼의 돈으로 집을 소유할 수 있는 것이다. 이것이 바로 전세금을 활용한 레버리지 투자, 소위 '갭투자'라고 말하는 것이다. 그런데 갭투자는 전세금이 떨어지면 그만큼을 자신의 돈으로 메워야 하니 문제가 생기는 것이다.

알고 보니 다주택자였던 집주인은 여러 곳에서 역전세가 나며 자금운용에 문제가 생긴 것이다. 전세금은 내 돈인데 집주인이 오히려 나에게 화를 낸다. 하지만 받을 돈이 있는 입장에서 주인과 좋지 않은 관계를 유지할 필요는 없다. 잔금에 차질이 생기면 나에게도 문제가 생기기 때문이다. 그래서 여러 부동산에 집을 내놓고 언제나 깨끗이 청소해두며 집을 보러 올 때 열심히 홍보를 했다.

"우리는 여기서 아기도 갖고 집을 사서 나가요. 좋은 일만 생겼습니다."

하지만 전세가 나가지 않을 것이 불안했다. 그래서 양가 부모님께 빌릴 수 있는 돈을 알아보고 대출을 최대한으로 동원해 잔금을 대비하기로 했다. 그리고 집주인에게 보낼 내용증명을 작성한 그날, 딱 전세 계약이 됐다. 정말 다행이다!

내 집 마련이 얼마나 중요한지 다시 한번 깨달았다. 전세로 사는 것은 내 집이 아니기에 집주인에게, 새로 들어올 세입자의 상황에 나를 맞춰야 한다. 내 집에서 살 때 비로소 내가 주체적으로 살 수 있는 것이다. 무사히 잔금을 치르고 난 후 지금은 내 집에서 예쁜 아이와 세 가족이 행복하게 살고 있다.

잔금을 무사히 치르고 등기권리증이 나에게로 넘어왔던 그 날의 기분을 평생 잊지 못할 것 같다.

교훈 7

현재는 전세보증보험이 정착되었지만 당시에는 활성화 되어 있지 않았다. 어차피 전세금을 돌려받는다는 생각에 비싸더라도 계약했다가 퇴거 시 역전세가 발생하면 고초를 겪을 수 있다. 따라서 올수리를 이유로 전셋값을 시세 대비 비싸게 받는 경우를 주의하자.

시간이 돈이다. 기회를 잡기 위해 공부하고 나아가기

아이가 자라 어린이집에 다니게 되며 다시 임장을 나갈 시간이 생겼다. 지금의 실거주 집은 조언을 받고 마련한 것이기 때문에 나만의 부동산 인사이트가 필요했다. 대출 규제 등으로 서울, 수도권 투자가 어렵지만 강남권역과 수도권 주요 지역을 위주로 매주 임장을 다니고 있다. 이제 상급지 아파트로 이동하려는 꿈이 생겼기 때문이다.

강남의 타워팰리스부터 하남, 광교의 신축 아파트 등을 임장하며 여러 곳을 비교해보니, 서울이 상대적으로 저렴하다는 것을 알게 되었다. 부동산도 자주 방문하다보니 요즘 시장 분위기는 어떤지, 거래는 잘 되는지, 급매가 나왔을 때 어떻게 연락을 받을 수 있을지 등에 대한 노하우도 생겼다.

상급지로 갈아타기 위한 최적의 시기는 조정기라고 한다. 좋은 입지의 로얄동, 로얄층을 싸게 살 수 있는 기회이기 때문이다. 이번에는 기회를 꼭 잡고 싶다. 돌이켜보면 분당은 내가 갈 수 없는 비싼 곳이라는 편견이 있었다. 하지만 분당에 내 집을 마련하니 이제 입지가 더 좋은 강남에 등기를 남길 수 있다는 자신감이 생겼다.

기회는 계속 온다. 부지런히 임장을 다니고 공부하다 보면 언젠가 서울 핵심지에 우리 가족의 행복한 보금자리를 마련할 수 있을 것이라는 확신이 든다.

이 글을 보는 사회 초년생, 신혼부부들에게 말하고 싶다. 노동소득은 자본소득*을 따라갈 수 없다. 그래서 부를 이루고 싶다면 우선 내가 가진 돈으로 살 수 있는 집부터 사는 것이 좋다. 투자의 한 걸음을 내딛는 것이 중요하다. 그 걸음들이 모여 목표한 지점에 도달하는 것이다. 나는 20대부터 몇 차례의 투자 기회를 놓치고 난 후에야 비로소 알게 되었다. 결국 하루라도 빨리 자산에 투자하는 것이 부자가 되는 길이었다는 사

---

* 자본소득 : 재산의 소유자가 그 재산을 이용하여 얻는 이득으로 이자, 임대료, 배당금, 시세 차익 등이 있다.

실을 말이다. 단순해 보이지만 시간이 흐르며 오르는 자산의 가격에 올라타는 것이 바로 부를 이루는 길이다. 청년들에게 '시간이 돈이다'라는 격언을 되새길 것을 권한다.

갈아타기를 위한
최적의 시기는 언제일까?

주거용 부동산의 '갈아타기'란 현재의 주거지를 팔고, 더 좋은 아파트를 매수해 이동하는 것을 뜻합니다. 더 좋은 아파트로의 이동이란, (1) 현재 살고 있는 곳보다 더 입지가 우수한 핵심지로의 이동, (2) 같은 지역에서 대장 아파트*로의 이동, (3) 더 넓은 평수로의 이동 등을 뜻합니다.

이와 같은 갈아타기의 과정에서는 '매도'와 '매수'가 병행되기에 시기에 따라 손익의 차이가 발생합니다. 그렇다면 가장 이익이 되는 갈아타기를 위한 최적의 시기는 언제일까요?

현재 5억 원의 $84\,m^2$ 아파트에 살고 있는 1주택자 갑돌이는 핵심지의 A아파트로 갈아타고 싶습니다. 상승기에 집값이 올라 기분이 좋았지만, 이전부터 눈독을 들이던 A아파트는 집값이 더 크게 올라 10억이 되었습

---

* 대장 아파트 : 일정 지역에서 평단가가 가장 높거나 가장 비싼 아파트

니다. 같은 상승기라 해도 핵심지의 아파트는 오름폭이 더 큰 특징이 있다는 것을 알게 되었죠. 그렇다면 갑돌이는 언제 갈아타기를 하는 것이 좋을까요? 갈아타기의 과정에서 어떤 손익이 발생하는지를 상승기, 하락기로 나눠 살펴보겠습니다.

1. 상승기 : 신고가 매도, 신고가 매수

상승기에는 내 집을 신고가로 매도할 수 있습니다. 그리고 갈아타기를 하려는 아파트의 RR(로얄동, 로얄층) 물건을 사기 위해서는 신고가로 매수해야 합니다. 하지만 실제 상승기에는 RR 물건이 거의 나오지 않습니다. 따라서 비로얄동, 비로얄층 물건을 신고가에 매수하는 경우가 대부분입니다.

상승기 갈아타기의 손익

▶ 거주하던 A 아파트 매도 (현 시세 5억)
20% 비싸게 신고가에 매도 = 6억 원 매도 (+1억 이익)

▶ 핵심지의 B 아파트 매수 (현 시세 10억)
20% 비싸게 신고가에 매수 = 12억에 매수 (−2억 손해)

∴ 갈아타기를 위해 필요한 예산 = 6억 원

2. 하락 조정기 : 급매 매도, 급매 매수

하락 조정기에는 수요가 사라져 거래량이 크게 줄어드는 특징이 있습니다. 수요가 없기에 집을 팔기 위해서는 급매로 매도해야 합니다. 반면 매수도 급매로 할 수 있습니다. 물건에 있어 상승기에는 RR 물건이 나오지 않는 반면, 하락기에는 RR 물건이 급매로 나온다는 특징이 있습니다. 핵심지의 RR 물건을 싸게 살 수 있는 기회가 되는 것입니다.

하락 조정기 갈아타기의 손익

▶ 거주하던 A 아파트 매도 (현 시세 5억)

20% 싸게 급급매로 매도 = 4억 원 매도 (−1억 손해)

▶ 핵심지의 B 아파트 매수 (현 시세 10억)

20% 싸게 급급매로 매수 = 8억에 매수 (+2억 이익)

∴ 갈아타기를 위해 필요한 예산 = 4억 원

상승기와 하락 조정기의 갈아타기를 비교해보니 (1) 상승기에 갈아타기를 하려면 6억의 예산이, (2) 하락 조정기에 갈아타기를 하려면 4억의 예산이 필요하다는 것을 알 수 있습니다. 따라서 갈아타기를 위한 최적

시점은 하락 조정기라는 것을 알 수 있죠.

시세는 %의 비율로 형성되기에, 동일한 하락률의 급매라 하더라도 가격이 비싼 핵심지의 아파트를 더 저렴하게 매입할 수 있는 것입니다. 상승장은 저층 또는 소위 '못난이' 매물이 신고가에 팔리는 장이지만, 하락장은 RR 물건을 급매로 살 수 있는 장입니다.

단, 유의할 점이 있다면 하락장에서는 수요가 말라붙게 되므로 반드시 내 물건을 먼저 매도하는 계약을 한 후에 갈아탈 물건을 매수해야 한다는 것입니다. 갈아탈 물건을 먼저 매수하면 내 물건이 팔리지 않는 경우가 발생하게 된다는 점을 주의하시기 바랍니다.

투자의 대원칙은 '좋은 물건을 싸게 사서, 오래 보유하는 것'입니다. 하락 조정기를 갈아타기의 기회로 삼아, 다시 도래할 상승기에 핵심지의 큰 상승으로 부를 이루는 여러분이 되시기를 바랍니다.

연구를 하지 않고 투자하는 것은
포커를 하면서 카드를 전혀 보지 않는 것과 같다.

• 피터 린치 •

2

핵심 입지와 거거익선ㅌㅌ益善

마이너스의 손에서
마이더스의 손으로

•

리치맘

1호기 – 잘못된 선택, 부산 송도의 나 홀로 아파트

　나의 1호기는 부산 송도 앞바다가 시원스레 내다보이는 나 홀로 아파트였다. 캠퍼스 커플이었던 나는 서울을 떠나 남편과 부산에 정착했다. 그 당시 나의 직장은 인천이었고 남편도 서울에서 얼마든지 자리를 잡을 수 있던 상황이었지만 남편은 고향인 부산에 삶의 터전을 잡고 싶어 했다. 어디서나 잘 지낼 수 있는 성격의 나는 남편을 따라 부산으로 내려왔다. 남편은 부모님이 가까이 계시는 서부산 쪽에 살기를 원했고 나는 '집의 위치가 무슨 상관이랴. 남편과 같이 있다면 자갈치 시장 한복판에서 텐트를 치고 살아도 행복할 거야'라는 순진한 생각으로 시댁 어른들이 골라주신 집에 들어가게 되었다.

30년 가까이 된 낡은 17평 아파트는 소파조차 놓을 수 없는, 아주 좁은 거실과 부엌 그리고 방 2개 화장실 1개의 집이었다. 2001년 당시 구입가 6천만 원, 양가 부모님의 도움과 열심히 모은 돈으로 대출 한 푼도 받지 않고 구입한 집이다. 하지만 그 집은 각종 누수로 우리를 힘들게 했고, 바닷가 특유의 염분기 많은 바람은 예쁜 신혼 가전들을 순식간에 녹슬게 했다. 부산을 잘 몰랐던 나는 집을 구하기 전 남구나 해운대구에 가볼 생각조차 하지 못하고 모든 것을 남편에게 맡겼다.

남편은 신혼집을 구할 때 어머니와 함께 삼익비치에 다녀왔었다고 얼마 전에 고백을 했다. 삼익비치는 지금 부산에서 가장 핫한 재건축 단지다. (물론 그 당시 재건축 이야기가 나왔던 것은 아니다) 신혼집으로 삼익비치의 아파트를 보러 갔는데, 벽지에 금이 가서 찢어져 있어 바로 나왔다는 것이었다. 나는 등짝 스매싱을 몇 번 하며 말했다. 집 보는 눈은 없더라도 입지 보는 눈까지 없냐고, 삼익비치를 두고 냉동창고만 가득한 (부산) 송도에 집을 사고 싶었냐고 말이다.

2년 만에 곰팡이와 누수를 견디다 못해 신혼집을 세주고 나왔고, 보유 4년 만에 처분했다. 6천만 원에 매수하여 5천 5백만 원에 매도, 1년간 월세 480만 원을 받았으니 취득세, 복비 등 약 200만 원을 손해 보고 팔았던 1호기다. 누수 수리비 등을 고려하면 500만 원 가까이 손해를 보았다.

교훈 1

신혼을 시작할 때는 예산 안에서 아파트를 구하는 오류를 저지르곤 한다. 필요하면 과감히 대출을 활용해 입지가 좋은 곳에 자리 잡아야 한다. 부동산은 입지, 입지, 입지다.

2호기 – 전세를 살지 마라, 상급지는 진리다

신혼 첫 집인 1호기의 실패 후 2년간 장림의 25평 아파트에서 전세로 지내다가, 기존의 전세금과 집을 판 돈을 합쳐 다대 대우아파트 37평 전세로 들어가게 되었다. 장림 집주인 아주머니께 다대 대우아파트로 이사 가게 되었다고 말씀드렸더니 전세금이 얼마냐고 물으셨다. 1억 1천만 원이라는 말을 듣고 도저히 이해가 가지 않는다는 듯한 주인 아주머니의 표정이 생생히 기억난다. 그분은 당시 전세를 끼고 장림에 다주택을 보유하고 계셨던 부동산의 고수였던 것이다.

그분에게는 젊은 새댁이 빨리 집 살 생각을 하지 않고 큰 평수 전세로 간다는 것이 이해가 되지 않았으리라. 내가 다주택자가 되고 나서야, 집을 사지 않고 전세를 전전하는 젊은이들을 바라보고 나서야 그 마음을 알게 되었다. 인생은 돌고 도는 것이다.

남편의 소득이 높은 편이고, 육아휴직 중이었던 나도 인터넷에서 몇천 원짜리 옷으로 버텨가며 알뜰살뜰 돈이 제법 모였을 때였다. 부산 명지에 영어도시가 생긴다는 소문과 함께 초호화 모델하우스 개관식이 있었다. 전공이 영어이고 영어 조기교육의 중요성을 누구보다 잘 알고 있는 나는 당장 모델하우스로 달려갔다. 금발의 외국 여성들이 손님들을 영어로 응대하며 모델하우스는 문전성시를 이루고 있었다. 그런데 금발 여성들의 영어는 정통 영어가 아닌 매우 독특한 악센트가 있었고, 외모 자체도 러시아 사람인 것 같은 합리적 의심이 들었다. 영어 도시라고 해놓고 러시아인들을 데려다 놓는 시행사의 부도덕성을 눈치챘을 때 그만두었어야 했다. 그런데 늘 원어민과 같은 영어를 구사하지 못한다는 자격지심에 빠져있던 나는 '정주형* 영어마을'이라는 광고에 속아 덜컥 계약을 치르고 말았다. 우리 아이에게만큼은 좋은 환경에서 영어를 배우게 하고 싶었던 것이다.

46평에 무려 4억 5천!

2006년은 집값이 미친 듯이 오르던 시절이었다. 급한 마음에 당시 서울 강남과 맞먹는 가격을 주고, 부산 외곽의 아파트를 계약해 버린 것이다. 그 당시 해운대 센텀파크 50평대를 사고도 남는 금액이었다. 그때 센텀파크를 샀다면 지금 시세차익만 20억이 넘었을 텐데... 같은 돈으로 강남이나 해운대를 사뒀더라면 진작에 경제적 자유를 이뤄 은퇴를 하고도 남았을 것이다. 한 번의 잘못된 선택이 나를 더 긴 노예의 길로 이끌었던 것이다.

2호기는 도장 찍는 그 순간부터 느낌이 싸했다. 그리고 그날 이후 해

---

* 정주형定住型 : 일정한 곳에 자리를 잡고 사는 유형

운대를 사지 않고 명지를 샀다는 자책을 10년 동안 하게 된다. 이 집은 2019년 12월에 3억 7천 5백에 급매로 팔고 나왔다.

자그마치 7천 5백만 원의 손해!

그런데 7개월 후 이 집이 6억이 넘는 것을 보고 두 번 화병 날 뻔했다. 화병을 면할 수 있었던 이유는 다행히 그 집을 팔고 새롭게 투자한 집에서 1000%에 가까운 큰 수익률을 얻었기 때문이다. 부산 명지 오션시티는 신혼부부와 아이들이 초, 중학교까지 살기에는 좋은 곳이나 집값 상승에 대한 기대는 많이 하지 않는 것이 좋다.

교훈 2

내 집 마련이 잘못되었다는 생각이 들면 빨리 그 집을 담보로 대출을 일으켜 상급지에 전세를 끼고 투자해 손실을 줄여라. 그래야 마음에 평화가 온다. 확증편향의 오류*에 빠져 잘못된 선택을 합리화해서는 안 된다.

3호기 – 상승기에는 수익형보다 시세차익형을 선택하라

집을 잘못 사서 두 번이나 손해를 봤으면 부동산 공부를 좀 하며 파고

---

* 확증편향의 오류 : 자신의 가치관, 기대, 신념, 판단에 부합하는 정보만 신뢰하고 그렇지 않은 정보는 무의미하게 여기는 현상

들만한데 역시 난 베짱이족이었다. 직장 생활하며 육아하며 부동산까지 어떻게 챙기냐며 스스로를 합리화하던 중 2015년이 되었다. 베짱이족이고 싶었지만 일은 개미처럼 열심히 했다. 그래서 2호기의 대출금을 다 갚고도 통장에 현금 3억 원이 쌓이자 부동산이 눈에 들어왔다. 네이버 부동산을 살피던 내게 해운대 자이 24평, 전세 2억 3천을 끼고 3억 7천에 나와 있는 매물이 눈에 들어왔다. 당장 부동산을 찾아갔으나 그날 집을 보지 못하고 돌아서는 길에 괜히 메트로시티 아파트 쪽으로 가보고 싶었다. 당시 내가 아는 부자 친구들은 다 메트로시티와 용호동 하이츠 자이 대형 평수에 살고 있었고 외로이 명지에서 서부산을 지키던 나에게 메트로시티와 하이츠자이는 부와 성공의 상징이자 로망이었다.

메트로시티 4-1차 27평이 3억 1천만 원이었는데 월세가 매달 90만 원이 나온다 하여 수익률 계산도 해보지 않고 또다시 덥석 계약을 해 버린다. (수에 어두우면 이런 바보 같은 짓을 한다. 그러니 학교 다닐 때 수학 공부를 열심히 해둬야 한다)

아니 해운대 자이 사러 갔다가 메트로시티 사는 이 충동성은 도대체 어디서 오는 거냐고!

결국 해운대 자이가 아니라 메트로시티를 충동적으로 샀는데 돌아보니 탑층이었다. 탑층의 장단점도 파악하지 않고, 한마디로 나는 집에 대해 아무것도 모르고 용감하게 도장만 쾅쾅 찍을 줄 아는 부린이였던 것이다.

누군가가 그랬다. 돈 가진 부린이가 제일 위험하다고. 당시의 나를 두고 한 말인 것 같다. 계약을 끝내고 서울에 사는 동생한테 자랑을 했다. 동생이 말했다.

"야 이 바보야, 상승기에는 월세보다 시세차익을 봐야지. 그 돈이면 전세 끼고 10채도 더 샀겠구만."

맞다. 2015년에 그 돈으로 전세를 끼고 소위 '갭투자'를 했으면 지금쯤 난 은퇴를 하고 대한민국에 있지 않았을 것이다. 캐나다의 산 좋고 물 좋은 곳에서 평생 원하던 신선놀음을 할 수 있었는데 말이다. 흐흑… 하여튼 난 돈키호테임이 틀림없다. 가는 날 바로 사 온다. 미친 실행력 하나는 최고다. 우리 남편은 내가 어디 나간다면 동공에 지진 난다. 또 부동산 하나 사 올까봐… (울 남편은 소문난 햄릿형이다)

암튼 이번에는 나도 속이 많이 상했다. 공부도 하지 않고 어쩜 그리 무식하게 투자를 했는지 스스로 용서가 되지 않았다. 그리고 여지껏 잘못된 투자로 재산을 증식하지 못한 자책감과 가족들에 대한 미안함에 한 달을 앓아누워 마음고생을 했다. 직장에서도 좀비처럼 다니니 이를 보다 못한 선배님 한 분께서 부산의 부동산 투자 카페인 '실전분양권투자'라는 곳을 가르쳐 주셨다. 심 봉사 눈뜬 기분이었다. 지금도 그분은 나의 은인이시다. 부동산은 공부와 임장이 부족할 때는 차라리 햄릿이 나은 것 같다.

3호기를 1년 만에 3억 1천 800만 원에 매도하고, 그동안의 월세 1080만 원 등 총 1300만 원 정도의 시세차익을 보았다. 처음으로 나에게 부동산에서 나온 수익을 안겨다 준 집이다.

4호기 – 거거익선巨巨益善*, 스스로 한계를 짓지 마라

2016년 8월 메트로시티를 판 돈으로 부산 해운대 센텀파크 아파트 2차 40평을 3억 9천의 전세를 끼고 5억 9천에 매수했다. 내 돈 2억을 들여 5억 9천만 원짜리 집을 산 것이다. 마침내 해운대에 집을 가지고 싶다는 내 소망이 14년 만에 이루어졌다. 좀 더 빨리 이루어질 수도 있었지만 몇 번의 실수로 시기가 늦춰진 것이다. 사람 욕심이라는 게 끝이 없는지 '서울을 샀어야 하는데'라는 아쉬움도 남았고 '센텀파크 1차 50평을 살걸'하는 아쉬움도 남았다. 당시 매매가와 전세가의 차이, 즉 갭이 같아 상대적으로 입지가 좋은 1차 50평도 구매할 수 있었으나 그 당시는 대형평형이 인기가 없었다. 때문에 40평으로 결정했는데 현재 수익률은 1차 50평이 훨씬 높다.

---

* 거거익선巨巨益善 : 다다익선多多益善에서 파생된 말로, 크면 클수록 좋다는 말

뒤에 오스틀로이드님이 쓴 『강남에 집사고 싶어요』라는 책을 읽어보니 2016년이면 갭 2억으로 서울 강남을 살 수도 있었다는 사실에 몹시 놀랐다. 역시 부동산은 발로 뛰어야 한다. 그리고 강남이라고 너무 겁먹을 필요도 없다. 가격이 터무니없이 높아 안 될 거라고 지레짐작했던 것은 내 마음이었다. 스스로 한계를 지을 필요가 없는 것이다. 한 번이라도 부동산에 전화를 걸어 손품이라도 팔아봤으면 지금 강남 아파트 소유주가 되어 있을 거라는 아쉬움이 남지만, 이 집을 사고 나서 좋은 일이 많았기 때문에 나는 이 집을 복덩어리라 부른다. 13억 정도까지 올랐다가 11억 9천만 원에 직전 거래되어 6억의 시세차익이 발생하고 있다.

교훈 4

강남이나 해운대가 너무 비싸 살 수 없을 것이라고 예단하지 말라. 손품, 발품으로 예산 안에 들어오는 경우도 있고, 창의적인 방법으로 레버리지를 일으킬 수도 있다. 때로는 내 생각이 나를 가로막는 가장 큰 적이다. 스스로 한계를 짓지 마라.

5호기~7호기 – 정비사업구역 재개발 매수의 교훈

수원 팔달 8구역의 5호기는 관리처분인가 후 이주를 시작할 때 아버지의 도움을 받아 사게 된 물건이다. 2018년 서울과 수도권에서 잘나가는 동생들에 비해 수도권에 집 한 채 없는 큰딸이 안타까우셨는지 팔달 8구역을 권하셨다. 5호기는 이주비 대출 6천을 승계하고 1억 정도의 돈을 투자해, 1년이 조금 넘는 기간 동안 약 2억의 순수익을 안겨주었다. 처음으로 부동산을 통해 거둔 억 단위의 수익이었다. 남편과 공동명의로 했으면 세금을 몇천만 원 더 아낄 수 있었던 아쉬움이 남는 물건이었다. 이 물건을 통해 재개발의 매력을 알게 되었고, 허름한 빌라와 붉은 벽돌집을 예의주시하게 되었다. 이 물건을 팔고 거둔 소중한 수익금으로 서울에 재투자를 하지 못한 것이 너무나 아쉽다.

교훈 5

재개발은 관리처분인가 후에 안전마진을 안고 시작하는 것이 좋다. 관리처분인가 전과 비교해 수익은 적지만 리스크가 해소되며 안정성이 보장된다. 재개발을 팔았을 때는 상급지로 이동해 재투자를 하는 것이 좋다.

6호기는 성남 태평동 태평 3구역에서 동생과 공동 투자로 매수한 물건이다. 이 물건은 임대사업자로 등록을 해두었다. 전세 1억 5천을 끼고 3억에 매입하였는데, 지금 시세가 7억쯤 된다. 동생과 내가 각각 7천 5백만 원씩 투자금을 분담하였으니 투자금 대비 수익률은 270%가량 된다. 1+1 물건이 가능한 다가구 주택이니, 자식들을 위한 증여용으로 1+1

을 신청할지, 대형 평수 1개를 할 것인지 신중히 고려 중이다.

이 물건은 동생을 전적으로 믿고 구입하였는데, 실제로 차를 타고 가보니 서울 강남과 10분 이내 거리이고 성남 내에 분당과 판교도 있어 가치가 매우 높아 보였다. 이 물건을 통해 성남의 잠재력을 다시 보게 되었다.

교훈 6

강남에서 먼 서울보다 강남과 가까운 경기권이 더 가치 있을 수 있다. 성남의 잠재력을 잘 살펴보기를 권한다.

2018년 인천 석남동 가로주택정비구역 내 빌라를 7호기로 매수했다. 정말 소액으로 투자할 수 있다고 해서 시도했는데 나중에 알고 보니 월세가 끼어있어 5천만 원이 넘는 투자금이 들어가게 되었다. 당시 5천이면 조금 더 보태 (인천) 송도에 아파트를 전세를 끼고 살 수 있었겠다는 생각이 최근에 들었다. 송도가 뜨고 나니 송도가 보이기 시작했다고 할까? 일단 인천 서구 석남동은 청라지구에 가까운 장점이 있고, 경인고속도로 지하화 등 악재가 많이 사라진다. 빌라를 구입하고 얼마 되지 않아 인천 7호선 출입구가 바로 내가 가진 빌라 앞에 개설이 되었다. 7호기는 세입자가 월세를 아주 착실하게 잘 내고 있는, 소액이지만 현금 흐름을 꾸준히 창출해 주는 효자 같은 집이다.

교훈 7

현금흐름도 중요하다. 여유가 될 때마다 조금씩 시세차익형을
수익형 월세로 돌리면 많은 도움이 된다. 5천만 원은 결코 적은
돈이 아니다. 내가 가진 돈으로 최고의 입지를 선택하려는 노력
을 끝까지 지속하자.

8호기 - 마이너스의 손에서 마이더스의 손으로, 꿈은 이루어진다

2019년 12월, 부산이 조정지역의 규제에서 풀리고 한 달쯤 지났을 때
다. 우리는 몇 년 후 이사를 가기로 하고 해운대 내에서 넓은 평수의 아
파트를 알아보던 중 더샵센텀스타와 마린시티 위브더제니스로 후보군
을 좁혔다. 실전분양권투자 카페에 올라온 제니스 구매기를 재미있게
읽은 후 제니스를 임장해 보러 갔다. 2016년에 지레 비쌀 거라 겁을 먹
고 강남을 알아보지도 않고 놓쳤던 뼈아픈 실수를 반복하지 않기 위해
제니스를 알아보기로 한 것이다. 제니스가 저평가라 확신한 나는 요트
뷰가 보이는 56평형을 9억 5천에 매수하게 된다. 무지성 투자였을까?
이제 8호기째를 매수하는 나는 더 이상 마이너스의 손이 아니었다. 이
투자는 내가 여태까지 했던 투자 중 가장 성공적이고 잘한 투자라고 생
각한다. 현재 실거래가가 찍히지는 않았지만 모두 20억 이상이라는 심
리적인 가격으로 받아들이고 있기 때문이다. 마이너스의 손이 마이더스

의 손이 되는 순간이다.

10년 전 제니스에 최초 입주를 한 친구가 있었다. 그날 그 친구가 얼마나 부러웠는지 모른다. 나도 꼭 그런 집에 살아보고 싶다는 강렬한 욕망이 나를 이끌었던 것 같다. 이사 전에도 설레고 기대되었지만 이사를 하고 나니 더욱 만족스럽다. 대출 6억 5천을 활용해 투자금 3억으로 이뤄낸 시세차익 10억 이상의 성과다. 으리으리한 제니스의 외관을 보고 알아보지도 않은 채 지레 겁먹었다면 이뤄지지 않았을 꿈이다. 꿈은 이루어진다. 반드시!

교훈 8

조정지역이 해제될 기미가 보이는 곳의 핵심지를 부지런히 임장 다니고, 특히 공급물량이 막바지에 이르는 지역이 규제에서 벗어날 경우 레버리지를 최대로 일으켜 매수하라. 집은 거거익선, 똑똑한 한 채는 자금 여력이 닿는 한도까지 큰 집을 마련하라. 특히 지역의 랜드마크는 더더욱 거거익선이다.

부동산 프롭테크를 통한
사이버 임장과 정보의 수집

부동산 투자를 위해 현장에 나가기 전, 관심 지역이나 물건의 정보와 시세 등을 미리 파악해두면 더 내실 있는 임장을 할 수 있습니다. 흔히 '손품을 판다' 또는 '사이버 임장'이라고 부르기도 합니다.

사이버 임장을 위해 활용되는 것은 프롭테크Proptech로, 프롭테크란 부동산 자산을 뜻하는 property에서 prop을, 기술을 뜻하는 technology에서 tech를 결합해 만든 신조어입니다. 인공지능AI, 빅데이터 등 첨단 정보기술IT을 결합해 부동산 정보를 제공하는 웹서비스를 말하는 것이죠. 사이버 임장을 위해 유용한 프롭테크 서비스와 특징을 소개합니다.

가장 많이 사용되는 것은 '네이버 부동산'입니다. 전국의 부동산 종류별, 지역별 매물과 시세를 확인할 수 있고, 상세 매물 필터를 통해 층수, 방의 개수, 욕실 수, 향, 융자금, 올수리, 복층, 급매, 세안고 등 물건의 세부 특성에 따른 검색이 가능합니다.

주로 아파트를 다루는 프롭테크로 많은 사용자를 확보하고 있는 것은 '호갱노노', '부동산 지인', '아실', 그리고 빌라도 함께 다루는 '직방' 이 있습니다. 이들의 특징은 ① 아파트 매매, 임대 실거래가 정보 ② 단지 별·지역별 시세 비교 ③ 정비사업 구역 ④ 교통 정보 ⑤ 전세가율 ⑥ 매매가와 전세가의 차이인 갭Gap가격 ⑦ 거래량 ⑧ 학원가(학군) ⑨ 미분양 물량 ⑩ 외지인 투자비율 ⑪ 인구의 이동 ⑫ 직장인 연봉 ⑬ 3D 단지 투어를 통한 세대별 조망과 채광 등 다양한 정보를 직관적인 지도로 확인할 수 있도록 제공한다는 것입니다. 웹사이트와 앱으로 사용할 수 있고, 특히 각 사이트 내지 앱에 따라 빅데이터를 검색할 수 있는 각각의 차별적 특성이 있으므로 필요에 따라 원하는 조건에 맞는 매물을 찾아 서로 비교해볼 수 있습니다.

네이버부동산	https://land.naver.com
호갱노노	https://hogangnono.com
부동산 지인	https://aptgin.com
아실	https://asil.kr
직방	https://www.zigbang.com

단독주택, 다가구, 상업용 건물 등은 '디스코'와 '밸류맵'을 많이 사용합니다. 매물 정보, 실거래가, 공시지가, 용도지역, 국토계획, 건축물 대

장 정보 등의 정보가 한곳에 모여 있어 비교가 편리합니다. '땅야'는 토지의 실거래가를 편하게 확인할 수 있으며, 지목, 용도, 거래 연도, 가격대, 면적 등의 필터를 지원합니다.

상가, 사무실은 '네모'가 많이 알려져 있습니다. 매출, 주거 인구, 유동 인구, 가구 수, 사업자 수 등의 데이터를 지도에 함께 표시하여 입지분석에 도움이 되는 정보를 함께 제공하고 있습니다.

'랜드북'은 토지의 개발을 위해 필요한 땅값, 법규, 임대 시세 등을 분석해 수익률을 시뮬레이션 해주기 때문에 토지 투자자 및 건축주들에게 좋은 참고가 될 수 있습니다.

'정비사업 정보몽땅'은 서울시 내 재개발·재건축 사업 관련 정보를 한곳에 모아 살펴볼 수 있습니다. 정비사업을 추진 중인 사업장을 검색할 수 있고, 추진 과정과 관련 문서들을 실시간으로 공개하며, 소유자별 분담금을 추정해 볼 수도 있습니다.

'부동산 플래닛'은 범위를 설정해 특정 지역의 아파트, 빌라의 노후도를 확인할 수 있어 재개발·재건축 지역을 전망할 때 활용할 수 있습니다. 'Prom(구, GISlaw)'에서는 재개발 구역의 사업성을 판단할 때 필요한 정보인 노후도, 호수밀도, 과소필지, 접도율 등을 확인할 수 있습니다. 국토교통부에서 운영하는 '토지이음'은 토지이용계획과 도시계획을 볼 수 있는 사이트입니다.

디스코	https://www.disco.re
밸류맵	https://www.valueupmap.com
땅야	https://ddangya.com
네모	https://www.nemoapp.kr
랜드북	https://www.landbook.net
정비사업 정비몽땅	http://cleanup.seoul.go.kr
부동산 플래닛	https://www.bdsplanet.com
Prom	https://www.prom.space
토지이음	https://www.eum.go.kr

    '한국부동산원'과 'KB부동산'은 매주 아파트 시세에 대한 통계를 표본조사를 통해 집계하고 제공합니다. 한국부동산원의 '부동산통계정보시스템 R-ONE'에서는 전국지가변동률, 전국주택/오피스텔 가격동향, 상업용부동산 임대동향, 실거래가지수, 부동산 거래현황 등을 확인할 수 있습니다. KB부동산은 자체 데이터 플랫폼인 'KB부동산 데이터허브'를 통해 매수우위지수, 전세수급지수, 가격전망지수, 월간선도아파트, 주택가격동향, 소득대비주택가격, 미분양, 주택거래량, 정부정책 등 다양한 부동산 통계를 제공하고 있습니다.

    그 밖에 거시적 관점에서 부동산 시장 관련 지표를 주기적으로 확인하는 것이 중요합니다. 분양권 시장의 전망을 위해 '주택산업연구원'의 분양전망지수, 주택사업경기전망지수, 입주전망지수를 활용하는 것이 유용합니다. 또한 부동산에 대한 소비자들의 심리를 살펴보기 위해서는 '국토연구원'의 매매시장 소비심리지수, 전세시장 소비심리지수, 토지시장 소비심리지수를 확인해보시기 바랍니다. 한편 '한국은행 경제통계시스템'의 주택가격전망지수CSI와 소비자심리지수CCSI를 통해 부동산 시장의 큰 흐름을 조망할 수 있고, 은행 연체율을 확인해 부동산 시장의 위기 여부를 진단해볼 수 있으며, 통화량을 점검해 유동성의 증가나 감소를 체크하는 것이 중요합니다.

부동산통계 정보시스템 R-ONE	https://www.reb.or.kr
KB부동산 데이터허브	https://data.kbland.kr
주택산업연구원	http://www.khi.re.kr
국토연구원	https://www.krihs.re.kr
한국은행 경제통계시스템	https://ecos.bok.or.kr

장기투자야말로 가장 최고의 결과를 낳는다.
사라. 그리고 수면제를 먹고 자라.
10년 뒤에 깨어나면 너는 부자가 되어 있을 것이다.

• 앙드레 코스톨라니 •

3

조급함과 탐욕은 화를 부른다

투자 원칙을 세우고
시간의 힘을 믿어라

•

오비탈

반지하의 삶, 개인회생을 신청하다

하늘에 구멍이 뚫린 듯 무섭게 퍼붓는 비로 도림천이 범람하던 날이었다. 낡은 다가구 주택 반지하에 월세로 살던 집의 하수도가 장마로 역류하기 시작했다. 손을 쓸 겨를도 없이 순식간에 물이 차올랐으며, 장판이 부풀어 오르고 순식간에 가재도구들이 떠다녔다. 나는 겁에 질려 바가지로 쉴 새 없이 물을 퍼냈지만 펌프처럼 솟구치는 하수도 물을 막을 수 없었다. 반지하 집 전체가 물에 잠겼다. 망연자실이란 의미를 그때 온몸으로 깨달았다.

사정을 모르는 사람들은 내가 공무원이라 하면 부러움의 눈빛을 보낸다. 하지만 남편의 사업 실패와 감당할 수 없는 빚에 눌려 이혼을 했던 나는 혼자서 아이를 길러야 했다. 궁핍한 생활에 몰린 나는 법원에 개인회생을 신청하게 된다. 이후 5년 동안 초등학생 아들과 나, 이렇게 두 명의 최저 생활비를 제외한 월급이 모두 빚을 갚는 데 나갔다. 백만 원 남짓한 돈으로 월세를 내고 초등학생 아들을 키우며 살았다. 지갑에는 만 원 한 장 없는 날도 많았다.

갑자기 몸이 아프거나 무슨 큰일이라도 생기면 어쩌나 두려웠다. 동생한테 비상용 신용카드 한 장을 빌려, 두려움과 불안의 시간들을 이 신용카드를 붙들고 버텼다. 그렇게 5년의 시간이 흘러 마침내 개인회생 절차에 따른 빚을 다 갚고 면책을 받았다. 늘 가슴을 옥죄어오던 빚의 굴레에서 벗어난 그날의 자유를 평생 잊을 수 없다.

월급으로 집을 살 수 없는 세상, 돌파구를 찾다

이제 반지하를 벗어나 아파트에 가고 싶었다. 계산기를 열심히 두드려 본다. 당시 살던 동네의 20년 넘은 구축 아파트, 방 하나와 거실이 있는 14평 아파트에 가고 싶었다. 이제는 매달 갚아야 할 빚도 없는데, 도저히 월급만으로는 이 아파트에 갈 수 없었다.

월급을 모아서 아파트를 살 수 없는 게 당연하다는 것을 알게 된 건 투자를 배우고 난 후의 일이다. 그걸 몰랐던 나는 좌절했고 절망감에 빠졌다. 하지만 이대로 주저앉아 울고 있을 수는 없었다. 무언가 돌파구가 간절히 필요했다. 서점에 가서 돈에 관한 책을 닥치는 대로 읽기 시작했다.

『700만 원으로 15억을 벌다』라는 책을 읽고 이게 진실인지 믿기지 않는 의구심에 밤을 새웠다. 내가 믿고 살아왔던 세월은 도대체 무엇이었다는 말인가. 그동안 세상에 너무나 무지했던 자신이 원망스러웠다. '그래, 지금부터라도 부동산 공부를 해보자.' 날이 밝자마자 저자가 운영하는 경매 초보반에 등록해 공부를 시작했다. 강의를 들으며 수강생들과 토론하고, 임장을 나가 새로운 세상을 경험해 나갔다. 강의가 끝난 후에는 경매 물건을 찾고 또 찾았다. 그러나 수도권은 큰 돈이 필요했고, 돈이 없던 나는 지방으로 눈을 돌릴 수밖에 없었다.

낙찰! 투자의 세계에서 500%의 수익을 거두다

그리고 마침내 경매에 입찰하여 천안의 오래된 소형 아파트를 낙찰받았다. 경매법정에서 낙찰자로 이름이 불리던 순간, 머릿속이 하얗게 변하며 낯선 길에 대한 설렘과 두려움에 몸이 떨렸다. 그러나 세입자를 명도하고, 수리하고, 임대를 놓고 2년 후 매도하면서 투자의 길에 대한 확신을 얻을 수 있었다. 2년 동안의 임대료와 시세차익까지 계산하면 500%에 가까운 수익이었다.

투자를 공부하며 차차 자본주의에서 생존하는 법을 체득하고 있었다. 천안에서 낙찰을 받아 잘 알게 된 천안의 아파트 시장을 공략하기로 했다. 그즈음 경매뿐 아니라 소형 아파트를 전세를 끼고 500만 원에 매수를 하는 등 천안의 아파트를 5개까지 늘려갔다.

운이 좋았다. 2009년에서 2012년은 수도권 부동산 시장의 하락 조정기였음에도 지방은 규제가 풀리며 대상승기를 맞았다. 내게 돈을 벌어준 것은 투자의 실력이 아니라 시장이었는데, 나는 수익의 달콤함에 취해 교만해져 갔다. 지방의 소형 아파트에서 나오는 월세가 성에 차지 않았던 것이다. 돈을 빨리, 더 많이 벌고 싶었다. 그래서 아직 오르지 않은 수도권에 눈을 돌리기 시작했다.

분양권은 보통 분양가의 10%만 있으면 계약을 할 수 있다. 소액으로 큰 자산에 투자할 수 있는 것이다. 그래서 수도권의 분양권에 투자하기로 하고 수원, 일산, 김포의 미분양 아파트 분양권 3개를 계약하는 무모한 짓을 저질렀다. 입지는 어떤지, 입주할 때 잔금을 할 수 있는 능력은 있는지 등은 전혀 생각지도 못했다. 당시는 공급물량이 많아 미분양이 넘치던 시기로, 입주할 때 턱없이 낮은 전세가로 잔금을 맞추지 못하고 지옥을 오가리라는 것은 상상도 못한 채 조급한 마음과 돈을 빨리 벌고 싶은 욕심만 앞섰던 것이다.

'부지런한 자의 경영은 풍부함에 이를 것이나,
조급한 자는 궁핍함에 이를 따름이니라'

잠언 21:5

무모함이 부른 분양권 투자의 교훈

그때는 하루라도 빨리 내 집을 마련하고 싶었다. 아들에게 예쁘고 좋은 방을 주고 싶었던 조급함이 무모할 만큼 컸던 것 같다. 그 무모함에 분양권의 입주 시기도 생각하지 못한 채 3개의 분양권을 산 것이다. 하필 그 분양권 3개의 입주 시기가 모두 수도권 시장이 바닥을 찍던 2013년에 몰려 있었다.

공급물량 과다로 팔려고 하면 오히려 3천만 원 정도 웃돈을 얹어줘야 했다. P가 마이너스 3천만 원이라는 말이다. 입주 아파트의 낮은 전세가는 투자의 경험이 있는 사람에게는 익숙하다. 전세가 한 바퀴 돌면서 시세가 회복되는 원리를 당시에는 알지 못했다. 분양권에 투자하기 위해서는 낮은 전세를 견딜 수 있는 재정적 체력이 필요한 것이다. 분양가의 10%만 내고 분양권을 살 수 있다고 하여 입주 시기를 대비하지 않은 채 무지성 투자를 해서는 안 된다. 시장은 시시각각 변하기 때문에 입주 시기에 전셋값이 충분히 낮을 수 있다는 것을 염두에 두고 투자를 해야 입주장을 견딜 수 있다. 그리고 입주장이 지나 전세가 한 바퀴를 돌게 되면 전세가는 회복된다. 전세를 맞추지 못하는 최악의 상황을 가정하고 잔금 대출로 나올 수 있는 액수를 고려한 나머지 금액으로 잔금을 할 수 있도록 준비해야 한다. 다주택자의 경우 대출규제로 인해 대출이 불가능할 수 있다는 점도 고려해야 한다. 입주장의 전세가는 언제나 예상보다 낮다는 것을 기억하도록 하자.

탐욕은 화를 부르나, 인내는 복을 부른다

김포 신도시 34평의 첫 전세가는 터무니없이 낮은 9천만 원 정도로 형성되고 있었다. 잔금을 하는 것이 불가능해 보였기에 걱정과 불안감이 삶을 지배했다. 아무리 머리를 굴려도 돈 나올 구멍이 턱없이 부족했다. 이번에도 파산을 할 수 있다는 걱정에 잠을 잘 수도, 밥을 먹을 수도 없었다. 이제 겨우 먹고살 만하다고 생각했는데, 내가 쌓아온 것은 모래성이었나… 개인회생으로 빚을 갚던 고통이 떠오르며 하염없이 울었다. 탐욕이 화를 부른 것이라는 자책감에 괴로움은 이루 말할 수 없었다. 입주 날짜가 어김없이 다가오며 마음은 더욱 조급해지고 힘들어졌다.

아파트를 매수한 후 전세를 맞춰 잔금을 치러본 사람이라면 이 피가 마르는 느낌을 잘 알 것이다. 잔금 날짜는 다가오는데 전세가 안 맞춰질 때의 공포는 경험해 본 사람만 알 수 있다. 주변의 구축 아파트 역시 물량이 몰려 생각대로 임대가 맞춰지지 않을 수 있다는 것을 염두에 두고, 계약서를 작성할 때 특약으로 만반의 대비를 해야 한다. '잔금 시까지 전세가 맞춰지지 않으면 잔금일을 연기한다'거나 '전세를 맞춰 전세금으로 잔금을 한다'는 등의 조항을 넣어 변하는 시장 상황에 대응할 수 있도록 해야 한다.

3개의 분양권이 입주가 한 번에 몰리게 되어 고통은 3배로 가중되었다. 어찌 되었건 해결책을 찾아야 했다. 지방의 소형 아파트들을 모두 처분하고, 대출과 지인들에게 빌릴 수 있는 돈까지 영끌*을 해도 신축 분양권 3개의 잔금을 하기에 부족했다. 천신만고 끝에 수원과 일산의 분양권은 대출을 끼고 전세를 줄 수 있게 되어 소유권을 지킬 수 있었고, 김포의 아파트에는 직접 들어가 살기로 했다.

하지만 김포 아파트 역시 입주 날짜가 지나 한 달이 넘도록 잔금을 할 수 있는 방법이 없었다. 애간장이 타들어 갔다. 묘안을 짜내 명의를 동생으로 바꾸면 제2금융권*의 추가대출을 받을 수 있었다. 동생의 도움을 받아 겨우겨우 잔금을 하고 이사할 수 있었다. 자유지성님의 말처럼 투자는 온 가족이 합심해 어려움을 이겨내는 가족 전체의 총력 투쟁이었던 것이다.

아직도 기억이 난다. 그 당시 아들이 전학을 해야 하는데, 날짜를 정할 수 없으니 담임 선생님이 아들에게 '너 정말 전학 가는 것 맞니?'라고 물어보셨단다. 그때 아들은 대답을 할 수 없어 많이 불안했다고 한다. 하지만 아들은 엄마를 위해 이 말을 하지 않았다. 나중에 이 사실을 알고 나서, 아들에게 참으로 미안했던 기억이 난다. 가족을 위해 시작했던 투자의 길이 가족을 힘들게 할 수도 있다. 투자의 길에는 언제나 위험이 상존하는 것이다.

신도시의 새 아파트는 정말 좋았다. 아들이 진짜 우리 집이 맞냐며 몇 번을 묻고 또 물었다. 비록 엄청난 대출 이자로 생활이 크게 쪼그라들었

---

* 영끌 : '영혼까지 끌어모으다'를 줄인 말로 갖고 있는 모든 것을 끌어모았다는 뜻
* 제2금융권 : 보험회사, 신탁회사, 증권회사, 종합금융회사, 여신금융회사(카드회사, 캐피탈 등), 상호저축은행 등이 해당된다.

지만, 내 집이 너무 좋아 거의 한 달 동안 집 밖으로 외출하지 않을 정도였다. 천신만고 끝에 입주를 하고 3개의 분양권을 지켰으니, 이후 5년 동안 부동산에는 관심도 두지 않았다. 나중에 깨달은 것이지만 부자는 고통을 딛고 인내 속에 천천히 만들어지는 것이다. 한 계단씩 밟고 오르며 부를 향한 자신의 피라미드를 쌓는 것과 같다. 그 당시의 극심한 두려움과 고통으로 난 너무 지쳐있었다. 조급함에 무리수를 두었던 시간들을 오랫동안 반성하고 반성하며 지나간 5년이 지금은 나에게 큰 부를 안겨주었다.

산을 오를 때는 한 걸음씩, 한 걸음씩 걸어 정상에 다다른다. 투자도 이와 같다. 한 걸음을 내딛는 것이 중요한 것이다. 산에 오르다 보면 우리는 암벽을 만나고 발을 헛디며 넘어지기도 한다. 낙상을 입어 다치기도 한다. 하지만 이 고난을 딛고 천천히 산에 올라 정상에서 야호를 외칠 수 있게 된다.

탐욕은 화를 부르고, 인내는 복을 부르는 것이다. 투자를 할 때는 언제나 인내라는 두 단어를 가슴에 품고 원칙으로 지켜나가야 한다.

부에 이르는 길은 시간의 인플레이션

수도권 부동산이 2013년 하반기에 바닥을 찍고 반등하기 시작했다. 하지만 내가 보유한 물건들은 입지가 떨어져 몇 년간 계속 제자리걸음을 하고 있었다. 그러나 매도하지 않았다. 등기칠 때 마음고생을 심하게 해서 아픈 자식과 같은 느낌이었다. 자식을 돌보는 심정으로 보유하며 기다려 보기로 했다. 나는 조급함이 화를 부른다는 것을 절실히 깨달았기 때문에, 신축 아파트 3개를 무사히 소유한 이후 10년 이상을 가져가자는 투자 원칙을 세우게 되었다. 이 원칙을 흔들림 없이 지켰기 때문에 긴 시간을 버틸 수 있었던 것 같다.

그리고 일시적으로 입주기에 가격이 하락했던 3개의 아파트 시세도, 시간이 흐르며 꾸준히 올랐다. 인내의 결실을 보기 시작한 것이다. 이제 안정적인 부가 형성되었다고 판단한 나는 2017년에 다시 부동산 투자를 시작하기로 결심했다.

강의도 열심히 듣고 공부도 하면서 영종도의 미분양 아파트를 할인분양으로 투자해 현재 2억이 넘는 시세차익을 보고 있다. 영종도의 미분양 아파트에 투자한 금액은 700만 원에 불과하다. 투자금 대비 30배, 즉 3,000%에 달하는 거대한 수익을 거둔 것이다.

또한 매월 현금 흐름의 중요성을 깨달아 지방의 소형 아파트 6개를 매입해 200만 원 정도의 월세를 만들었다. 이 과정에서는 임대사업자 시설물대출과 신탁담보대출을 활용하여 투자금을 최소화했다.

뜻이 맞는 투자 친구들과 신뢰가 형성되면 종종 단기로 공동투자를 해서 목돈을 만들기도 했다. 투자금이 부족할 때는 공동투자를 해 목돈을 만들어 좋은 물건을 매수할 수 있다. 실패하더라도 위험이 분산되기 때문에 굳건한 신뢰가 있다면 공동투자도 나쁘지 않은 방식이라 생각한다. 물론 사기의 위험이 있으므로 오랫동안의 신뢰를 쌓아온 동료들과 함께하는 것이 중요하다.

아직까지 보유 중인 기존의 세 아파트들도 시간이 흘러 분양가에서 12억 정도 상승을 했다. 돌이켜보면 2013년 3개의 분양권을 동시에 등기치느라 지옥을 오가며 힘들었지만, 그 시기를 이겨낸 후 장기 투자하자는 확고한 원칙 하에 시간의 힘을 믿고 버틴 것이 큰 과실을 맺은 것 같다. 큰 부에 이르는 길은 단순하다. 시간의 인플레이션을 믿고 인내로 견디는 것이다.

요즘엔 다주택자 규제로 부동산보다는 주식에 집중하고 있다. 아직은 주린이지만, 강의도 듣고 공부도 하면서 주식 투자의 원칙을 세워나가고 있다. 주식의 변동성과 사이클, 세력들의 평단가 분석, 매수와 매도 시점, 목표가 설정, 손절매 원칙, 재무제표의 분석, 적정 주가 구하기, 분할매수와 분할매도, 계좌의 장단기 운영 등 하나하나씩 공부하며 나만의 투자 원칙을 세워본다. 나만의 뚜렷한 원칙과 투자의 기준이 있어야 장세에 휘둘리지 않고 인내할 수 있다고 생각하기 때문이다. 그리고 인내를 해야, 달콤한 수익의 열매가 돌아올 것을 믿기 때문이다.

초등학교 6학년 때 김포 신도시로 이사를 온 아들은 이제 어엿한 청년이 되었다. 가끔씩 신림동 반지하에서 살던 때의 이야기를 종종 한다. 그리고 지금은 경제적 여유가 생긴 우리의 모습을 믿을 수 없다는 듯, 엄마가 정말 대단하다고 말한다. 경제적 여유는 곧 행복과도 같기에, 자본주의 사회에서 생존하려면 투자를 공부해야 한다.

아들아, 어린 시절 엄마를 기다리며 홀로 춥고 외로운 시간을 견뎌준 네가 있었기에 엄마도 힘든 시간을 버틸 수 있었단다. 원칙을 세우고 시간의 힘을 믿어라. 그러면 반드시 부를 이룰 수 있다.

므두셀라 기법과
복리의 마법

투자자의 우상이며 부富의 상징과도 같은 인물인 워렌 버핏Warren E. Buffett의 재산 중 99%가 53세 이후에 형성된 것이라는 사실을 아시나요?

워렌 버핏이 53세, 즉 투자경력 42년 차에 현재 재산의 약 1%를 보유하게 되었다는 것이죠. 2021년 현재 워렌 버핏의 나이는 91세, 그는 53세 이후에도 37년간의 투자를 통한 복리의 마법으로 투자자 중 가장 큰 부를 이룬 것입니다. 90세 생일을 맞은 버핏에게 부의 비결을 물어보니 이렇게 답했습니다.

"부자가 되려면 오래 사세요. 저는 오랫동안 투자자들에게 므두셀라 기법을 권해왔습니다."

'므두셀라 기법'이란 무엇일까요?

므두셀라Methuselah는 인류 역사상 가장 오래 살았던 사람으로 구약성서에 기록되어 있는 인물이죠. 구약성서에 따르면 므두셀라는 969년을 살았다고 전해집니다. 그래서 버핏은 자신의 90세 생일이 최종 목적지의 9%밖에 되지 않는다고 농담을 했죠. 므두셀라의 나이 969세에 비하면 90세는 9%밖에 되지 않는다고 말입니다.

버핏이 말한 므두셀라 기법이란, 복리로 오랫동안 투자를 하면 큰 부를 얻을 수 있다는 것을 강조하는 말입니다. 버핏은 10살 때 복리의 마법을 깨달았다고 합니다. 1,000달러로 50년 동안 매년 수익률 10%를 얻으면 무려 11만 7400달러가 된다는 것을 알고 "돈이 바로 이렇게 불어나는 거구나."라고 혼자 감탄했다고 하죠. 그래서 버핏은 11세 때 주식을 시작해 돈에 대한 깨달음을 직접 실천으로 옮기게 됩니다. 그 후 무려 80년 동안 복리 투자를 하게 되죠.

이것이 바로 버핏이 말한 '므두셀라 기법'입니다. 하루라도 빨리 투자하고, 오래 투자하라는 '투자 기간'의 철학이죠. 그래서 버핏은 여러분이 부자가 되려면 오래 살라고 조언하는 겁니다. 오래 살수록 오래 투자할 수 있으므로, 복리의 마법으로 부자가 될 확률이 높다는 것입니다.

복리復利란, 중복된다는 뜻의 한자 복復과, 이익률을 의미하는 리利가 합쳐진 단어입니다. 원금에 수익을 더한 금액이 다음 기간의 원금이 되어 이익률을 계산한다는 말이죠. 예를 들어, 원금 100만 원에 연 10%의 수익을 거두면 다음 해는 110만 원이 되고, 그 110만 원에 다시 10%의 수익을 거두면 그다음 해는 121만 원이 된다는 말입니다. 이처럼 복리의 효과를 누리기 위해서는 빨리 시작하고, 길게 투자하는 것이 좋습니다. 복리의 마법이 어떻게 나타나는지 그래프를 통해 더 구체적으로 살펴보죠.

그래프는 100달러를 투자해 연 10%의 수익률을 매년 거뒀을 때 시간이 지날수록 부가 얼마나 늘어나는지를 보여주고 있습니다. 15년이 지나면 418달러로 원금이 4배 정도가 되며, 30년이 지나면 1,745달러로 원금이 약 17배가 되죠. 만약 여러분이 1억 원을 자산에 투자해 연 10%의 수익률을 꾸준히 거두면 15년 후에는 약 4억 원, 30년 후에는 약 17억 원이 된다는 말입니다.

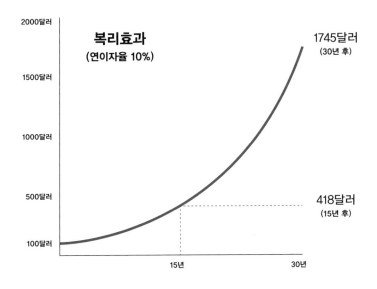

연이자율 10%일 때 시간에 따른 복리효과 그래프

많은 분들이 이제 나이가 들어 재테크에 늦지 않았냐고 질문합니다. 하지만 워렌 버핏이 53세 이후에 부의 99%를 만들었다는 것을 기억하세요. 아직 늦지 않았기에 부를 향한 여정을 결코 포기해서는 안되는 것입니다. 부동산 재벌이자 미국 제45대 대통령 도널드 트럼프Donald J. Trump는 이렇게 말합니다.

"여러분에게 최고의 날은 아직 오지 않았다."

앞으로 다가올 최고의 날을 위한 희망과 긍정의 마인드로, 경제를 공부하며 하루하루 성공으로 나아가는 여러분이 되시기를 바랍니다. 그리고 여러분이 공부하는 경제 지식과 투자의 경험은 결코 여러분의 삶에만 머무르는 것이 아니라는 점도 잊지 마세요. 여러분은 자녀들에게 경제의 노하우Know-How와 부자가 되는 길을 교육하며, 대를 이어 부를 전승하게 될 것입니다. 찬란한 부와 번영의 가문을 세우는 여러분이 되시기를 소망합니다.

단리, 복리 비교표

(단위 : 만원)

	10% 단리	10% 복리
원금	100	100
1년	110	110
5년	150	161
10년	200	259
20년	300	673

오랫동안 꿈을 그려온 사람은 마침내 그 꿈을 닮아간다.

• 앙드레 말로 •

자본시장 우상향의 믿음과 꿈의 씨앗

무일푼의 두 남녀
2030년의 자산가를 꿈꾸다

·

자유부인

언제나 미쳐있는 아파트값

고등학생일 때 IMF 외환위기가 왔다. 1998년, 3달 만에 부도가 난 기업의 수는 무려 1만 개에 달했다. 뉴스에는 연일 부도 소식이 가득 찼고, 거리에는 실업자가 넘쳤다.

대한민국 역사상 가장 혹독했던 경제위기 시절이다. 당시 신문 기사를 읽었던 기억이 난다.

'부동산 폭락, 전세 날벼락, 부동산 불패 신화 무너져'

1년 동안 부도로 쓰러진 건설 업체의 수가 무려 4천 개에 달하던 때였다. 당시 대구의 신규 분양 아파트 가격은 1억 원 정도였다. 그때 엄마의 말이 특히 기억에 남는다.

"이제 부동산은 끝났는데 집값이 미쳤어. 1억 원이 무슨 말이야."

10년이 지난 2008년, 리먼 브러더스의 파산으로 촉발된 세계 금융위기가 들이닥쳤다. 그때도 엄마는 아파트값이 미쳤다며 말도 안된다고 했다. 10년 전과 마찬가지로 부동산은 끝났으며 버블이 붕괴한다는 뉴스가 언론을 지배했다. 그때의 신축은 얼마였을까?

2억 원 정도였다.

엄마는 집값이 더 이상 높아지지 않을 거라고 했다.

다시 10년이 지나 2018년이 되었다.

이미 20년이 지난 구축인데도 불구하고, 아파트값은 4억 원이 되었다. 돌이켜보면 10년마다 거의 2배씩 아파트값이 오른 것 같다. 20년 전이나 10년 전이나 지금이나, 아파트값은 항상 미쳐있는 것이다. 그럼 이제 미친 아파트값이 폭락할 것이니 거품이 붕괴될 때를 기다리면 되는 걸까? 정말 말도 안 되는 가격인 걸까?

대한민국이 사실상 국가 부도였던 IMF 외환위기 때도 주택시장은 붕괴하지 않았다. 사람이라면 누구나 살 집이 있어야 하기 때문이다. 우리가 음식료품이 없으면 살 수 없듯, 주택 역시 필수재라는 말이다. 주식은 내가 사지 않으면 그만이지만, 집은 매매건 전세건 월세건 반드시 한 가지의 유형을 선택해야 한다.

주택시장에는 강제로 참여할 수밖에 없다는 말이다. 그래서 20년 전이나, 10년 전이나, 지금이나 아파트값은 항상 미쳐있는 거 같다. 그 가격을 인정하고 내 이름으로 등기를 치느냐 안 치느냐. 즉, 그 부동산이

내 것이냐 남의 것이냐가 관건이다.

이 수기를 쓰고 있는 지금, 10년 후의 아파트값은 어떻게 되어 있을지 궁금해진다. 오름폭은 알 수 없지만, 지금보다 훨씬 비싼 가격을 형성하고 있을 것이다. 그리고 사람들은 그때 가서도 '아파트값이 미쳤어'라고 말하며 10년 전인 지금의 가격을 그리워할 것이다.

돈에 대해 무관심했던 20대의 욜로족*

20대의 나, 돈은 쓰라고 있는 것인 줄 알았다.

여행 다니고, 맛난 거 먹고, 책 읽고, 공부하고, 연애하고…

저금? 그게 뭐지?

지금 생각해보니 당시의 나는 욜로족이었다.

돈에 대해 한번도 깊이 있게 생각해 본 적이 없었다.

사회 초년생 시절, 주 6일을 꼬박 일하면 월급 100만 원 정도가 통장에 들어왔다. 그 돈을 모두 소비하며 세상이 물 흐르듯 흘러가는 줄 알았다.

결혼하면 집은 자연스럽게 생기는 것인 줄 알았다.

서른, 서울에 있는 신랑과 연애를 하다 결혼을 마음먹고 서울로 올라왔다. 언덕을 올라 화장실도 없는 단칸방 하나의 공간…

이것도 추억이라며 신랑이 살던 그 집에서 보름 가량을 지냈다. 콩깍지가 씐 것이지… 빈털터리인데도 마냥 좋기만 했다.

＊ 욜로족YOLO族 : You Only Live Once의 앞 글자를 따서 만든 용어. 미래나 타인을 위해 현재나 자신을 희생하기보다는 지금 당장 삶의 질을 높여줄 수 있는 선택을 추구하는 사람들을 가리킨다.

결혼으로 시작한 30대, 자본주의에 눈을 뜨다

남편은 사업 실패를 겪어 무일푼이었다. 내가 미쳤었구나 싶다. 무엇에 홀려 결혼을 했는지… 우리는 땡전 한 푼 없이 결혼을 감행했다.

부동산에 처음 방문해 신혼집을 찾으러 다녔다. 집을 어떻게 보는지도 몰랐다. 친구들은 전세로 시작을 한다고 말하는데, 난 돈이 없어 월세를 알아보러 다녔다.

보증금 500만 원에 월세 35만 원.

방 2칸, 화장실 1개, 겨우 음식을 만들 수 있는 작은 주방.

하지만 수중에는 200만 원 남짓의 돈밖에 없었다. 엄마에게 전화해 돈을 빌렸다. 돈이 없다는 말을 하기 민망해서 보증금을 좀 높여야 월세를 낮출 수 있다고 얘기했다.

신혼살림은 중고 냉장고, 중고 세탁기, 중고 컴퓨터, 친구가 선물로 사준 전자렌지, 여동생이 선물해준 침대… TV는 없었다.

그때는 젊으니까 괜찮다고 생각했는데 글을 쓰는 지금 눈물이 핑 돈다. 여튼 10년 정도 열심히 맞벌이하면 집을 살 수 있다는 막연한 생각을 했다.

이사하고 얼마 지나지 않아 곳곳에 곰팡이가 피기 시작했다.

도무지 사라지지 않는 곰팡이와의 동거가 익숙해질 무렵, 구청에서 독촉장이 날아왔다. 연체된 세금이 500만 원이 넘는다. 신랑의 사업이 안 되고 있다는 걸 직감했다.

수중에 있는 건 빌린 보증금 500만 원이 전부인데 어떻게 돈을 낸단 말인가… 설마 보증금 500만 원이 전부 압류당해 집에서 쫓겨나는 것은 아닌지 겁이 덜컥 났다. 그래서 보증금을 일부라도 건지고자 더 싼 보증 금으로 이사를 하기로 결심했다.

보증금 300만 원에 월세 27만 원…

반지하보다는 살짝 올라가 있는, 방 2개에 거실이 없는 다세대 주택이 다. 여름에는 곰팡이와 전쟁을 벌여야 했고, 겨울에는 수도가 얼까 봐 신 경을 써야 했다.

자존심과 자존감은 날이 갈수록 자연스럽게 떨어졌다. 이대로는 안되 겠다 생각해 나도 직장을 잡고 열심히 맞벌이하기로 결심했다.

서울 생활은 힘들었다. 특히 직장에서 텃세가 심해 매일 그만둘까를 수없이 고민했다. 하지만 버틸 수 있었던 이유는 일을 해서 돈을 모아야 전세로 이사할 수 있기 때문이다. 더 나은 주거 환경으로 가기 위해 이를 악물고 일했다. 그렇게 1천만 원을 모았다.

욜로? 그런 것은 없다.

저금을 모르고 살았던 20대의 나는 사라진 지 오래다. 돈이 있어야 생 존할 수 있고 좋은 곳에 살 수 있다는 현실을 깨달았을 뿐이다.

월세에서 다가구 전세로 올라서다

이제 1천만 원이 넘는 돈을 모았으니 전세를 구하자!

전셋집을 보러 다니다가 4천만 원의 전셋집이 마음에 들어 3번이나 방문한 뒤 계약하기로 했다. 우리 돈은 1200만 원, 그리고 2800만 원의 전세자금대출을 받아 4천만 원을 마련했다.

방 두 개, 주방 겸 거실이 있는 17평…

드디어 작지만 거실 같은 공간이 생겼다. 나는 기뻤지만 우리 엄마는 단 한번도 우리 집에 온 적이 없었다. 지금 생각하니 오지 않은 것이 다행이다. 얼마나 마음 아팠을까…

이곳에서 전세로 3년을 거주했는데, 집주인이 이 집을 팔 거라며 우리에게 매매를 권한다. 신랑과 나는 몇 개월을 고민했다.

"이 집 과연 괜찮을까?"

고민하고, 또 고민한다. 잠도 안 온다.

그래, 마음 편히 살자…

집을 사기로 결심하고 매수 계약서를 썼다.

드디어 내 집이 생겼다는 기쁨도 잠시,

퇴근길에 밤하늘을 올려다보는데 뭔가 마음이 허해졌다.

맞벌이하며 열심히 살고 있는데 이게 뭘까…

이대로는 안 될 것 같아 부동산 관련 책을 읽기 시작했다.

4천만 원에 전세로 거주하던 그 집의 전세가는 계속 상승해 지금은 1억 정도가 되었다. 그리고 다세대나 다가구는 전세가 오르면 집값이 밀려 올라간다. 앞으로 새 아파트가 될 정비사업 구역이 아니라면, 실수요에 의해 가격이 좌우되는 시장이 서민들의 주거 유형인 빌라, 다세대, 다가구라 할 수 있다.

방 3칸, 화장실 2개 빌라로 갈아타기

결혼 6년 만에 이쁜 아기가 태어났다. 그러자 방 2칸에 화장실 1개인 우리 집이 너무 작게 여겨졌다. 우리 동네가 출퇴근에 편리했기에, 일단 여기에서 더 넓은 곳으로 옮기자고 생각하며 집을 보러 다녔다. 일단 좀 더 넓은 곳으로 옮기고 아이가 5살쯤 되면 아파트로 이사할 계획을 세운다. 6개월 정도 주변 집들을 샅샅이 살폈다. 장래에 이사할 아파트도 봐둔다. 매매가가 2억이었다.

그런데 아파트 전셋값 정도에 살 수 있는 빌라가 눈에 들어왔다.

역 1분 거리, 도서관, 체육센터, 재래시장이 인접해있고 차로 5분 거리에 마트가 있으며, 방 3칸에 화장실 2개인 준신축빌라였다. 건축한 지 5년밖에 안 되어 손댈 곳이 없었다.

'어머, 이건 사야 해!'

다가구, 다세대만 가득한 동네에서 신축 빌라를 보니 너무 마음에 들었다. 바로 사지 않으면 누가 계약할 것 같아 월세가 껴있는 그 집을 당장 매수했다. 기존 집으로 담보대출을 받고 신용대출을 총동원했다. 모르는 게 약이라고 1년 정도 매달 즐겁게 월세를 받았다.

이제 비로소 집주인이 된 느낌!

역시 난 부린이였다. 아파트를 사야 한다는 걸 그땐 몰랐다. 빌라는 아파트의 대체재다. 따라서 아파트값이 먼저 오르고 난 후, 아파트 매매와 전세 가격이 비싸져 실수요자들이 빌라로 밀려나면 그 실수요로 인해 전셋값이 오르고, 전셋값이 오르면 매매 가격이 올라가는 구조다.

여튼 당시에는 주변 아파트 전셋값 정도로 신축빌라 매매가를 제시하니 혹했던 것이다. 그래도 월세가 들어오는 날은 뭔가 모르게 풍족해진 이 느낌… 그 날은 특별히 기분이 더 좋은 날이다.

1년간 놓은 월세의 계약 기간이 끝나고, 드디어 우리 집으로 이사를 들어갔다. 방 3칸에 화장실 2개, 창문으로 공원뷰가 보이는 신축빌라가 우리 집이다. 가슴이 벅차 올랐다.

신혼 때 장만했던 중고 가전을 싹 다 버리고, 새 살림 차리듯 새 가구와 새 가전제품이 하나씩 배달되어 들어왔다.

살고 있던 기존의 집은 우리가 처음 전세로 들어갔던 4천만 원의 두 배인 8천만 원에 전세를 놓고, 그 돈으로 대출금을 일부 상환했다. 거실 창가로 나무들이 춤을 추듯 살랑거리는 모습을 보며 여유로운 생활을 만끽했다.

그런데 이 행복도 잠시, 다니던 회사가 휘청거리며 월급이 밀리기 시작했다. 퇴사하는 직원들이 늘어났고 퇴직금도 받지 못해 소송을 하는 상황이 발생했다. 7년간 다닌 직장이 폐업의 수순을 밟자 더 이상 회사를 다닐 수 없었다.

맞벌이를 하며 열심히 돈을 모아왔는데, 갑자기 외벌이가 되니 고정 지출이 엄청난 부담으로 다가왔다. 특히 내 월급으로 매달 담보대출을 상환해왔는데, 퇴직으로 월급이 사라지니 담보대출 상환금을 줄이지 않고서는 생활이 어려울 것 같았다. 그래서 15년으로 설정되어 있는 담보대출의 상환 기간을 연장해 매달 나가는 돈을 줄이기로 했다.

하지만 정부에서 온갖 대출규제를 내놓은 상태라 대출 갈아타기가 쉽지 않았다. 시중 은행들을 다 돌아다니며 노력한 결과 다행히 하나은행에서 담보대출 기간을 30년으로 바꿀 수 있었다. 상환 기간을 두 배로 연장하니, 매달 대출 상환으로 나가는 돈이 반으로 줄어들어 마음이 다소 편안해졌다.

하지만 이것도 잠시, 집값이 심상치 않다.

투자의 결단 – 더 이상 벼락거지로 살지 않겠다

2020년 상반기 코로나로 집값이 잠시 침체에 빠지는 듯하더니, 이내 상승기류를 타고 집값이 계속 오른다. 우리 집 빼고 남의 집은 다 올랐다.

이 상실감을 어쩌란 말인가. 순식간에 벼락거지가 된 기분이었다.

아들이 초등학교쯤 되어 이사 가려고 봐놨던 아파트는 2억에서 이제 4억을 훌쩍 뛰어넘는다. 그러나 우리 집은 분양할 때나, 내가 매수할 때나, 당시나 큰 변동이 없었다.

너무나 억울했고, 내가 할 수 있는 게 무엇인지 생각하고 또 생각했다. 이제야 알게 된 것이지만 빌라 시세는 아파트 가격에 후행하는 것이었다. 그래, 아파트를 사야 한다!

하지만 회사가 폐업의 위기에 몰려 실직을 했고, 그동안 육아를 도와주시던 부모님도 사정이 생겨서 5살이 된 아들을 맡겨놓을 곳도 없어졌다. 그러니 회사에 취직하기는 어렵고, 일요일에 주말 알바를 하며 조금이라도 돈을 벌어보고자 애썼다. 또한 여성의 신규 창업에 혜택이 있다는 말을 듣고 수제품 창업에 도전해보기도 하였다.

하지만 당장 목돈을 마련하는 것은 불가능했다.

아무리 생각해도 답이 나오지 않는다.

결심했다. 지금 살고 있는 집에 전세를 놓고, 그 전세금으로 아파트를 사자. 그리고 우리는 조금 힘들더라도 월세로 옮기자.

월세로 이사 갈 집을 알아보는 동안에도 아파트값은 하늘 높은 줄 모르고 뛰고 있었다. 아늑한 지금의 공간을 벗어나 다시 세상의 풍파와 맞서야 한다고 생각하니 두려운 감정도 생겨났다. 하지만 이 두려움을 극복하지 못하면 영원히 아파트에 살 수 없을 것 같았다. 이사하려고 봐놓은 아파트가 두 배 이상 가격이 뛰어 멀어지고 있는 것을 보니, 오히려 처음 신축빌라로 이사 왔을 때의 감정으로 살아갈 자신이 없어졌다.

그렇다면 두려움을 넘어서야 하는 것이다. 그리고 목표를 더 높게 잡았다. 구축 아파트로 이사 가는 것이 아니라 새 아파트로 이사를 가기로 결심했다. 그래서 분양권을 물색하기 시작했다.

내가 어린 시절 살았던 대구에 공급물량이 많아 미분양 아파트가 늘어나고 있었다. 그리고 희미한 과거를 기억해본다. 1998년 IMF 당시 대구의 신규 분양가에 한탄하던 엄마의 목소리, 2008년 세계금융위기 때 대구에 불어 닥친 미분양의 충격을 떠올렸다. 그리고 지금은 모두가 그때 집을 사지 못했던 것을 후회하고 있다.

13년이 지난 지금, 다시 대구는 미분양 아파트가 많다며 연일 잿빛 기사가 넘쳐난다. 나는 기회라고 생각했다. 남들은 위기라고 하겠지만 새 아파트를 꿈꾸었던 나에게는 분명히 기회다. 그리고 시간이 지나면 이 아파트를 사지 못했음을 후회할 것이다.

평소 눈여겨 봐왔던 대구 신암뉴타운 쪽의 미분양 물건을 매수했다. 신암뉴타운이 모두 새 아파트로 바뀌는 그때, 동대구 역세권의 미니 신도시가 될 미래를 상상해본다.

분양권은 전체 분양가의 10%로 계약을 하고 중도금 대출을 받을 수 있다. 그래서 자금 여력이 남아 추가 투자를 할 수 있게 되었다. 역시 살았던 곳이 가장 익숙하다고, 대구와 가까운 포항으로 가본다.

포항 KTX역 인근에 신도시들이 개발되고 있다. 이인지구, 펜타시티 지구에서 새 아파트들이 분양하고 있다. 펜타시티의 분양 사무소 한 곳에 방문했다. 통유리로 조망이 멋지게 펼쳐지는 광폭 거실을 보고 한눈에 반해 펜타시티 분양권을 매수했다.

이로써 기존의 빌라 2채에, 분양권 2개까지 순식간에 4주택 포지션을 가지게 되었다. 상상할 수 없는 용기를 낸 나 자신에게 놀랐고, 현재 월세에 거주하고 있지만 앞으로 펼쳐질 미래를 생각하니 오히려 마음은 더 편안해졌다.

미래에 대한 즐거운 꿈과 상상

2010년, 두 남녀는 무일푼으로 시작했다. 월세에서 전세로, 작은 다가구에서 빌라로, 빌라에서 신축 분양권 2채로 나아갔고, 현재는 나스닥 지수를 추종하는 상품인 TQQQ 주식을 분할 매수하고 있으며 최근 비트코인도 매수를 시작했다.

나의 미래는, 우리 가족의 미래는 어떻게 되어 있을까. 즐거운 상상을 펼쳐본다. 꿈이 이뤄질 것을 굳게 믿으면서…

먼저 기대하는 미래는 빌라 2채가 모두 재개발이 되는 것이다.

2021년 한여름 저녁, 누군가가 우리 집의 문을 두드렸다. 우리 동네에 공공재개발을 추진하는데 동의서를 작성해달라는 것이다. 역세권재개발 동의서 접수를 위해 주민들이 열심히 뛰어 2주 만에 40%의 동의서를 받아냈다. 비록 선정되지는 않았지만 재개발 추진으로 우리 동네의 다세대, 다가구들이 반지하까지 모조리 집값이 뛰었다.

내가 보유한 2채의 빌라 값이 뛴 것은 물론이다. 지금은 내가 매수한 가격보다 더 많은 전셋값을 받고 있다. 전셋값 상승분으로 대출을 모두 상환해 매달 나가는 이자가 한 푼도 없다.

뿐만 아니라 2채의 빌라는 역세권에 위치하고 있으므로 언젠가는 재개발이 될 것이다. 역세권의 땅을 가지고 있다는 심정으로 장기간 보유해보려고 한다. 재개발은 오랜 시간이 걸린다. 따라서 시간을 돈으로 바꾸기 위해 자녀에게 증여하는 것도 좋은 대안이 될 것이다.

다음은 분양권 2개에 대한 상상이다. 분양권 2개 중 한 채는 실거주할 것이며, 한 채는 전세를 줄 예정이다. 물론 입주장의 공급물량으로 전셋값이 고전할 것이다. 하지만 현재 대출이 없으므로 분양권 2채의 입주장만 무사히 넘긴다면 시세의 상승을 볼 수 있을 것으로 기대한다. 분양가에 전세를 놓게 될 시기가 올 것으로 믿는다.

또 다른 상상의 나래를 펼쳐본다.

상상은 마음껏 가능하니까. 꿈을 꾸는 것은 자유니까.

2030년에 내 자산 규모는 어떻게 되어 있을까?

미국주식 3배 레버리지 TQQQ는 몇 배 상승해 있을까.

암호화폐 비트코인은 얼마나 상승해 있을까.

빌라는 어떻게 되어 있을까.

분양권이 신축 아파트가 되고, 신도시가 완성되면 어떻게 될까.

12년 동안 매주 로또를 산 신랑이 로또가 당첨되는 건 아닐까.

다가올 상승장을 위해 열심히 씨앗을 뿌렸다고 생각한다. 그리고 그 때가 오면 숙성시켜놓은 시간의 힘으로 열심히 수확을 하게 될 것이다. 2030년 내 자산이 50억이 되는 것을 목표로 삼았다.

부동산을 사면서 부동산과 정치의 관계를 보게 되었다. 정치에 하나도 관심이 없던 내가 정치 뉴스를 보고 있다. 미국 주식을 사면서 세계를 보게 되었다. 그리고 세계에서 벌어지는 일에 관심을 가지게 되었다. 암호화폐를 시작하며 미래사회의 향방이 궁금해졌다.

앞으로는 어떤 세상이 펼쳐질까?

이제는 먼 미래를 꿈꾸기 시작한 나를 발견하게 되었다. 이전과는 완전히 달라진, 변화된 나의 모습이다.

2030년, 큰 부를 이룬 모습으로 성공 수기를 쓰고 있는 나 자신을 상상해본다. 성공은 꿈꾸는 자의 것이다.

투자와 거주를 분리하는 조정기의 지혜

부동산으로 부富를 이루기 위해서는 투자와 거주를 분리하는 것이 좋습니다. 투자와 거주를 분리하라니, 무슨 말일까요?

결혼을 앞두고 신혼집을 알아보던 갑순이는 '실거주용' 부동산과 '투자용' 부동산을 구분해야 한다는 부동산 소장님의 조언을 듣게 됩니다. 고수 소장님은 이렇게 말씀하셨죠.

"신혼집으로는 지금 직장에서 출퇴근이 편리한 곳의 오래된 빌라 월세를 사는게 좋고, 원래 신혼집을 사려고 했던 돈은 핵심지의 아파트를 전세를 끼고 사 놓는게 좋아. 지금은 하락 조정기라 핵심지 아파트의 좋은 물건들이 싸게 나오고 있거든."

예쁘고 아늑한 신혼집의 환상을 깨뜨리는 소장님이 마음에 들지는 않았지만, 소장님의 확신에 찬 눈빛과 진실함이 묻어나는 목소리에 말씀을 계속 들어보기로 합니다.

갑순이 커플의 신혼집 예산은 신랑 1억, 갑순이 1억, 양가 부모님의 지원금 1억을 합쳐 총 3억 원이었습니다. 갑순이는 이 종잣돈 3억에 대출금 2억을 합쳐 출퇴근이 편리한 A지역에 5억짜리 $59m^2$형 아파트를 매수할 생각이었습니다. 비록 A지역이 핵심지는 아니지만 출퇴근이 편리한 아파트가 우선이라고 생각했으니까요. 그런데 소장님의 제안은 다음과 같았습니다.

출퇴근이 편리한 A지역 (실거주용)

오래된 투룸 빌라 월세를 구한다 – 보증금 2천, 월세 80만원

핵심지 B지역 아파트 (투자용)

예산: 남은 2억 8천 + 신랑신부 신용대출 각 1억 = 4억 8천

핵심지 아파트 84㎡를 전세 6억 2천을 끼고 11억에 매수

만약 A지역의 아파트를 5억에 매수해 실거주를 하게 되면 갑순이 부부의 자산 총액은 5억입니다. 반면 낡은 빌라 월세에 거주하며 11억짜리 아파트를 매입해 둘 경우 자산 총액은 11억이 되죠. 더군다나 조정기에 핵심지 아파트를 급매로 매수하면 더 큰 이익을 볼 수 있습니다. 5억의 아파트를 급매로 매수할 때보다 10억의 아파트를 급매로 매수할 때는 아래처럼 더 싸게 매입하는 장점이 있죠.

출퇴근이 편리한 A지역 (실거주용)

5억의 아파트 −20% 급매 = 4억에 매수 (−1억 싸게 매입)

B지역 핵심지 아파트 (투자용)

10억의 아파트 −20% 급매 = 8억에 매수 (−2억 싸게 매입)

갑순이 커플은 젊기 때문에 '시간'의 장점을 활용할 수 있습니다. 조정기가 지나 다시 상승기의 사이클이 도래하면 어떻게 될까요?

만약 아파트가 10% 오른다고 할 때, 5억의 아파트는 5천만 원이 오르지만, 11억의 아파트는 1억 1천만 원이 오릅니다. 또한 핵심지의 아파트는 상승기에 오름폭이 훨씬 크고 길게 오르는 특징이 있습니다. 그래서 조정기에는 핵심지 아파트에 관심을 기울여야 하며, 시가총액이 큰 자산을 싸게 매입할 수 있는 절호의 기회가 됩니다.

집을 보기 위해 부동산에 방문하면 소장님들이 반드시 질문하시는 내용이 있습니다. "실거주용이에요, 투자용이에요?" 이 질문 자체가 투자와 거주를 분리하는 부의 지혜를 시사하는 것입니다. 실거주용 집에 월세로 살면 종잣돈을 크게 늘릴 수 있습니다. 그리고 다시 전세를 끼고 집을 사면 종잣돈에 타인의 전세금이 더해져 핵심지 아파트를 매수해 둘 수 있는 것입니다. 그리고 갑순이 부부는 핵심지 아파트에 입주하기 위해 더 열심히 일하고 저축을 하겠죠.

"밀짚 모자는 겨울에 사라."는 격언이 있습니다. 투자와 거주를 분리하며 핵심지의 좋은 자산을 싸게 매입해 돌아오는 상승기에서 큰 부를 이루시기를 바랍니다.

제4법칙

부의
포트폴리오

스스로 움직여라.
그렇지 않으면 타인에 의해 움직이게 될 것이다.

• 에즈라 파운드 •

근로, 저축, 신용, 현금 파이프라인

결심하라 그리고 행동하라
평범한 아줌마의 성공 수기

•

지나킴

투자 수기를 쓸 정도의 경험이 있는지 스스로를 돌아본다. 나는 투자 지식이 없는 부족한 사람임을 미리 밝힌다. 시련은 있었지만 투자의 실패는 없었다고 생각하며, 나의 투자는 아직도 현재 진행형이다. 물론 누군가는 시련을 실패라고 볼 수도 있으리라. 성공에 이르는 과정에서 누구나 수많은 시련을 겪는다. 나는 이 실패 아닌 시련이 모여 성공을 이뤄낸다고 생각한다. 나와 같은 평범한 사람들을 위해 용기를 내 투자 수기를 쓰기로 했다.

나의 10대와 20대

모든 것이 풍요로웠다. 원하는 모든 것을 다 가질 수 있었다.

그러나 하루아침에 부모를 잃고 길바닥에 나앉았다.

동화 속 소공녀는 철이 있었지만 나는 철이 없고 미성숙했다.

그리고 가난에 익숙해져 버렸다.

30대, 결혼과 반지하 원룸에서의 시작

결혼을 했다. 시댁에서 전세 보증금으로 쓰라며 5천만 원을 주셨다. 반지하 원룸에서 살던 우리는 갑자기 부자가 된 기분이었다.

신랑과 나는 아르바이트 수준의 일만 하며 적당히 살아가고 있었다. 200만 원 버는 우리가 꽤 잘 번다고 생각했다. 둘이 먹고 쓰기에는 충분했기 때문이다.

이렇게 경제적 지식이 전혀 없는 상태로 큰아이를 출산한다.

2010년 큰아이가 병원에 입원한 날.

보험료 받으면 줄 테니 병원비를 빌려달라는 연락을 하고 있는 나를 마주했다. 우리가 버는 소득이 얼마나 보잘것없는지, 우리의 미래가 얼마나 깜깜한지를 깨달았다.

내 삶은 부끄럽지 않았다. 하지만 돈 없는 엄마라는 것이 한없이 부끄러웠다.

결심했다. 돈을 모으자.

오직 돈 모으기에 열중해 내 집을 마련하다

가계부 작성, 지출 줄이기, 부수적 소득 늘리기에 모든 열정을 쏟았다. 나는 원룸 청소, 전단지 붙이기, 세차 알바 등 시간 내서 할 수 있는 모든 일을 찾아 했다.

부끄럽고 창피한 것 따위 없었다.

모은 돈은 저축한다. 불필요한 지출은 전부 제거했다. 하루에 1만 원으로 시장 봐서 밥 해 먹고, 아이와 우리의 모든 옷은 주위에서 얻어서 입었다.

친구들과 만남은 곧 지출이었다. 그래서 친구들과의 만남을 아예 끊어버리고 오직 돈 모으기에만 열중했다.

그렇게 1년 만에 인생 처음으로 3000만 원의 돈을 모았다.

전세를 살던 임대인이 전세금을 올려달라고 한다.

나보다 어린 나이인데, 자꾸 '집주인인데요'라고 전화하는 것이 기분 상했다. 세를 산다는 것은 이런 것이다. 계약을 종료하고 내 집을 마련하기로 결심했다.

2011년, 구축 소형 평수 아파트로 첫 집을 마련했다.

매매가는 1억 7천만 원이었다. 인테리어와 부대비용이 2천만 원 정도 들어 총 1억 9천만 원이 필요했다. 1년 동안 모든 3천만 원에 전세 보증금으로 가지고 있던 5천만 원, 여기에 대출금 1억 1천만 원을 더해서 총 1억 9천만 원을 만들었다.

2011년은 하락기였다. 매매가는 떨어져 매수자는 없고, 집을 사려는 사람이 없으니 전세로 몰려 전셋값이 높아지고 있는 상황이었다.

전세 구하기가 힘들다는 부동산 사장님 말씀, 10년간 시세 중 최저인 상황을 보고 지금 사도 최소한 억울하지 않겠다는 마음에 바로 첫 집을 계약한다. 대출을 최대한으로 받았지만 저렴하게 인테리어도 하고, 첫 번째 내 집이라 세상을 다 가진 기분이었다.

첫 집을 매도하고 분양권을 계약하다

2015년에 첫 집을 2억 1천만 원에 매도했다. 대출금을 모두 상환하고 정산해보니 현금이 1억 3천만 원 남았다.

큰애가 자라고 둘째가 어리다 보니, 내가 벌 수 있는 근로소득은 줄고 지출은 늘어만 갔다.

집을 살 때 들었던 돈이 총 1억 9천이었으니, 2억 1천에 매도해 4년 동안 2천만 원 정도 오른 셈이다. 원룸 청소를 하던 어느 날 아무리 낡은 원룸 건물이라도 6억 이상 한다는 것을 알았다. 그날 나는 이대로는 안 된다고 생각했다. 자산의 총액을 늘리기 위해 무언가 다른 방법을 찾아야 한다고 생각했다. 그리고 그날 집을 팔았다.

나는 마음 먹으면 곧바로 실행하는 성격이다. 집을 팔고 일단 원룸으로 들어가기로 했다. 원룸은 좁다. 하지만 이전과 똑같은 상태로 대충 살고 싶지는 않았다. 통장에 1억 3천만 원의 돈이 처음 찍힌 날, 우리는 아파트의 살림을 다 처분하고 아이들과 원룸으로 들어갔다. 1억 3천만 원의 현금으로, 더 큰 자산을 매수하기로 결심한다.

그리고 2016년, 분양권을 처음 계약하게 된다.

분양가는 3억 1600만 원이었다. 거기에 프리미엄이 100만 원, 그리고 취등록세, 중도금 대출이자, 발코니 확장비*를 더해 총 3억 4천만 원이 필요했다. 그리고 나는 70%의 대출을 받아 신축 아파트에 입주했다.

3개월 동안 원룸에 살면서 주위의 모든 집을 다 보러 다녔다. 볼수록 눈이 높아져 자연스럽게 신축으로 향했다. 가장 신축급인 대단지 아파트의 시세가 3억 3천만 원 이었는데, 신규 분양권의 분양가가 3억 대라는 것을 알았다.

나는 발코니 확장비, 중도금 대출 이자라는 용어도 몰랐다. 그냥 앞으로 신축이 될 좋은 아파트가 더 싸다면, 내가 살 수 있다면 사야 한다는 확신만 있었다. 34평에 프리미엄 100만 원짜리가 가장 쌌다. 프리미엄이 없는 분양권도 있었지만, 나름의 소신대로 남향에 가장 좋은 타입, 중층 물건 중 가장 싼 분양권을 선택했다.

신용은 능력이다. 가진 자원을 총동원하다

내가 가진 능력이 무엇이건 극대화해야 한다고 생각했다. 대출을 최대한 받는 것도 중요한 능력 중의 하나다. 자본주의 사회에서 신용은 곧 능력이다. 그 능력이 있는데 왜 쓰지 않는가. 대출을 최대한 받아 두 번째 아파트로 입주를 했다.

---

* 발코니 확장비 : 아파트를 분양받을 때 발코니 확장을 옵션으로 선택할 경우 추가로 내는 비용

입주 기간 첫 주에 바로 입주를 했는데 커튼 살 돈도, 입주청소 할 돈도 없었다. 이사도 트럭을 한 대 빌려 내가 짐을 다 싸서 했다. 내가 청소하고 내가 짐을 날랐다.

원룸에서 이사를 했으니, 34평 신축 아파트에 큰 짐은 냉장고와 아이 책상 하나가 전부였다. 이사 간 첫날 바닥에 이불을 깔고 넷이서 잤다. 취득세를 낼 돈도 없어서 아이 돌 반지와 예물을 팔아 취득세를 냈다.

이사하자마자 일주일에 천만 원씩 올리며 분양권을 팔라고 전화가 왔다. 이미 입주해서 못 판다고 했지만, 신축 아파트의 집값이 오르면 구축 아파트와는 금액이 다르다는 것을 알게 되었다.

내가 산 집이 그 지역의 신축, 대단지, 역세권, 초품아 대장 아파트라는 것을 안 것은 입주를 하고 나서였다. 나는 단지 아이가 다닐 학교에 가깝고 새 아파트가 기존 아파트보다 싸서 선택했을 뿐인데.

새 아파트의 입주장처럼 공급물량이 넘칠 때는 일시적으로 분양권 가격이 내려가는 경우가 많다. 그때를 잘 포착해 저렴한 프리미엄으로 로열동, 로열층의 물건을 사는 것이 좋다고 본다.

두 번째 분양권 계약과 송도 입주

신축 아파트에 입주한 후 집값이 오른 것만 알았지 크게 관심이 없다가 나와 같은 시기 송도에 입주한 친구들을 만났다. 2017년까지 비슷했던 시세가 지금은 우리와 1억 이상 차이가 나는 것을 알았다. 송도에 살고 싶은 생각은 전혀 없었지만, 상승기에 더 많이 오르는 지역이 있다는 것을 알게 되었다.

새 아파트에 입주하여 2년 동안 가구도 사고 가전도 사고, 어느 정도의 여유를 느끼며 살아가다 보니 추가로 모은 돈이 별로 없었다. 그래서 당장은 입주하지 않더라도 일단 분양권을 매수하기로 하고 대출을 받았다. 거주하는 아파트의 시세가 올라 풀로 받았던 대출비율이 낮아져 5천만 원의 추가 대출이 가능했다.

예를 들어 시세가 3억이라면 시세의 70%까지 대출이 나오니 풀로 대출을 받으면 2억 1천만 원이다. 그런데 시세가 4억으로 오르면 시세의 70%까지 나오는 대출의 액수가 2억 8천으로 올라가는 것이다. 그렇다면 대출을 풀로 받는다고 할 때, 기존에 받았던 2억 1천에 더해 7천만 원을 더 대출받을 수 있게 된다. 집값의 상승은 자산의 운용범위를 더 넓게 해주는 것이다. 집값의 상승은 그 자체로 현금흐름을 낳는 캐시카우*와 같다.

거주 주택을 담보로 5천만 원의 추가 대출을 받고, 그 동안 모았던 현금을 합해 역세권, 초품아, 대단지의 세 가지 조건을 갖춘 가장 저렴한 아파트의 송도 분양권을 매수했다. 2018년의 일이다.

송도 분양권의 분양가 4억 6천만 원의 10%인 4천 6백만 원에 옵션 비용이 추가되고, 프리미엄이 2천 5백만 원으로 약 8천만 원의 총비용으로 분양권을 취득했다.

2019년이 되자 계약한 분양권이 입주 단계로 들어섰다. 입주장에서

※ 캐시카우Cash Cow : 수익창출원. 확실히 돈벌이가 되는 상품이나 사업

는 언제나 전세 물량이 넘친다. 그리고 새 아파트로 이주를 하면서 기존의 아파트를 매도하고 오다 보니, 기존 아파트의 가격도 내려간다. 이처럼 매수한 송도 아파트의 입주 물량이 너무 많아 기존 아파트도, 입주할 아파트도 매매가가 내려갔다. 또한 입주하는 아파트의 인프라가 없어 기존 집보다 전세가가 너무 낮았다. 그래서 전세로 잔금을 하는 것이 불가능했다.

살던 아파트의 매매가도 하락하고 입주할 아파트의 매매가도 하락한다. 그러나 쌀 때 파는 것은 억울하다는 신념 하나로 기존 집을 전세를 놓고 그 전세금과 신규 아파트의 풀대출을 더해 송도 아파트로 입주를 한다.

이처럼 입주장에서는 인근의 구축과 신축의 가격이 모두 내려간다. 공급물량이 많아지기 때문이다. 그런데 이는 일시적인 수요와 공급의 불일치로 발생하는 일이라는 것을 뒤늦게 알았다. 신축 아파트의 수요는 높을 수밖에 없으니 시간이 지나며 자연스럽게 전세가는 올라가고, 매매가도 회복이 된다. 따라서 집값이 떨어지는 것을 보고 겁을 먹어 매도를 할 필요가 없다. 비쌀 때 팔겠다는 신념 하나로 견뎌나가면 입주장의 시세는 반드시 회복된다.

경험하고, 공부하고, 부딪히다 – 송도 GTX 분양권 매수

2020년이 되자 입주장의 영향으로 떨어졌던 집값이 회복되며 올랐다. 비쌀 때 팔겠다는 신념으로 전세를 놓았던 기존 집을 매도하고 전세금을 공제하니, 1억 8천만 원의 현금이 남았다.

송도에 살아 보니 보이지 않던 것들이 보였다. 학습 분위기, 학원 선택의 폭 등이 훨씬 넓고 편했다. 원래는 전세를 놓아 잔금을 할 수 없어 2년만 살다 기존 집으로 돌아가려 했다. 하지만 기존 집으로 돌아가고 싶지 않을 만큼 송도의 인프라는 날이 갈수록 좋아지고 있었다. 그래서 기존 집으로 돌아가지 않을 바에야 그 집을 팔고 미래를 준비하기로 했다. 아이들이 대학생이 되어도 살기 편한 위치로 송도에 미리 아파트를 구입해 두기로 결정했다. 그래서 아이들을 위해 송도 GTX 역세권의 분양권을 매수했다.

송도 GTX 역세권의 분양권은 분양가 4억 5천만 원에 프리미엄이 1억 9천이었다. 기존 집을 매도해 생긴 1억 8천만 원과 신용대출을 받아 과감하게 결단했다.

송도는 상승장이어서 프리미엄이 하루가 다르게 올라가고 있는 상황이었다. 1억 9천의 프리미엄을 지급하는 것에는 담대함이 필요했다. 인생에서 첫 신용대출을 받았는데, 어릴 때 부모님이 빚에 시달려 학교까지 그만두어야 했던 나는 신용대출을 받으러 갈 때까지 정말 큰 용기를 내야 했다. 두려웠지만 극복하리라고 다짐했다.

2020년 겨울, 세 번째의 분양권 입주를 앞두고 온갖 정책이 쏟아진다. 투기과열지구로 지정되고 나니 대출을 받는 것이 어려워졌다. 원하는 대로 일이 잘 풀리지 않을 때는 안전하게 지키는 것에 집중해야 한다. 입주 잔금과 동일한 금액에 전세를 놓으며 전세금으로 잔금을 납부하고 지키는 것에 집중했다.

2020년에 등기를 할 때는 부동산 정책의 변화가 너무 잦았다. 예상할 수 없는 시장을 경험하며 '버티며 살자'라는 생각에서 '무엇이든 경험하고 부딪히며 공부해야 한다'로 삶의 이정표를 새롭게 바라보게 되었다. 그동안 얼마나 내가 무지한 상태에서 의지만 가지고 움직였는지를 성찰하고 부자가 되는 공부를 해보고 싶었다. 공부를 하기로 결심하고 책을 읽어나갔을 뿐만 아니라 유명하다는 동영상은 다 찾아 시청했다. 단톡방, 카페 등 할 수 있는 모든 것을 찾아보았다. 답 없는 시험지를 나 혼자 쓰고 있는 기분이었지만 경제 지식이 채워지고 있었다.

월세 파이프라인 구축을 준비하다

2021년에 지인들을 만났는데, 전세가 없어서 이사를 못 가고 있다는 고민을 듣고 전셋값이 오르겠다고 생각했다. 이에 전세를 낀 물건을 알아보기 시작했다. 다주택자를 규제하기 위해 소위 똘똘한 집이 아닌 동네도 조정지역으로 바뀌다 보니, 매수자들이 크게 줄어드는 현상이 발생했다. 매수자들이 줄어드니 매매가는 정체하거나 하락할 것이고, 전세가 없어서 이사를 못 간다고 하니 전세는 오를 것이다. 대출 규제로 인해 LTV*, DTI*가 강화되어 대출을 더해 집을 사지 못하게 되다 보니, 이들이 전세로 몰릴 수밖에 없었던 것이다. 따라서 구축 단지들에 전세가 부

＊ LTV : 주택담보대출비율Loan To Value ratio. '대출금액'을 '담보물건의 가치'로 나누어 백분율로 구한다.
＊ DTI : 총부채상환비율Debt To Income. '주택대출연간원리금상환액 + 기타대출연간이자상환액'에 '연간나의소득'을 나누어 백분율로 구한다.

족하게 되는 것은 자명했다. 눈여겨 봤던 단지의 매매가 대비 전세가를 계산해보니 85%에 달했다. 전세를 끼고 사면 내 돈 15%만 있어도 아파트를 살 수 있는 것이다.

이미 오래 전에 살아봤던 동네이기에, 추후 월세로 전환할 수 있는 가능성에 확신을 갖고 잔금 일자를 길게 하는 좋은 조건으로 계약했다. 하지만 상승장이었기에, 되려 힘든 상황이 펼쳐졌다. 중도금을 보냈음에도 계약 해지를 요구받았고, 세입자를 계약한 후에는 전세자금대출의 정부 규제가 단행되었다. 이에 세입자의 대출이 차질을 겪으며 잔금일자를 맞추지 못할지도 모른다는 생각에 마음고생을 많이 했다.

하지만 고생 끝에 낙이 온다고, 마음고생의 덕인지 4천만 원의 투자금을 예상하고 접근했는데, 세입자를 들여 전세금으로 잔금을 치르고 나니 1천만 원의 투자금으로 매수를 마무리할 수 있게 되었다. 43평의 대형 아파트를 1천만 원의 투자금으로 갭투자를 한 것이다. 이 집은 시세차익을 고려하지 않고, 5년 뒤부터 월세로 전환할 목표로 구입한 것이다. 이곳은 월세가 귀해 원룸보다 수익률이 높은 동네라는 것을 알고 있었기 때문에, 오로지 돈이 모이는 대로 전세금을 줄여나가며 월세로 전환하는 부의 파이프라인 용도로 구입했다.

에필로그 – 결단하고, 행동하라

글을 다 쓰고 읽어보니 주책없이 눈물이 난다. 수술실에 들어가던 아기였던 큰아들 생각도 나고, 취득세가 없어 금반지를 팔던 날 울던 생각도 나고, 아이 키우며 아침저녁으로 일하던 시간들이 떠오르니 눈물이 나는 것 같다.

정말 열심히 살았다.

선비처럼 돈 버는 일에 관심 없는 신랑과 한 집에 사는 아줌마가 주위의 좋은 사람들 덕분에 미용실 한 번 안가고 네일아트 한 번 안 받으며 억척스럽게 살았어도 마음만은 행복했다. 이제는 스타벅스도 한 번씩 가고, 화장품도 사며 소소한 기쁨을 누리고 있다.

운이 좋았다. 특별히 돈에 대한 공부도 하지 않았는데, 하고 싶은 대로 결심하고 실행했을 뿐인데 나름 차곡차곡 잘 쌓아온 것 같다.

시련은 있었지만 실패는… 없었던 것 같다.

힘들게 마음 졸이고 계산기를 수백 번 두드리며 아쉬운 마음에 소주 한 잔 하던 날은 있었지만, 그 어떤 순간들 속에서도 분명 배운 것이 있었다. 그 경험은 내일을 살아가는 나를 더 강하게 만들어 줬다. 그래서 나는 시련을 실패라고 말하지 않는다.

아끼며 소소하게 살아가는 나에게 가장 큰 장점은 생각하면 바로 행동하는 것이 아닐까 한다. 신랑은 무섭다고 한다. 해야겠다고 생각하면 그거 하나는 바로 실천한다. 앞으로의 삶에서 혹시 무너지더라도, 다시 원룸 반지하로 들어가더라도, 나에겐 그때보다 더 나은 경험이 있기에 이젠 두렵지 않다.

나는 오늘도 금 1g을 적립하고, 비트코인을 3만 원어치 매수하며 부의 미래를 꿈꾼다. 소소하게 살아가는 것처럼 보이지만 행동하고 실천해야 삶이 변화한다. 만약 부에 이르는 길이 무엇이냐고 질문한다면 한

마디로 대답할 것이다.

　'결심하라, 그리고 거침없이 행동하라'

아파트 로얄동, 로얄층
보는 법

부동산을 공부하다보면 RR이라는 말을 자주 듣습니다. 'R'이란 Royal 을 나타내는 말로, 사전적으로 '화려한, 훌륭한'이라는 뜻입니다. 그래서 단지에서 가장 좋은 동을 '로얄동'이라 부르며, 가장 좋은 층을 '로얄층' 이라 부릅니다. 즉, RR이란 '로얄동, 로얄층'을 가리키는 말이죠. RR은 비로얄동, 비로얄층에 비해 20% 이상 더 비싼 가격에 거래되고 수요자 가 많아 거래가 잘되기에 현금화에 용이한 장점이 있습니다. 신규 분양 단지의 경우, 같은 타입의 동별 분양가는 같고 층별 분양가도 큰 차이가 나지 않습니다. 하지만 입주 후에 RR은 20% 이상 비싼 가격을 형성하 죠. 따라서 분양권 역시 RR을 사는 것이 좋습니다. 그렇다면 처음 방문 하는 아파트 단지에서 어떻게 RR을 찾을 수 있을까요? RR은 단지 내 물 건의 특성을 결정하는 고유한 요소와 입지, 수요자의 선호도에 따라 결정 됩니다. RR을 판별하기 위한 요인으로 대표적인 것을 살펴보겠습니다.

① 조망권 – 바다 뷰, 호수 뷰, 공원 뷰, 영구 조망권 등

② 입지의 장점 – 초등학교 옆, 대형마트 옆, 전철역 옆 등

③ 외부 소음, 매연 – 단지 내 조용한 동 vs 도로 옆 길가동

④ 향 – 정남향 〉 남동/남서향 〉 동향/서향 〉 북향

⑤ 채광 – 동간 거리 및 주변 시설로 채광이 가리는지 여부

⑥ 진출입 동선, 커뮤니티 동선, 주차 동선의 편리성

⑦ 선호되는 구조와 타입 – 발코니 (3면 〉 2면), 판상형 〉 타워형

⑧ 로얄층은 보통 전체 층수의 30%에 해당하는 고층

  (예) 15층 아파트인 경우 10층 이상(탑층 제외)

　

하지만 단지 내의 공원 조망이 탁월할 경우 로얄층은 고층이 아니라 조망을 만끽할 수 있는 중저층이 되는 경우도 있어 반드시 일률적이지는 않습니다. 또한 길가동이라 하여 무조건 소음과 매연이 있는 것이 아닙니다. 도로에 접한 동이라도 초고층은 소음과 매연으로부터 자유로운 반면 '뻥뷰'로 칭해지는 영구 조망권이 확보되므로, 로얄동으로 평가되기도 합니다. 향은 정남향을 가장 선호하지만 정남향이 타워형이라면 판상형보다 환기에 불편하고, 구조상 서비스 면적도 적을 것입니다. 이처럼 단지의 로얄동, 로얄층은 수요자의 선호도에 따라 달라지는 것으로, 일률적인 공식으로 판단할 수 없습니다. 그렇다면 RR 여부를 어떻게 확인하는 것이 좋을까요?

첫째, 단지 내 부동산을 돌며 3군데 이상 물어보세요.

수요자가 선호하는 RR을 가장 잘 아는 분은 중개사님들입니다. 단지 내의 부동산을 방문해 RR을 물어보면 대개 유사한 답이 나옵니다. 대단지의 경우 중개사님들마다 답이 다를 수 있기 때문에 여러 군데 물어보는 것이 좋으며, 자신의 선호도와 비교해보세요.

둘째, 시세 호가가 가장 높고 매물이 적은 동을 살펴보세요.

로얄동은 다른 동에 비해 시세가 높게 형성됩니다. 같은 타입에 같은 층인데 시세가 10~20% 다르다면 시세가 낮은 동이 비로얄동, 시세가 높은 동이 로얄동일 가능성이 큽니다. 또한 로얄동, 로얄층은 매물이 잘 나오지 않습니다. 매물이 나오더라도 빠르게 팔리므로 매물이 적은 동을 살피면 로얄동인 경우가 많습니다. 하지만 비로얄동의 호가를 높게 내놓는 경우가 있고, 허위 매물이 미끼로 등재된 경우도 많으므로 주의하시기 바랍니다.

셋째, 대형 평형이 있거나 고층으로 지어진 동을 살펴보세요.

여러 평형대가 있는 단지의 경우 가장 좋은 동에 대형 평형을 배치하는 경우가 많습니다. 한편 아파트 동마다 높이가 다른 경우가 있는데, 가장 높은 층으로 이뤄진 동이 로얄동일 가능성이 큽니다. 가장 좋은 자리에 대형 평형과 많은 집을 지어 상품성을 높이는 전략입니다. 하지만 입주 후 수요자의 선호도가 다를 수 있으므로 중개사님을 통해 확인하는 것이 가장 좋습니다.

로얄동, 로얄층은 왜 만들어지는 것일까요? 아파트는 같은 평형, 같은 구조라고 해도 동과 층이 모두 달라 대체할 수 없는 고유한 상품이기 때문입니다. 그 고유한 장점에 높은 가격이 매겨지는 것이죠. 한마디로 RR은 살기 좋은 환경을 갖춘 집이라고 할 수 있습니다. RR 물건을 매수해 삶의 편리함과 행복을 누리는 가운데 부를 향해 나아가는 여러분이 되시기를 바랍니다.

성공으로 가는 길은
더 어려운 문제로 가는 입장권을 사는 길뿐이다.

· 헨리 키신저 ·

강남, GTX, 지방 핵심지의 자산 리밸런싱

절약, 부동산, 주식, 코인
30대 절부주코의 투자 이야기

•

절부주코

절약 – 근로소득으로 적금만 하던 시기

또래보다 일찍 20대 중반부터 취업을 했다. 취업 후 6개월 동안 아무 경제 개념 없이 살다가, 우연히 읽은 '4개의 통장'이라는 책을 바탕으로 나만의 통장 시스템을 구축했다. 급여 통장과 비상금 통장을 구분한 후 적금을 가입, 급여의 70%는 강제저축을 하고 남은 급여는 비상금 통장으로 이체시켜 운영했다. 덕분에 20대의 나이에 주변 또래보다 많은 시드머니를 모을 수 있었다.

브랜드 커피를 마시는 대신 스틱 커피와 텀블러를 가지고 다녔다. 옷도 싼 옷만 입었다. 모든 것은 젊음으로 커버할 수 있다는 마인드로 절약하며 미래를 위해 투자하기로 했다.

결혼 – 절약의 생활화, 투자 시작의 강력한 동기

현재의 자산을 이루게 된 결정적인 사건은 2016년의 결혼이다. 결혼을 안 했고 결혼 상대가 현재의 아내가 아니었다면 내 집 마련도, 투자도, 현재의 부도 꿈꾸지 못했을 것이다. 결혼도 남들보다 빠른 20대 후반에 했는데, 아내가 나보다 직장 경력이 많아 모은 돈도 더 많았다. 삶의 가치관과 철학, 무엇보다 경제관이 비슷해 큰 경제적 결정을 이견 없이 해낼 수 있었다.

결혼 후 우리 둘의 시드머니와 대출로 전세를 얻어 신혼생활을 시작했다. 신혼집을 얻을 때 가장 중요한 것은 직주근접을 위한 교통이었다. 예산에 맞는 강남권, 역세권을 찾아 연식이 오래된 복도식 소형 아파트를 전세로 얻어 시작했다.

아내와의 의논 끝에 내가 가정의 경제권을 갖기로 결정했고, 불필요한 지출을 철저히 통제했다. 아내와 힘을 합쳐 맞벌이를 하고 절약을 생활화하니, 단기간에 결혼 전보다 3배 가까운 저축이 가능했다. 결혼 전에는 취미 생활을 하며 시간과 돈을 소비했는데, 결혼을 하니 가정을 위해 생활하며 시간과 돈을 모두 절약할 수 있었고, 자연스럽게 보금자리인 '내 집 마련'이라는 목표가 생겼다. 나를 믿고 경제권을 준 아내에게 늘 고맙다. 물론 경제권을 내가 전적으로 가지긴 했지만 투자에 대한 결정을 할 때에는 아내에게 항상 브리핑을 하며 서로 체크한 후 확인을 받는다.

절약을 위한 생활 수칙으로 지켰던 사항은 일일 정산과 월 정산이다. 매일, 매달의 지출을 엑셀 파일로 기록해 일일 정산, 월 정산을 하고 불필요한 항목 여부를 파악해 아내와 평가했다. 이를 통해 소비와 지출을 철저하게 통제하며 절약을 생활화하였다.

새로운 가족과 내 집 마련의 필요성

그렇게 일하고 절약하던 중, 첫 아이가 태어나는 축복이 찾아왔다. 그러자 짐이 많아져 집이 좁아졌고, 복도식이다 보니 집으로 바람이 많이 들어와 아이가 감기에 자주 걸렸다. 전셋집에 대한 애로사항이 피부로 와닿은 것이다. 아이의 탄생은 주거의 안정성, 즉 내 집 마련의 필요성을 강하게 느끼게 하였다.

그리고 피땀 흘려 일해 돈을 모으고 최대치를 저축하는데, 아파트 가격은 계속 오르는 것이었다. 언론에서는 '집값이 하락할 것이다'라고 계속 기사가 나오는데, 집값이 한번 오르면 1년 저축액보다 훨씬 크게 오르니 절약의 동기부여가 도무지 되지 않았다. 밑 빠진 독에 물을 붓는 느낌이었다고 말하면 정확할 것이다.

우리는 신혼이어서 청약 가점도 턱없이 낮았다. 그리고 맞벌이라 소득 때문에 특별공급도 불가능하다는 것을 알았다. 한편 당시 살던 전셋집 주변에 분양예정인 개포 8단지(현, 디에이치자이개포)의 분양가격이 평당 4천만 원이 넘을 것이라는 소식을 듣게 되었는데, 이 경우 25평의 분양가만 10억이 넘는다. 그러니 청약이 된다 한들 중도금 대출도 되지 않는 분양가였다. 앞으로 근로소득으로 모을 수 있는 목돈이 한정적이고, 청약을 넣어봐야 희망고문이 될 수밖에 없다는 것을 인식한 나는 청약을 일찌감치 포기하는 결단을 내렸다.

그래서 우리가 가진 전세금 + 시드머니(저축) + 기타대출(신용, 회사대출) + 주택담보대출을 최대한으로 계산해 예산을 잡은 후, 그 금액에 맞는 아파트를 찾아 임장을 다녔다. 당시 직장에서 돌아온 후 하루 종일 부동산 시세와 부동산 책만 봤다.

부동산으로 내 집을 마련해 쌓은 투자의 기초

2017년, 우리 가정에서 동원 가능한 최대한의 예산을 끌어모아 서울 강남권의 신축, 초품아 아파트를 드디어 매수했다. 전세 기간 도중에 계약해지를 요청한 후 임장을 다녔다. 임장을 하던 중 마음에 들었던 집이 2군데 있었는데, 근처 식당에서 밥을 먹는 사이 다른 사람이 계약금을 넣어 놓치는 등 우여곡절 끝에 서울 핵심지에 실거주 1채를 매수하게 되었다. 이때 언론 기사를 통해 보는 세상과 실제 돌아가는 현장이 다르다는 것을 분명히 알게 되었다. 그래서 임장을 다니는 것이 중요한 것이다.

내 집 마련에서 가장 중요하게 생각한 것은 초등학교였다. 내가 산 집의 가격이 떨어진다 해도 아이의 초등학교를 이유로 이사를 갈 일이 없어야 하기 때문이다. 역사를 공부해보면 아파트 시세는 조정기를 지나면 반드시 회복을 하게 되는데, 오래 실거주해 버티는 것이 중요하다고 판단했다. 또한 맞벌이를 지속하려면 초등학교가 바로 앞에 있어야 아이가 일찍 통학하도록 도울 수 있다. 이러한 선택으로 맞벌이 소득에 지장을 받지 않아야 하락장이 와도 버틸 수 있다는 생각이 들었다. 영끌을 했지만 (당시는 영끌이라는 단어가 탄생하기 전이다) 맞벌이의 현금 흐름으로 견딜 수 있다고 생각하니 심리적 안정감도 상당했다.

잔금까지는 3개월을 잡았는데, 그 기간 동안 아파트값이 급격히 올라 담보대출 가능 금액이 훨씬 많아졌다. 그래서 신용대출과 마이너스 통장을 거의 사용하지 않고 내 집 마련을 마무리했다. 내 집 마련이라는 첫 투자를 하며 나는 이렇게 생각하게 된다.

'기업도 물건을 만들 때 자기 돈으로 만드는 게 아니라 대출을 받아 만든다. 대출을 발판으로 물건을 만들어 수익을 내고 기업을 성장시킨다. 하물며 가정 경제도 같지 않은가? 가정을 기업이라 생각하고 운영해보자.'

그래서 나는 여유가 생긴 신용대출과 마이너스 통장, 청약통장까지 해지해 투자를 하기로 결정한다. 이때 선배가 분양권 투자를 하러 GTX-A 노선 예정지로 임장을 간다고 하길래 무턱대고 따라갔다. 그곳에서 미분양 물건부터 현재 프리미엄 형성까지의 스토리를 듣고 분양권 투자에 입문하게 된다.

방문한 지역은 이미 프리미엄이 많이 붙어 있었다. 그곳의 분양권을 사면 시드머니를 다 털어 넣어야 하니 돈을 한 바구니에 담는 셈이다. 여기서 나는 투자계획을 짜고 연구하면서, 시드머니로 3개 이상의 물건에 분산투자를 하기로 결심한다. 그래야 실패의 리스크를 분산시킬 수 있고, 한 번의 경험보다는 세 번의 경험을 통해 더 많은 것을 배울 수 있기 때문이다. 그래서 GTX-A 노선이 아닌 GTX-B 노선과 GTX-C 노선 예정지의 분양권을 모두 검색한 후, 시드머니의 1/3로 가능한 물건을 찾게 되었다.

2주택으로 나아가다 – GTX 노선 예정지 분양권 매수

검색으로 분양권을 물색한 후 현장으로 임장을 나갔다. 2018년의 일이다. 당시 GTX는 A노선만 확실하고, B와 C노선은 아직 불확실했기에 프리미엄이 거의 붙지 않은 상태였다. 임장 후 초등학교 학군, 상권 형성, 동네 분위기를 살피고 괜찮다는 판단이 들어 프리미엄 800만 원으로 분양권을 매수했다.

GTX-C 노선이 가시화된다면 큰 시세 상승이 있을 거라고 생각했다. 게다가 분양권 투자는 분양가의 10%만 내면 계약할 수 있기 때문에 10%의 금액으로 전체 자산에 대한 권리를 운용할 수 있다. 따라서 10%의 투자금으로 100% 금액의 시세 상승이라는 효과를 얻을 수 있는 장점이 있다.

예상대로 GTX-C 노선의 추진이 발표되며 아파트 분양권은 시세가 크게 상승한다. 이로 인해 잔금 때는 전세금이 분양가의 95%까지 근접했다. 이에 전세를 놓아 투자금을 거의 모두 회수했고, 갱신 시점에 반전세 월세 세팅으로 나아가기로 했다.

안정적 현금흐름을 위한 부동산 월세 투자

분양권 투자 후 남은 시드머니의 투자를 위해 부동산 공부를 하던 중, 준공공 임대사업자와 주택도시기금 대출을 통한 월세 세팅 투자법을 알게 되었다. 마침 아내가 육아휴직 중이라 안정적 현금흐름이 필요했던 나는 월세 투자를 해보기로 한다.

준공공 임대사업자는 현재는 없어진 제도로, 종합부동산세와 양도세 혜택을 주는 대신 의무임대 기간과 임대료 상한을 적용받는 제도이다. 그리고 준공공 임대를 지원하기 위해 주택도시기금에서 LTV 70%의 대출 상품을 내놓고 있었다. 저금리에, 이자만 내는 거치식 대출이다.

이 제도와 대출을 이용해 지방의 중형도시 아파트 2채를 월세로 세팅하였다. LTV 70%를 풀로 받아 매수하고, 월세를 받아 이자를 내는 시스템을 구축한 것이다. 주택도시기금 대출은 이자만 납부해도 되는 거치식 상품이었기에, 들어온 월세로 이자를 내고 남은 돈이 순수익이 되었다. 이에 매달 고정적인 월세 수입을 올렸으며, 이 아파트 2채 역시 시세가 상승했다.

주거용 오피스텔(아파텔)에 투자하다

다주택자인 나는 대출규제, 취득세 중과, 양도세 중과의 규제를 모두 받으므로 추가적인 아파트 투자가 어려워진 상태였다. 그러던 중 주거용 오피스텔 투자를 접하게 되어 아파텔에 관해 집중적으로 공부하게 된다.

주거용 오피스텔(아파텔)의 투자 메리트는 다음과 같다.

1. 청약통장이 필요 없고 가점제가 적용되지 않으며 추첨 100%로, 주택 수나 분양 금액과 무관하게 중도금 대출이 가능할 뿐만 아니라 시세의 70%까지 대출이 된다.
2. 분양권이 주택 수에 포함되지 않으며 취득세가 중과되지 않고 4.6%로 고정된다. 무주택자의 경우 아파트 청약 시 무주택으로 간주된다.
3. 이자만 내는 거치식 대출이 가능해 전세대출과 같은 효과를 가진다. 따라서 무주택자의 경우 전세대출과 같은 한도의 대출을 받아 이자만 내는 거치식으로 운용하며, 무주택 요건을 유지한 채로 자산 상승의 사다리에 올라탈 수 있다.

주거용 오피스텔의 장점을 파악하니, 다주택자의 위치에서 레버리지를 적극적으로 활용할 수 있는 투자는 아파텔이라 생각되었다. 이에 주거용 오피스텔 청약을 릴레이로 넣게 된다. 그러던 중 세 자릿수 경쟁률이 나온 경기도의 핵심지 아파텔에 당첨이 됐다. 여기는 성공적인 주거용 오피스텔의 4가지 요소(역세권, 아파트 단지 내, 2룸 이상의 주거용, 1군 브랜드)를 모두 갖추고 있었다.

코로나 위기 때의 주식 투자 실패로 자산 상승이 정체되어 있던 상황에서 큰 행운이 찾아온 것 같았고, 덕분에 한번 더 자산총액이 점프를 하였다. 현재 일반 임대사업자를 등록해놓고 중도금 대출을 실행 중이며 입주를 앞두고 있다.

주식 – 원화 자산 리스크 방어를 위한 미국 주식

강남 실거주 1채 + 수도권 GTX-C 역세권 분양권 + 지방중형도시 아파트 2채 월세로 부동산 자산을 세팅한 후, 오피스텔을 투자하기 전에 한동안은 현금을 확보하며 다른 투자처와 투자방법을 공부했다.

그러던 중 미국 배당주 투자를 접하게 된다. 배당주란 주식을 보유하면 배당금을 주는 종목을 말하는데, 나는 50년, 100년 동안 배당을 꾸준히 지급했고, 배당을 줄이지 않는 기업들을 찾았다. 배당주, 배당성장주, 기술성장주의 포트폴리오를 구성해 매달 들어오는 월세소득과 근로소득으로 미국 주식을 매수했다.

이때 계좌가 헷갈리는 것을 방지하기 위해 내 계좌와 아내 계좌로 포트폴리오를 나누었다. 나는 배당주와 배당 성장주, 아내는 기술 성장주 계좌로 운용한 것이다.

미국 주식을 시작한 이유는 가정의 자산을 원화와 달러화로 분산해 리스크를 방어하기 위해서다. 지금 우리 가정의 포트폴리오는 원화 자산이 100%인데, 과거 IMF와 같은 경제 위기가 올 경우 원화 자산의 가치가 떨어지고 상대적으로 미국 자산의 가치가 올라가 위험 방어가 되기 때문이다. 그래서 나는 한동안 근로소득과 월세소득으로 미국 주식을 매수한 후, 배당금으로 지급된 돈으로 다시 미국 주식을 매수하는 방식으로 투자를 진행하였다.

이처럼 부동산 원화 자산에서 시세 차익을 얻음과 동시에, 부동산에서 나오는 원화의 현금흐름으로 미국 자산, 즉 달러 자산의 비중을 높여나가는 작업을 진행했다.

국내 주식, 실패의 쓴잔을 맛보다

주식에 투자한 것은 원화 자산과 미국 자산의 분산 운영을 통한 리스크 방어의 목적이었다. 하지만 안정적인 배당주 투자 시스템에 지루함을 느낀 나는 자만을 하게 된다. 보다 드라마틱하고 스릴이 넘치는 투자를 하고 싶어 국내 주식을 시작했다.

원칙을 세워 5% 이상 오르면 매도로 수익을 확정(익절), 3% 내리면 매도로 손실을 확정(손절)하는 방식으로 투자를 했는데, 처음에는 성공하는 듯했다. 하지만 5% 이상 오르는 주식에 미련이 생겨 끌고 가다가 하락을 했고, 3% 이상 하락할 경우 매도를 했어야 했는데 상승한 가격이 생각나 손절도 하지 못하는 상황이 반복되었다.

이처럼 비자발적 장기 투자를 하는 종목이 늘어나니 손해는 더욱 커졌으며, 손해를 복구하려는 심리가 크다 보니 5% 이상 수익 시 익절이라는 원칙이 산산조각났다. 또한 주식이 크게 떨어지면 멘탈이 흔들리다 보니 사람들에게 짜증을 내는 자신을 발견하곤 했다. 주식의 시세만 들여다보며 다른 일에는 집중을 하지 못했다. 이런 상태로 1달이 지나니 40% 이상의 손실 구간에 진입했다.

결국 2달쯤 지나 모든 계좌의 종목을 쓰라리게 손절매했고, 원금의 약

50%에 달하는 손실을 확정했다. 원칙을 지키지 못한 투자, 리스크 방어라는 목적에 충실하지 않은 투자, 사고팔고 사고팔고의 사팔사팔 짤짤이 투자를 한 결과물이었다. 이미 원화 자산의 비율이 압도적으로 큰 내가 국내 주식을 할 이유가 없었음에도, 성공에 취해 뇌동매매*를 한 것이다.

이런 손절의 아픔을 겪으며 투자에 대해 더 겸손한 자세로 임하자고 마음먹게 되었다. 또한 실패를 계기로 목적과 확신이 없는 투자를 하면 안 된다는 것을 교훈으로 얻었다. 이렇게 국내 주식에 실패하고 정신을 차리던 무렵 빅 이벤트가 터지게 된다.

코로나 19와 자산 포트폴리오 리밸런싱

바로 2020년 상반기에 터진 코로나 위기였다. 코로나 위기로 국내 주식, 미국 주식 모두 급격히 폭락했다. 우리가 투자한 미국 주식들도 엄청난 하락을 하는 것을 보고 잠을 못 이루는 날이 부지기수였다. 또한 주식이 하락하니, 그렇게 좋아보이기만 했던 미국 주식들의 단점이 보이기 시작했다.

IMF나 2008년 리먼 사태와 같은 경제 위기가 오면 풀매수를 해야 한다고 늘 생각했으나 실제 폭락장을 몸소 겪으니 풀매수의 용기는커녕 온갖 부정적인 생각만 가득했다. 그렇게 몇 주간의 하락 끝에 내 계좌에

---

* 뇌동매매雷同賣買 : 시장 전체의 인기나 다른 투자자의 움직임에 편승하여 남을 따라하는 매매

있던 미국 주식을 모두 정리했다. 다행히 그동안 받은 배당과 손익을 계산하니 거의 본전이었다.

미국 주식을 매도한 달러를 다 환전해 국내 은행 계좌로 옮겼고, 아내 계좌에 있던 성장주의 경우 종목 수를 2개로 줄이는 리밸런싱을 하였다. 이 과정을 통해 느낀 교훈은 다음과 같다.

1. 경제 위기를 실제 경험하지 못하고 이야기로만 듣다 보니, 실제 경제 위기가 닥칠 때 멘탈을 잡지 못해 패닉셀*을 하였다.
2. 너무 많은 종목에 투자해 위기 때 대응능력이 분산되다 보니 기민하게 대응하지 못했다.
3. 미국 주식의 투자목적인 원화 자산 리스크 방어에 초점을 맞춰 안정적인 시가총액 상위 그룹에 투자했어야 하는데, 배당률에만 치중해 장기투자의 확신을 가지지 못했다.

이런 깨달음을 통해 다시 미국 주식투자 원칙을 확립했다. 미국 주식의 경우 원화 자산 리스크 방어에만 초점을 맞추자. 근로소득과 월세소득으로 생긴 자본은 미국 시가총액 1, 2위 기업에만 투자를 하자는 것이었다. 이렇게 자산의 리밸런싱을 통해 확보한 현금은 부동산 수익형 투

---

* 패닉셀panic sell : 투자 시장이 좋지 않을 것이라는 공포감에 자산을 팔아버리는 것

자 성공의 밑천이 되었다.

미국 주식을 매도한 금액을 한동안 쌓아두던 중 주거용 오피스텔 투자를 접했고, 청약에 당첨된 것이다. 이 오피스텔을 계약 후 어느 정도 자산 포트폴리오가 안정적으로 구성되어 있다는 생각이 들었고, 소득과 현금 흐름 또한 원활했다. 따라서 주식투자의 본래 목적에 충실하게 미국 시가총액 1, 2위 주식을 꾸준히 분할 매수하고 있다.

코인 – 급변 사태를 방어하기 위한 암호화폐 투자

총자산이 원활히 잘 굴러감에 따라 여유를 가지고 재테크 및 경제 공부를 깊이 있게 하였다. 그러던 중 암호화폐와 블록체인*을 알게 되었고, 리스크 방어를 위해 암호화폐의 대장인 비트코인과 이더리움도 포트폴리오에 포함시키기로 결정했다.

터키의 살인적인 인플레이션 국면을 보며, 터키 사람들이 비트코인을 사기 위해 몰려드는 국제 뉴스를 지켜보았다. 우크라이나에 전쟁이 터지면서 우크라이나 사람들 역시 비트코인을 사서 국경 밖으로 탈출하는 모습을 목도했다. 암호화폐는 국경 밖으로 어떠한 규제 없이 자산을 이동시킬 수 있기에, 하이퍼 인플레이션*이나 전쟁과 같은 급변 사태 발생

---

* 블록체인block chain : 블록에 데이터를 담아 체인 형태로 연결, 수많은 컴퓨터에 동시에 이를 복제해 저장하는 분산형 데이터 저장 기술이다. 공공 거래 장부라고도 부른다. 누구나 열람할 수 있는 장부에 거래 내역을 투명하게 기록하고, 여러 대의 컴퓨터에 이를 복제해 저장, 기록을 검증하여 해킹을 막는다.
* 하이퍼 인플레이션hyper inflation : 물가상승이 통제를 벗어난 상태로 수백 퍼센트의 인플레이션율을 기록하는 상황을 말한다. 정부가 재정을 지나치게 방만하게 운용해 통화량을 대규모로 공급할 때 발생한다.

시에 리스크를 방어할 수 있는 수단이 된다고 보았다. 더군다나 우리나라는 북한과 항시적인 전쟁의 위협 하에 있는 리스크를 가지고 있지 않은가.

우리나라는 이제 삼성전자, SK하이닉스, 현대기아차, LG화학, 포스코, 삼성바이오로직스, 현대중공업 등 글로벌 경쟁력을 가진 기업들이 이전보다 훨씬 많아졌다. 이런 글로벌 기업들의 역할로 인해 우리나라만의 경제 위기 가능성은 많이 줄어들었다. 따라서 실물경제의 위기보다는 전쟁과 같은 급변 사태를 방어할 필요성이 더욱 커졌다고 판단한 것이다. 한편 코로나 위기 후 전 세계에 풀린 통화량은 금융 역사상 가장 거대한 규모이기에, 트위터 창업자 잭 도시Jack Dorsey 등이 하이퍼 인플레이션의 가능성을 제기하고 있었다.

그래서 현재는 근로소득과 월세소득으로 생긴 현금흐름을 미국 주식 30%, 비트코인과 이더리움 70%의 비율로 꾸준히 분할 매수를 하고 있다.

절부주코 – 투자 원칙 및 투자 철학의 탄생

이렇게 투자를 진행하다 보니 전체 총자산이 크게 상승하였고, 비슷한 연령대에서는 자산을 가장 많이 이룬 편이라 지인들의 투자 상담도 해주며 나의 투자 이야기를 들려주곤 했다. 이런 과정을 거쳐 약 6년간의 투자를 돌아보니, 절약 → 부동산 → 주식 → 코인 순으로 투자 일대기를 정리할 수 있었다.

그래서 나의 투자 철학을 '절부주코'라고 부르게 되었으며, 절부주코의 투자 원칙을 통해 꾸준히 임장, 시장 조사, 매물 검색, 실전 매매를 하며 투자를 이어나가고 있다. 절부주코의 투자 원리를 요약하면 다음과 같다.

1. 절약

짠테크라기보다는 합리적 소비를 지향한다. 지출을 최소화하는 합리적 소비는 곧 가계를 경영하는 모의 투자와 같다. 왜냐하면 투자도 결국 합리적 사고의 행위이기 때문이다.

2. 부동산

실거주 1채의 부동산을 필수로, 다주택 포지션을 통해 자산의 규모를 확대하고 월세, 수익형 투자로 현금흐름을 창출한다.

3. 주식(미국)

원화 자산의 리스크를 방어하는 목적으로, 부동산에서 나오는 현금흐름과 근로소득을 이용해 미국 시가총액 1, 2위 주식을 기계적으로 분할 매수한다.

4. 코인(비트코인, 이더리움)

급변 사태와 같은 위기에 대응하기 위해 부동산의 현금흐름과 근로소득으로 암호화폐를 기계적으로 분할 매수한다.

유튜버 '절부주코'의 탄생 – 듣는 사람에서 말하는 사람으로

이렇게 '절부주코'의 투자 철학 및 원칙이 확립되자 나만의 인사이트가 생기게 되어 흔들리지 않는 투자를 할 수 있게 되었다. 그리고 주변의 지인들의 질문에 조언을 하고, 상담해주는 것에 즐거움과 보람을 느끼게 되었다. 그러던 중 아내로부터 유튜브를 해보라는 권고를 받고 과거 은사님의 말을 떠올리게 된다.

"대중 속에서 듣는 사람이 되기보다는

대중 앞에서 말할 수 있는 사람이 되어라"

그래서 유튜브를 시작하기로 결정, 2021년 8월부터 유튜브에 도전하여 현재 '절부주코'라는 채널을 운영하고 있다. 유튜버 활동을 통해 부동산 및 재테크에 대한 정보와 지식을 다수의 사람들에게 전하고 있으며 생각보다 많은 분들이 호응을 해준 덕분에 1년 만에 구독자 1만 명을 넘어서게 되었다.

법인 투자 – 또 다른 나의 창조 그리고 지식산업센터 투자

규제로 인해 투자가 어려워졌으나 투자를 쉬어서는 안 된다는 격언대로 꾸준히 투자 활동을 이어나갔다. 2021년 하반기에는 지식산업센터 분양권 투자를 하였고 2022년 상반기에는 법인을 설립하여 또 다른 나를 창조해 투자를 운용하고 있다.

지식산업센터는 주택 수에 포함되지 않고 대출이 80~90%까지 가능하다는 장점이 있다. 지식산업센터 특성상 로얄 호실이 환금성도 좋고 공실 기간이 짧으므로 투자를 할 때는 반드시 로얄 호실만을 계약하는 것이 좋다.

종잣돈은 월세 세팅한 아파트 2채로부터 마련할 계획이다. 2채의 시세가 크게 상승함으로 인해, 8년의 의무임대기간이 종료되는 시기에 매도를 하기 위해서는 전세로 전환할 필요가 있다. 그렇다면 전세금이 목돈으로 유입되므로 이 자본금을 활용해 지식산업센터 등기를 할 예정이다.

한편 다주택자로 규제를 받는 한계를 극복하고자 법인을 설립해 명의를 확장하고, 단기투자를 통해 법인의 자본금을 늘려나가기로 결심했다. 장기적으로는 법인 명의로 대형 상가 내지 꼬마빌딩을 소유하는 것을 목표로 하고 있다.

법인의 경우 양도세 측면에서 개인보다 단기투자에 유리한 측면이 있다. 개인의 경우 보유 기간이 짧을 때는 양도세를 70% 이상 납부하게 되지만, 법인의 경우 보유 기간에 관계 없이 수익에 따라 20~30% 정도의 법인세만 납부하면 되기 때문이다. 또한 법인은 지출 비용의 세금처리가 가능하므로, 절세에 유리하다는 장점도 있다.

이런 장점을 활용하고 명의를 분산하기 위해 법인을 설립해 운영하고 있으며, 현재는 취득세가 중과되지 않는 공시가 1억 이하 투자를 법인

명의로 진행하고 있다. 이처럼 단기투자로 얻은 수익으로 자본금을 꾸준히 쌓은 후 상가와 꼬마빌딩을 매수해 정기적인 소득의 원천으로 삼을 생각이다.

자유지성 아카데미 – 투자 인사이트 확장과 집단지성의 힘

'절부주코' 유튜브를 운영하던 도중 유명 유튜버이신 자유지성님께서 아카데미를 신설한다는 소식을 접하게 되었다. 이에 자유지성 아카데미 매니저로 지원하여 회원들에게 상담과 강의를 통해 투자 경험과 지식을 나누어주고 있다.

자유지성 아카데미는 특정 회원의 의견을 맹목적으로 추종하거나 따르는 곳이 아니다. 구성원들의 다양한 의견이 오고가며, 그 과정에서 수많은 토론을 거치며 합리적인 투자 관점이 생겨나고 있다. 아카데미를 통해 고수의 인사이트를 배우기도 하고, 나의 투자 노하우도 가르쳐주며 집단지성의 힘을 몸소 체험하고 있다.

더군다나 강의 활동으로 가르치는 과정에서 투자를 정리하고 돌아보는 시간을 가지게 되니, 나만의 인사이트가 더 깊어지고 있다는 생각이 든다. 이른바 '교학상장教學相長'이다.

에필로그 – 함께 걷는 부의 로얄로드를 향해

현재 30대 중반인 나는 6년여간의 절약 습관과 투자로 자산규모가 크게 증가하였다. 상승의 사이클을 잘 만난 덕이기도 하다. 이로 인해 삶도 여유로워지고 시간적 여유도 많이 생기게 되었다. 경제적 여건이 나아짐으로 인해 자유가 더욱 확장된 것이다.

다만 아쉬운 점은 첫째가 어렸을 때 투자에 뛰어들어 육아에 많이 참여하지 못한 점이다. 그리고 주변의 지인에게 했던 상담이나 조언이 자칫 자랑으로 받아들여지지 않을까 하는 걱정도 된다. 나의 투자 이야기를 듣는 이들이 무주택자라면 혹여 스트레스를 받지 않을까라는 생각이 들기도 한다.

그럼에도 내가 투자 활동을 지속하며 계속 전진할 수 있는 이유는 내 곁에서 늘 응원해주는 아내와 부모님을 포함한 가족들이 있기 때문이다. 또한 나의 조언과 상담으로 내 집 마련을 한 친구 및 후배, 지인들의 격려가 큰 힘이 되었다.

또한 멘탈이 흔들릴 때마다 중심을 잡아주신 자유지성님과 아카데미 동료들에게 늘 감사하는 마음을 가지고 있다. 만약 유튜브를 통해 자유지성님의 영상을 접하지 못했다면 이만한 성공은 어려웠을 것이라 생각하며, '절부주코' 채널의 탄생도 어려웠을 것이다.

마지막으로 지금 이 글을 읽고 있는 여러분 모두 부의 로얄로드를 함께 걸었으면 하는 바람이며, 이 글이 조금이나마 여러분의 경제적 자유를 실현하는 데 밀알이 되었으면 한다.

투자 물건 매수 시
특약의 기술

여러분이 주거용 부동산을 투자 목적으로 매수할 때 가장 걱정하는 것은 무엇인가요? 투자 목적의 매수란, 그 부동산에 자신이 거주하지 않고 세를 놓는 것을 뜻합니다. 따라서 투자 목적의 매수에는 전세 또는 월세 계약이 필수적으로 뒤따르게 됩니다. 전세를 활용한 아파트 투자 수익의 예를 들어 보겠습니다.

갑돌이가 5억 원의 아파트를 매수해 4억 원에 전세를 놓는다면 투자금 1억 원으로 5억 원의 자산을 가질 수 있게 됩니다. 만약 투자금 1억 원으로 10%의 수익을 거두면 1천만 원의 이익이지만, 5억 원의 자산으로 10%의 수익을 거두면 5천만 원의 이익이 발생하게 되죠. 굴리는 자산의 규모가 클수록 수익도 훨씬 커지는 것입니다.

이처럼 적은 돈으로 큰 자산을 매수해 수익을 극대화하는 것을 '레버리지'를 활용한다고 말합니다. 레버리지Leverage란 '지렛대'라는 뜻으로,

적은 힘으로 큰 물건을 들어올릴 수 있는 지렛대 효과를 투자에 빗대어 나타내는 말입니다.

갑돌이는 투자를 위해 종잣돈 1억 원으로 5억 원의 아파트 매매계약을 체결하고, 4억 원에 전세를 놓기로 계획을 세워 잔금일을 3달 후로 잡았습니다. 중개사님도 4억 원에 전세 빼는 것은 문제 없을 거라며 갑돌이를 안심시켰습니다.

그런데 2달이 지나도 전세 계약이 되지 않자 갑돌이는 피가 바싹바싹 마르기 시작합니다. 심지어 전세를 보러오는 사람도 없었습니다. 이제 잔금일은 1달 후인데, 갑돌이의 투자금은 1억뿐이었고 잔금을 치를 수 있는 돈은 없습니다. 대출규제로 인해 대출도 원만하게 이뤄지지 않았습니다. 갑돌이는 잔금 때까지 전세입자가 맞춰지지 않을지도 모른다는 공포에 잠이 오지 않았습니다. 이와 같은 위험을 겪지 않기 위해 갑돌이는 어떤 대비책을 세워야 했을까요?

해답은 매매계약 시 작성하는 '특약'에 있습니다. 계약은 당사자 간의 합의에 따라 권리의무 관계가 성립됩니다. 따라서 계약서를 작성할 때 특약을 어떻게 넣느냐에 따라 계약의 구속력과 효력이 달라집니다. 갑돌이가 특약의 문구를 아래와 같이 넣었다면, 잠을 못 이루고 피가 마르는 공포를 겪지 않아도 되었을 것입니다.

특약

1. 매매 잔금은 새로운 세입자와의 계약에 따른 전세금으로 하기로 한다.
2. 잔금일까지 새로운 세입자가 들어오지 않을 경우, 잔금일을 새로운 세입자의 입주일까지 유예하기로 한다.

이와 같은 특약은 매매 당사자의 합의로 유효하며, 특약의 내용은 계약 사항으로 구속력을 갖습니다. 따라서 잔금일까지 전세가 맞춰지지 않을 경우 위 특약에 따라 잔금일은 연기됩니다. 만약 이와 같은 특약 조항을 넣기 꺼려하는 매도인이나 공인중개사가 있을 경우 그 물건은 계약하지 않는 것으로 원칙을 세운다면, 전세가 원하는 날짜까지 계약되지 않는 위험에 대비할 수 있습니다.

부동산에서는 3개월이면 전세가 빠진다고 호언장담하지만 전세가 계약되지 않았다고 하여 결코 책임을 대신 져주지 않습니다. 전세 물건이 일시적으로 몰리거나 인근 신축 단지의 입주로 전세 매물이 넘치는 등 전세가 원하는 시기에 계약되지 않을 위험성은 언제든지 있는 것입니다. 갑자기 시장이 얼어붙어 거래가 없는 조정 장세로 들어설 경우 역시 마찬가지입니다. 따라서 여러분은 계약서의 특약 조항을 잘 활용해, 투자 물건에 닥칠 수 있는 불확실한 위험에 대비하는 현명한 투자자가 되시기를 바랍니다.

인생은 집을 향한 여행이다.

· 하먼 멜빌 ·

신축, 재건축, 분양권

청약 5관왕의 기적
부는 실행으로부터 시작된다

•

수산나

가난과 결핍, 부자가 되고 싶었던 아이

IMF 외환위기가 터졌다. 내가 초등학생일 때다. 아빠는 하루아침에 실직하셨고 술과 담배로 허송세월을 보내셨다. 그래서 전업 주부였던 엄마가 전선 부품을 조립하는 부업을 받아 밤새 일해야 했다.

엄마는 구루마를 끌고 가 산더미 같은 전선 부품 일거리를 매일 받아왔다. 끝이 없고 줄어들지도 않는 수만 개의 조립 할당량… 엄마는 작은 방에서 스탠드를 켜고 밤낮으로 일하셨다.

술에 빠져 사는 아빠가 원망스러웠다. 지금 생각하면 실직 후 막막해진 미래와 삶의 무게로부터 헤어 나올 방법이 없었기 때문이리라. 다행히 아빠는 몇 년 뒤 다시 털고 일어나 회사에 취업했다.

어린 시절 기억 속의 엄마는 항상 부업을 하던 모습이었다. 나는 전선 부업을 하는 엄마 등 뒤에 엎드려 숙제를 하곤 했다.

"엄마는 일 숙제, 나는 학교 숙제!"

"엄마 숙제 다 했어!"

엄마는 대답이 없다. 이제와 생각하니 엄마는 등 뒤에서 떠드는 딸 모르게 얼마나 많은 눈물을 훔쳤을까. 그래서 대답이 없었을 것이다. 10살도 되지 않은 어린 나이에 결핍이 자리 잡았다.

"우리 집은 가난하구나. 가난은 슬프고 불행한 거구나."

마음속에 자리 잡은 결핍은 부에 대한 결핍이었을 것이다.

중학교에 들어가 치른 첫 중간고사, 반에서 5등을 했다.

선생님이 부르시더니 중1 성적이 끝까지 간다며 공부를 더 열심히 하라고 말씀하셨다. 나는 선생님께 질문했다.

"공부를 하면 성공할 수 있나요?"

(사실 내 속마음은 이랬다. "나도 부자가 될 수 있나요?")

"그럼, 너는 분명히 성공할 거야."

성공할 수 있다는 선생님의 말씀을 듣고 더 열심히 공부했다. 2학기에는 반 1등으로 올라섰고, 지역에서 가장 좋은 고등학교에 입학했다. 그리고 선생님의 말씀처럼, 좋은 대학에 들어갔다.

부자들의 무리와 강남이라는 상급지

대학에 들어가 낯가림이 없는 성격으로 많은 동기들과 어울렸다. 하지만 강남 출신 동기들의 무리에는 정식 멤버로 끼지 못했다. 학과 내에서 '강남 출신'과 '그 외의 출신'으로 그룹이 나뉘었던 것이다. 여대였기 때문에 그런 성향이 더 심했는지도 모르겠다.

대화에서 나오는 그들의 생활은 나로 하여금 벙어리가 되게 만들었다. 나는 잘사는 동네에서 풍족한 생활을 하는 그들의 이야기를 스스로 피하고 말았다. 그리고 다짐했다.

'나도 언젠가는 부자가 될 거야…'

이 친구들이 사는 동네가 바로 '상급지'였던 것이다.

2시간 넘게 전철을 타고 학교에서 돌아오면 하수구가 역류하는 반지하 방이 나를 기다리고 있다. 상대적 박탈감과 좌절감이 나를 짓눌렀다. 대학만 가면 성공하고 부자가 되는 줄 알았는데, 현실을 깨닫기 시작한 것이다. 학원, 과외 없이 독학으로 좋은 대학에 들어갔건만 보이지 않는 장벽이 나를 가로막고 있었다.

좋은 대학을 나와도 집안의 경제력이 뒷받침되어야 유학, 대외활동, 스펙을 제대로 쌓을 수 있다. 가난한 집안에서는 토익과 같은 필수적인 취업 소양만 갖춘 후 바로 회사에 들어가는 경우가 많은 것이다. 내가 바로 후자의 경우였다. 졸업하자마자 아무 데나 빨리 취업하라는 아빠의 말에 따라 매장관리직으로 취업하게 되었다.

하지만 그렇다고 하여 낙심하거나 좌절하지 않고 자신감을 가져야 한다고 생각했다. 내 삶을 관통하는 가장 중요한 말이 '자신감'이다.

사막에 떨어져도 오아시스를 만드는 근자감

얼마 전 엄마와 나눈 이야기다.

"너는 어릴 때 다른 건 몰라도 '근자감' 하나는 대단했지."

근자감이란 '근거 없는 자신감'의 줄임말이다.

학창시절 성적을 올렸을 때, 서울로 대학을 가겠다고 했을 때, 서울 신축을 가지겠다고 했을 때 엄마는 이렇게 말했다.

"도대체 너는 무슨 자신감이니? 어이가 없구나."

"그런데 너라면 왠지 할 수 있을 것 같아."

마음먹은 것은 독하게 물고 늘어져 목표를 이루려고 노력했다. 그 모습을 보며, 사막에 떨어져도 오아시스를 만들어 살아남을 아이라고 생각했다고 하셨다.

어린 시절 나를 키워주신 할머니는 나에게 버릇처럼 말씀하셨다.

"너는 독해. 욕심 많고 독하면 뭐든 할 수 있지."

나는 그 말이 기분 나쁘지 않았다. 오히려 칭찬으로 느껴졌다. 독하게 파고들면 뭐든 이룰 수 있다는 자신감을 주었기 때문이다.

취업 후 지금의 남편과 연애를 하게 되었다. 우리는 연애 때부터 돈 이야기, 부를 이루는 과정, 경제적 여유에 관한 대화를 거의 매일 나누었다. 내가 남편과 결혼하겠다고 결정할 수 있었던 이유는 삶의 태도와 경제관이 너무 잘 맞았기 때문이다. 둘 다 가진 게 없는 어린 나이였지만,

이런 사람과 함께하면 해낼 수 있을 것 같다는 직감이 들었다.

그래서 20대의 이른 나이에 남편과 결혼을 하게 되었다.

나는 남편에게 말한다.

"대학을 잘 나와도 부자가 되기 힘들어. 난 대학 잘 가면 장땡인 줄 알았지."

남편이 내게 말한다.

"취업해서 70%를 저축해도 서울에 있는 집을 월급만으로는 절대 못 사는 거야. 금수저를 못 이기는 거지."

그래서 우리 부부는 한목소리로 다짐했다.

"우리는 가난을 자식에게 물려주지 말자!"

"우리가 부를 이뤄 금수저 부모가 되자!"

금수저 부모의 다짐과 첫 부동산 매수

금수저 부모란 무엇인가. 금수저란 물질적인 것만을 의미하지 않는다. 정신적인 소양도 포함되는 것이다. 물질적인 것만 물려준다면 자녀는 졸부猝富가 될 것이다. 하지만 사랑하는 자식에게 교육해야 할 것은 정신적인 소양이다. 이처럼 물질뿐만 아니라 정신적 소양, 즉 부의 마인드까지 물려준다면 자녀는 부자富者가 될 것이다. 졸부와 부자는 다른 것이다. 부자란 풍족하기에 나눌 수 있는 사람이다. 나는 자녀에게 부자의 마인드를 물려주고 싶었다.

금수저 부모가 되기로 마음먹었지만 어떻게 해야 할지 몰랐다. 그래서 무작정 서점으로 달려가 돈, 부와 성공, 부동산 투자에 관한 책들을 닥치는 대로 읽었다.

책을 시작으로 다양한 경제 유튜브 채널을 보고 부동산 특강을 들으러 다녔다. 임신 중에도 공부를 멈추지 않았다. 남편이 태교를 부동산 공부로 한다고 할 정도로 열심히 했다.

서서히 돈과 자산 형성에 대한 개념이 잡혀 나갔다. 가장 빠른 시기에 자산을 매수하는 것이 첫 시작이다. 그래서 우리가 가진 돈으로 가능한 최선의 선택을 하자고 결심했고, 첫 아이가 태어나기 전 드디어 난생 처음으로 부동산을 매입하게 된다.

우리의 첫 신혼집은 용산구 역세권에 위치한 3룸 주거용 오피스텔이었는데 전세로 살아 보니 만족도가 높아 그냥 매수를 해버렸다. 첫 투자를 매우 심플하고 과감하게 진행한 것이다. 오피스텔을 매수한 이유는 다음과 같다.

1. 역세권 주상복합으로 거주 만족도가 높다. 실평수로 아파트 25평과 비슷하며 구조도 비슷해 수요가 많다.
2. 매수 가격은 주변 25평 아파트의 반값으로, 충분히 메리트가 있는 가격이다.
3. 오피스텔은 청약 시 무주택으로 간주하기 때문에 보유를 하며 1순위 청약이 가능하다.

실거주 만족도가 높았기에 최악의 경우 다음 스텝을 밟을 때까지 눌

러앉아서 살면 되니까 괜찮다고 생각했다. 오피스텔은 청약 시 무주택으로 간주하는 것이 가장 큰 장점이다. 따라서 다음 스텝으로 서울 신축 아파트를 목표로 삼으며 청약에 대해 공부하기 시작했다. 청약에 당첨된다면 자연스럽게 2년 실거주 요건을 충족해 양도세 비과세를 받아 상급지로 이동할 수 있을 것이라는 계산이었다.

진정한 내 집 마련은 역시 아파트! 청약을 공부하다

두 번째 스텝의 목표를 청약으로 잡은 이유는 한 가지였다. 진정한 의미의 번듯한 '내 집 마련'이다. 오피스텔을 매수했지만 내 집 마련의 느낌이 들지 않았다. 아이가 태어난 뒤에는 아파트에 대한 열망이 더욱 커졌다. 남편은 내가 아파트에 미친 사람 같다고 했다.

청약을 몇 번 넣어보았는데 모두 예비번호도 없이 광탈하였다. 왜 빛의 속도로 탈락한 것일까? 어디엔가는 분명 조금 더 나은 방법이 있을 것이라고 생각했다. 단순히 운에 맡기는 것보다 그걸 찾아내는 것이 조금이라도 더 빠르게 부에 이르는 길이라 생각했다.

이번에도 역시 무작정 서점에 가서 '청약', '분양'이라는 글자가 써 있는 모든 책을 사 들고 집으로 온다. 재고가 없는 책은 그 자리에서 핸드폰으로 주문하고, 육퇴 후 매일 밤늦게까지 읽기 시작했다.

내가 어떤 분야를 공부할 때 쓰는 방법은 비슷한 주제를 다루는 책을 한꺼번에 모두 사와 1~2주 내로 몰아서 읽는 것이다. 그러면 씨줄날줄이 엮어지고 설명이 반복되며 자연스럽게 습득될 뿐만 아니라 책 상호

간의 특징들이 보완되는 장점이 있다.

책을 다 읽은 후에는 '신혼부부 특별공급, 서울 분양'과 같은 키워드를 검색해 관련 유튜브 영상을 모두 찾아봤다. 구글, 네이버를 검색해 블로그, 카페를 들어가 찾아보고 뉴스도 모두 읽었다.

처음에는 개념도 몰랐지만 차차 안개가 걷히는 느낌이었다. 아기를 재운 후 늦은 시간에 책을 읽었기에 꾸벅꾸벅 졸거나 머리에 잘 들어오지 않을 때도 많았다. 그래서 시간이 상당히 소요되었지만 포기하지 않았다. 청약에 대해 진심이었고, 서울 아파트가 너무 갖고 싶었다. 가질 때까지 포기하지 말자고 굳게 다짐했다.

이렇게 다방면으로 집중 공부한 끝에 어느 정도 청약의 개념을 잡을 수 있게 되었고, 2019년~2020년까지 1년 넘는 기간 동안 서울에 뜨는 모든 분양 단지에 청약하였다. 남편은 당첨자 발표일만 되면 '당첨 사실이 없습니다' 문구를 보고 혼자 깡소주를 마시기도 했다.

나는 남편에게 외쳤다. "그래도 포기하면 안되는 거야!"

기회는 갑자기 온다, 지옥을 계속 걸어가라!

가장 존경받는 영국의 수상인 윈스턴 처칠은 이렇게 말했다.

"지옥을 걷고 있다면 계속해서 걸어가라. 천국이 멀지 않았다."

우리가 집이 없는 상태에서 무작정 청약 당첨만 기다렸다면 불안과 두려움에 시달렸을지도 모른다. 하지만 입지가 좋은 주거용 오피스텔을 보유 중이었기 때문에 계속해서 청약에 도전할 수 있었다.

그러던 어느 날 치솟는 집값에 정부는 분양가 상한제를 실시하겠다고 엄포를 놓았고, 이에 분양을 미뤄왔던 건설사들이 서울권 분양을 마구 쏟아내기 시작했다. 이때가 2020년 봄~여름 시기였다.

부동산 카페에 들어가 분위기를 보니, 사람들은 분양이 많아지니 어디에 청약할지를 고르고 있었다. 원래 서울 청약이면 가리지 말고 쓰자 분위기였는데, 분양이 겹치기 시작하자 사람들이 거르고 고르고 하는 것이었다.

나는 여기서 청약을 공부했던 지식을 바탕으로 당첨 전략을 세우게 된다. 내가 생각한 기회의 조건은 아래의 네 가지다.

1. 분양이 겹치는 경우
2. 분양가가 더 비싼 경우
3. 그러면서 당첨자 발표일이 더 먼저인 경우
4. 비인기 타입, 타워형인 경우

무슨 소리인지 생각해보자. 당시 언론에서 '서울에 대어大魚가 온다. 역대급 로또 분양이다'라고 띄우던 A단지가 있었다. 3천 세대가 넘으며 메이저 브랜드의 단지였다. 그래서 심지어 청약에 대해 모르던 지인도 A단지 분양에 청약해본다고 할 정도였다.

반면 A단지와 겹치는 시기에 분양했던 B단지는 A단지보다 분양가가 2억이나 더 높아 사람들의 관심에서 밀려나 있었다. 부동산 카페에서 B단지를 검색해보면 분양가가 높다며 사람들이 욕하고 있었다. 욕세권인 것이다.

또한 A단지보다 B단지의 당첨자 발표일이 먼저였다.

여러분은 어디에 청약을 하겠는가. 나의 예측은 이러했다.

1. 많은 사람들이 A단지에 청약할 것이다. A단지와 B단지는 같은 시기에 분양을 하지만 B단지의 당첨자 발표일이 먼저다. 따라서 만약 B단지에 청약해 당첨된다면 A단지는 결과에 상관없이 자동탈락이다. 그러므로 사람들은 B단지를 거르고 A단지만 청약하게 될 것이다.

2. A단지는 B단지보다 2억이 저렴하다. 그런데 B단지는 A단지보다 입지가 좋다. 입지가 좋으니 2억이 비싼 것은 합리적이고 타당하다. 하지만 사람들은 가격만 보고 B단지가 비싸다고 욕을 한다. 따라서 사람들은 B단지를 거르고 A단지만 청약할 것이다.

3. 사람들은 판상형의 인기 있는 타입을 지원할 것이고, 비인기 타입인 타워형은 경쟁률이 훨씬 낮을 것이다.

예상은 맞았다. A단지는 1000:1의 경쟁률이 나왔고, B단지는 100:1의 경쟁률이 나왔다. 어디가 당첨 확률이 더 높은가? 당연히 B단지다. 나는 사람들이 모두 A단지에 몰릴 것이라 보고, B단지에 청약했다.

아무리 2억이 저렴해도 당첨되지 못하면 아무 소용이 없고, 2억이 비싸더라도 입지가 더 좋다면 프리미엄이 될 수 있다. 그래서 책을 통해 배운 '청약은 심리'라는 말과 입지의 힘을 믿고 B단지에 청약한 것이다. 나는 대중이 걷는 길과 반대로 가야 당첨 확률이 높다고 생각했고 지금이 기회라고 느꼈다. 중요한 것은 당첨이 되는 것이다.

또한 내가 생각한 기회의 조건, '비인기 타입, 타워형'으로 청약했다. 사람들은 모두 인기 타입, 판상형에 지원할 것이다. 그러므로 당첨 확률을 높이기 위해서는 역발상으로 '비인기 타입, 타워형'을 청약하는 것이 타당하다. B단지의 100:1이라는 경쟁률은 당첨 확률이 1%라는 말이다. 하지만 전략적으로 당첨 확률을 높이기 위해 사람들이 지원하지 않는 유형을 청약한다. 결국 판상형이건 타워형이건 가격의 격차가 있을 뿐 상승기에는 가격이 함께 움직이기 때문이다.

B단지, 비인기 타입의 타워형을 청약한 후 발표날이 다가왔다.

당첨!

드디어 당첨이다!

남편과 나는 얼싸안고 울었다. 우리가 꿈꾸던 서울 신축 한강변 아파트 입주의 꿈이 마침내 실현된 것이다.

청약 5관왕! 청약 지식으로 무주택 가족 모두를 당첨시키다

양가 부모님께 청약 당첨의 기쁜 소식을 알렸다. 하지만 축하한다는 말씀 뒤에는 늘 동생, 시누이에 대한 걱정이 가득했다. 부모님께서는 무주택 가족들이 마음에 걸린 것이다.

나는 투기과열지구에 당첨되었기 때문에 추가 투자를 하기 어려웠다. 또한 모든 자금을 끌어모아 신축에 입주해야 하기 때문에 투자의 여력이 없었다. 따라서 내가 공부한 청약의 지식을 가족들을 위해 쓰기로 마음먹고, 다이어리 맨 앞 장에 새로운 목표를 적었다.

'온 가족 청약 당첨!'

그리고 아래와 같은 당첨 전략을 세웠다.

대규모 택지 지구 + 대단지 + 애매한 평형 전략

첫 번째 무주택자 가족은 시할머니와 시누이였다.

모두 자금이 4천만 원 이내로 넉넉하지 않았고, 시할머니는 가점이 40점대 초반이었으며 특별공급 해당 사항이 없었다. 시누이는 2개의 특공이 있었다(노부모 특별공급, 신혼부부 특별공급). 둘 다 서울 거주자이지만 서울 청약에는 자금이 부족했다. 서울 청약은 분양가 대비 계약금이 20%이기 때문에 적어도 1억이 필요하기 때문이다.

그래서 수도권을 노려야 한다고 생각했다. 나는 시아버지께 다짜고짜 시할머니 청약 통장을 달라고 말씀드렸다. 시할머니는 가점이 낮기 때문에 분양가 상한제가 적용된 수도권의 대규모 택지지구에 청약하는 것이 가능성이 있다고 판단했다.

가점이 낮으므로 예비당첨을 노리고 2천 세대 이상의 대단지에 지원했다. 평형은 낮은 가점의 핸디캡을 극복하기 위해 비인기 타입을 노려 가장 애매한 20평형대 후반으로 청약했다. 72라고 불리는 타입이다. 청약 당첨을 위해서는 인기 없는 곳으로 들어가는 역발상이 중요하다. 가격 상승기에는 로얄 물건과 비로얄 물건의 가격 차이가 줄어들기 때문에 중요한 것은 당첨이지 선호 타입이 아니다.

시누이는 특공이 2개나 있는 특공 부자였지만 신혼부부 특공은 자녀 수가 적어 가능성이 없다고 판단했다. 이에 노부모 특공을 활용하도록 했다. 노부모 특공으로 역시 애매한 평형을 지원하라고 조언해 시할머니와 같은 단지에 청약했다. 결과는 어떻게 되었을까?

시할머니 당첨! 시누이 당첨!

시할머니는 해당 단지의 전체 당첨자들 중 가장 낮은 가점으로 당첨되는 경사를 누렸다. 해당 단지는 3억 대에 분양받았으나 시세가 두 배 이상 오르며 시할머니와 시누이에게 큰 기쁨을 안겨 주었다.

두 번째 무주택자 가족은 내 사촌 동생이었다.

사촌 동생 또한 자금이 4천만 원 이내였기에 3억 대의 아파트만 분양받을 수 있었다. 수원이 당해*였지만 수원은 분양가가 높았다. 그래서 수원에서 출퇴근하기 좋은 봉담 지구를 목표로 삼고, 기존 당첨 전략과 마찬가지로 〈대규모 택지 지구 + 대단지 + 애매한 평형〉 전략을 썼다. 사촌 동생은 무자녀 신혼부부 특공을 쓰도록 조언했다.

---

* 당해 : (아파트를 분양하는) 해당 지역 거주자

3억 대 29평 아파트에 당첨!

지금도 고맙다고 기프티콘을 종종 보내주는 사촌동생을 보면 정말 뿌듯한 마음이 든다. 가족 중 한 사람이 부를 이루는 방법을 안다면 가족들을 함께 끌고 가야 한다.

마지막 무주택 가족은 친동생이었다.

시할머니, 시누이, 사촌동생은 2021년에 당첨시켰고, 마지막으로 남은 친동생을 당첨시키기 위해 민간 사전청약*을 공부했다.

친동생을 보통의 청약이 아닌 민간 사전청약에 넣기로 한 이유는 친동생에게 현금이 전혀 없었기 때문이다. 민간 사전청약은 본청약 시에 계약금을 지불하기 때문에, 당장은 자금이 전혀 없어도 청약통장 기준만 갖췄다면 지원이 가능하다.

민간 사전청약 중 3기 신도시 사전청약은 추천하지 않는다. 3기 신도시는 아직 토지보상도 끝나지 않았기 때문에 언제 입주할지 기약이 없기 때문이다. 사전청약을 노린다면 이미 토지가 확보되어 있고 본청약 시기가 미뤄질 가능성이 적은 2기 신도시의 민간 사전청약을 권한다. 검단, 파주, 오산 세교, 평택 고덕 같은 곳에서 지금도 민간 사전청약의 기회가 남아있다.

아직 나이가 어린 동생은 내 집 마련은 먼 얘기 같다며 코인과 주식만 하고 있었다. 하지만 팩트 폭력을 날려 동생을 설득한다.

---

* 사전청약 : 공공택지 등에서 공급되는 공공분양주택의 공급시기를 앞당기기 위해 정식 청약 전에 수요자들에게 미리 청약을 받는 제도

"집안이 유복하지 않은데 집이라도 있어야 여자들이 너한테 시집오지 않겠어?"

동생은 미혼 단독세대 생애최초를 지원하도록 했다. 미혼 단독세대 생초는 소형 평형만 지원할 수 있어 59타입(25평형) 분양이 있는 오산 세교2지구에 청약했다. 역시 〈대규모 택지지구 + 대단지 + 소형 평형 전략〉을 적용했다. 그리고 당첨자 발표일…

당첨이다!

2019년에 청약 공부를 시작하고 난 후 동생에게 말했다. 내가 당첨되면 너도 당첨시켜주겠다고, 우선 통장부터 만들어 놓으라고 말이다. 2년 뒤 정말 그 약속을 지키게 되어 너무나 기뻤다. 내 동생은 가난한데 나만 부를 이뤄서는 안 되는 것이다. 이로써 무주택 가족을 전부 당첨시키는 청약 5관왕을 이뤄내며, 다이어리에 적었던 목표를 달성했다. 운이라기보다는 전략의 승리라고 생각한다.

무주택 가족 4인의 당첨 전략

1. 수도권 대규모 택지지구 + 대단지 + 애매한 평형
2. 수도권 대규모 택지지구는 해당 지역 거주자(당해)에게만 우선 당첨권을 주는 게 아니라 당해 30%, 경기 20%, 수도권 50%로 지역을 분산해 배분한다는 것이 핵심 포인트
3. 돈이 없다면 민간 사전청약을 활용하라
4. 민간 사전청약은 2기 신도시 택지지구에 지원한다

1기 신도시에 투자해 재건축 추진 준비위가 되다

온 가족의 청약 당첨 후 엄마가 비정규직으로 전환되며 퇴직금을 수령하셨다. 나는 엄마의 퇴직금을 활용해 일산에 전세를 끼고 투자하도록 했다. 일산이 저평가 되었다는 판단이었다.

가용자금에 맞춰 용적률이 낮고 사업성이 좋은 단지들을 추렸다. 주말마다 임장을 가고 부동산에도 수시로 들러 소통하며 일산을 째려본다. 1기 신도시 재건축 이슈가 나올 때 정치인들이 시범 단지를 선정해 이슈화시킬 것이라 전망했다.

그래서 일산신도시에서 가장 처음 입주한 시범 단지를 매수하게 된다. 용적률이 160%대에 초등학교를 품고 있는 초품아라 입지가 나쁘지 않다. 또한 시범단지라 예비안전진단* 신청이 가장 먼저 가능하다는 점을 노렸다.

매수 후 해당 단지의 오픈채팅방에 들어가 활발히 활동했다. 재건축 이야기가 나왔지만 진전 없이 아무도 나서지 못하고 있었다. 여기에서 다시 한번 나의 근자감이 발동한다. 말 나온 김에 한번 보자며 불도저급 추진력으로 사람들을 모았다.

미팅 시간을 정해놓고 한 분만 나와도 가겠다며 단톡방에 공지했다. 3명이 모였는데, 이것이 재건축 추진 준비위원회의 시작이었다. 약 6개월

---

* 예비안전진단 : 줄여서 '예안진'이라고도 함. 건축물의 구조안전성, 설비노후도, 보수비용 및 주거환경 등을 평가해 건축물의 안전, 불안전 여부를 가리는 것. 건물이 안전치 않다고 판정되면 본진단 절차를 거쳐 재건축 시행여부를 최종 결정하게 된다.

간 열심히 활동했다. 그 결과 새건축 추진 동의율 70%를 돌파했고 예비 안전진단 동의율 역시 57%를 넘어 고양시청에 예비안전진단 동의서 서류를 제출했다. 현재 결과를 기다리는 중에 있다. 그 과정에서 주민들을 상대로 설명회를 개최하였는데, 정치인들이 너도나도 인사를 하기 위해 방문하는 것을 보고 앞으로의 추진 과정에 자신감을 가지게 되었다.

강남을 향해, 다주택 세팅 완료와 장기 보유

엄마의 일산 투자에 이어 남아있는 중도금 슬롯*을 활용해야 했다. 여유자금이 3천만 원가량 생겨 예산 내의 투자 물건을 찾았고, 비규제 지역의 분양권을 매수하기로 했다. 분양권은 분양가의 10%만 있어도 계약이 가능하기 때문이다. 가족들의 반대가 있었지만 아이들의 교육에 본격적으로 신경 써야 할 시기 이전에 투자를 완료하고 시간을 낚는 것이 중요하다고 생각했다.

다주택을 세팅해놓고 10년 정도를 묵혀두면 아이들의 입시가 모두 끝날 무렵 큰 결실이 있을 것이라 판단, 내포 신도시의 미분양 분양권을 매수했다.

이로써 약 4년간에 걸쳐 부자의 길을 향한 수산나의 고군분투 투자 수기를 정리했다. 청약부터 재건축 단지, 분양권 투자까지 알차게 경험

---

* 중도금 슬롯 : 슬롯slot이란 무언가를 끼워넣도록 만든 구멍이다. 정부의 대출 규제로 중도금 대출 보증 건수 제한이 가해지면서, 각자의 상황에서 가능한 중도금 대출 보증 건수를 '슬롯'에 빗대어 사용하기 시작했다. 줄여서 '중대슬롯'이라고도 한다.

했고 이제 조정기를 견디는 인내를 경험할 차례다.

사람들은 조정기를 두려워한다. 하지만 나는 두렵지 않다. 이미 우리 가족의 꿈인 서울 한강변 신축 아파트를 가지게 되었고, 가격이 떨어진다 해도 팔지 않으면 손해가 아닌 것이다. 물론 이미 충분한 가격 상승으로 안전마진이 확보되어 있지만, 매수를 할 때는 언제나 내가 실거주해도 괜찮겠다 싶은 단지를 샀다. 가격이 올랐을 때는 팔아야 할지를 고민할 것이며, 안 오르면 장기 보유하며 전세를 놓거나 실거주를 할 생각이다.

자산시장의 역사는 우리에게 부동산의 미래를 보여주고 있다. 바로 인플레이션과 그에 따른 화폐 가치의 하락이다. 시간이 흐름에 따라 자산의 가격은 필시 우상향해 왔던 것이다. 이 같은 단순한 자본주의의 진리를 모르기에 사람들은 하락 조정기에 자산을 매도하며 후회를 반복한다. 나는 다가오는 조정기에 좋은 자산들을 팔지 않고 모아간다는 개념으로 접근하고자 한다. 시세가 흔들리는 것이 아니라 우리의 마음이 흔들리는 것이다. 마인드 컨트롤이 중요하다.

이제 수기를 통해 나의 목표를 밝힌다. 그리고 이 목표를 달성하기 위해 열정을 가지고 끊임없이 도전하며 실행할 것이다. 실행은 나를 바꿀 것이며 부와 성공의 길로 나를 이끌 것이다.

1차 목표는 온 가족 청약 당첨 (달성)

2차 목표는 다주택 세팅 (달성)

3차 목표는 강남 입성이다.

4차 목표는 오랜 꿈인 가족의 미국 유학이다.

나는 할 수 있다고 믿는다. 그리고 내 자신을 믿는 힘은 실행력에서 나온다. 그 실행력은 열정에서 출발한다. 따라서 열정만 있다면 누구나 실행에 옮길 수 있고, 그 과정에서 고난은 따르겠지만 결국 원하는 목표를 성취할 것이다. 내 좌우명을 외치며 수기를 마친다.

"아무것도 하지 않으면 아무 일도 일어나지 않는다!"

손피가 뭐예요?
양도세 전가의 합법 여부와 손익 분석

분양권을 사려고 할 때 우리는 '손피'라는 용어를 종종 만나게 됩니다. 손피란 무엇일까요? 갑돌이가 A아파트의 분양권을 매도하는 사례를 생각해봅시다. 갑돌이는 A아파트를 4억에 분양받아 1억의 프리미엄을 붙여 전매하려고 합니다. 그런데 문제는 양도소득세입니다. 분양권의 양도세는 2022년 현재 1년 이상 보유할 경우 지방세를 포함해 66%입니다. 따라서 갑돌이는 1억의 프리미엄 수익에 대한 양도세를 6600만 원이나 내야 되죠. 이처럼 분양권을 팔아도 양도세를 내면 이익이 별로 남지 않기에, 갑돌이는 분양권을 매도할지 고민입니다.

그런데 A아파트 분양권의 인기가 많아져 매수세가 몰리며 품귀 현상이 발생했습니다. 당연히 프리미엄의 가격은 더 오르기 시작했죠. 그러던 중 갑돌이가 분양권 매도를 고민하고 있다는 소식을 들은 갑순이가 갑돌이에게 이렇게 제안합니다.

"양도세를 내가 대신 부담하는 조건으로 분양권을 팔면 어때? 그러면 너는 1억 원의 프리미엄 수익을 가질 수 있잖아."

갑돌이는 양도세를 대신 내준다는 말을 듣고, 분양권을 갑순이에게 팔기로 합니다. 목표로 했던 1억 원의 프리미엄 수익을 거둘 수 있으니까요. 한편 A아파트의 분양권을 사고 싶었던 철수는 이 소식을 듣고 불법이 아닌지 의문을 품습니다. 그리고 갑돌이에게 전화를 해서 이렇게 말하죠. "양도세를 매수인에게 부담시키는 거 불법 아니야? 분양권을 나에게 팔면 신고하지 않을 테니 다시 생각해 봐."

자신이 내야 할 양도세를 매수인에게 떠넘긴 갑돌이와, 양도세를 대신 내주는 조건으로 분양권을 매수한 갑순이는 불법을 저지른 걸까요? 결론부터 말하면, 갑돌이와 갑순이의 거래는 합법입니다. 양도세를 매수인이 대신 납부하는 조건으로 분양권을 거래하는 행위가 바로 '손피 거래'인 것이죠. 그래서 '손피 1억'이라면 매도인의 프리미엄(피) 1억이 보장되고, 양도세를 매수인이 내는 합법적인 분양권 거래가 되는 겁니다.

그렇다면 갑순이는 갑돌이의 프리미엄 1억과, 프리미엄 1억에 대한 66%의 양도세 6600만 원까지 총 1억 6600만 원을 갑돌이에게 지급하면 분양권을 매수할 수 있는 걸까요? 여기에서 추가적인 문제가 발생합니다. 갑돌이는 1억 + 6600만 원을 받게 되니, 양도 차익이 1억이 아니라 외관상으로 1억 6600만 원이 되는 겁니다. 따라서 세금 명목으로 받은 6600만 원 역시 '분양권 양도 과정에서 생긴 소득'이 되므로 양도소득이 되어 6600만 원의 66%를 다시 양도소득세로 내야 하는 문제가 발생합니다. 이를 '2차 양도세'라고 합니다.

따라서 갑순이는 6600만 원에 대한 66%의 양도세 4356만 원까지 2차 양도세로 지급해야 손피 거래로 분양권을 매수할 수 있게 됩니다. 그렇다면 똑같은 원리로 다시 4356만 원에 대한 양도세를 3차 양도세로 내야하는 걸까요? 그렇지는 않습니다.

분양권의 손피 거래는 매수자가 부담하는 양도세를 처음 1회에 한하여 양도가액에 합산하도록 하고 있습니다. 따라서 갑순이가 부담하는 첫 번째 양도세만 양도가액에 합산되므로, 갑순이는 합산된 첫 번째 양도세에 대한 '2차 양도세까지만 부담'하면 더 이상의 양도세를 부담하지 않아도 됩니다(1990. 3. 23. 국심 90서101).

그렇다면 이렇게 1차, 2차 양도세를 포함한 총 비용을 계산해볼 때, 갑순이에게 손피 거래가 과연 이익일까요? 갑돌이가 1억의 수익을 보장받을 때 (1) 갑돌이가 양도세를 내는 경우와 (2) 갑순이가 양도세를 내는 손피 거래의 경우로 나눠 비교해 보겠습니다.

(1) 갑돌이가 양도세를 내는 경우
프리미엄에 대한 양도세를 갑돌이가
내고 1억의 수익을 보장받는 경우

프리미엄 294,117,647원
− 양도세 66% 194,117,647원
= 100,000,000원 (최종 차익)

갑돌이의 수익 : 1억
갑순이의 지불액 294,117,647원

(2) 갑순이가 양도세를 내는 손피 거래
1, 2차 양도세를 갑순이가 내고 갑돌이가
1억의 수익을 보장받는 경우

① 프리미엄 100,000,000
② 갑순이 부담 1차 양도세
　　= 66,000,000원
③ 6600만원에 대한 2차 양도세
　　= 43,560,000원

갑돌이의 수익 : 1억
갑순이의 지불액 ①+②+③
　　= 209,560,000원

이처럼 갑돌이가 1억 원의 최종 수익을 보전받는 조건 하에서는 1차, 2차 양도세를 갑순이가 부담하더라도 갑순이에게 유리한 거래가 됨을 알 수 있습니다. 갑순이는 손피 거래로 분양권을 취득할 때 84,557,647원(294,117,647원-209,560,000원=84,557,647원)을 더 절약할 수 있습니다.

앞서 살펴본 것처럼 매수인에게는 손피 거래가 더 이득이 되므로, 분양권 시장에서는 손피 거래가 자주 발생합니다. 그렇다면 일반적인 구축의 매매와는 달리, 왜 분양권 시장에서는 양도세를 매수인에게 전가시키는 게 가능할까요?

구축의 매매 시장에서는 양도세를 내는 매도인들이 시장을 지배하지 못하기 때문입니다. 만약 어떤 매도인이 양도세를 매수인에게 전가시키려고 하면, 매수인은 양도세를 내지 않는 비과세 1주택자의 매물을 사면 그만입니다. 조세를 비용으로 내는 매도인들이 시장을 지배할 때, 비로소 조세를 전가시킬 수 있다는 말이죠.

이제 분양권 시장을 살펴봅시다. 분양권 시장에서는 분양권의 프리미엄이 붙을 경우 매도인들은 반드시 양도세를 내야합니다. 양도세를 내는 매도인들이 시장을 지배하고 있다는 말이죠. 따라서 분양권 시장에서는 매도인들이 양도세를 매수인에게 전가시킬 수 있게 되며, '양도세 매수인 부담 조건'이라는 특약을 달아 손피 거래가 일어나는 것입니다.

우리에게 아직 최고의 날은 오지 않았다.

· 도널드 트럼프 ·

Rule

4

시행사업과 부동산 개발업

49세 늦깎이의 새로운 삶
마침내 부동산 개발업자가 되다

·

해려 반

새로운 인생의 길 – 건설 현장의 일을 배우다

내 인생을 돌아보자니 두렵고 떨린다. 하지만 자유지성님의 아카데미
가 나로 하여금 글을 쓰며 삶을 돌아볼 수 있게 해주었다. 자유지성님을
통해 힘을 내고, 더 좋은 세상이 있다는 것을 알게 되었다. 그리고 49세
에 새로운 인생의 길을 시작했던 나도, 더 높은 곳을 향해 올라가기를 소
망하고 더 큰 꿈을 가질 수 있게 되었다.

나는 과거에 주점 사업을 했다. 1억 정도를 모아 주점을 시작했는데,
대기업의 사업장을 쫓아다니며 장사를 하다 보니 어느 곳에 사람이 몰
리는지 알게 되었다. 주점의 장사는 연일 번창했다.

주점 사업으로 10억 정도를 벌어 오피스텔과 상가를 매수했다. 하지만 친구에게 사기를 당해 모든 재산을 날리고 빈털터리가 되었다.

한때 베트남에서 사업을 하기도 했다. 4년간 베트남에 거주하며 환전, 개업 컨설팅 등을 했다. 베트남에서 번 돈으로 현지에 상가를 가지게 되었는데 같이 사업을 하던 친구에게 또 사기를 당해 상가 건물을 날리고 수중에 남은 돈은 2천만 원이 전부인 신세가 되었다.

49세에 가진 돈 2천만 원이 전부인 삶…

친구들의 배신에 우울증 치료를 받을 정도로 마음의 침체기를 겪었다. 아내가 없었더라면 그 시기를 이겨내기 힘들었을 것이다. 가족 이외의 모든 인간관계를 정리하고 완전히 새 출발을 하기로 다짐했다.

49세에 할 수 있는 일이 없었다. 목구멍이 포도청이라 당장 돈을 벌수 있는 일을 해야 했다. 그래서 하루 일당이 10만 원인 타일을 배우기로 마음먹고 기술자 보조로 다니기 시작했다.

1년 정도 다니다 보니 기술이 늘어서 인정을 받게 되었다. 건설 현장을 다니며 나도 언젠가는 건축주가 되겠다는 꿈을 품게 되었다. 그래서 건축과 관련된 모든 것을 배우기로 결심했다.

목공, 조적*, 미장뿐만 아니라 창호, 수도설비, 인테리어 등 건물과 관련된 것은 모조리 배웠다. 배우는 것이 목적이었기 때문에 월급은 개의치 않았다. 한 달 내내 일하고 150만 원 정도를 받았는데, 일을 배운 기간이 2014년부터 3년 정도 된다.

---

* 조적組積 : 돌이나 벽돌 따위를 쌓는 일

일을 마치고 집에 들어오면 유튜브를 보며 건축의 이론적인 부분을 공부했다. 집에 가는 시간이 아까워 현장에서 침낭을 가지고 숙박을 하며 자투리 시간에 책과 유튜브를 계속 봤다. 하루에 5시간 정도를 잤는데 눈을 감으면 저절로 집이 지어지는 상상을 할 수 있을 정도가 되었다.

2017년에는 굴삭기와 지게차 학원에 등록, 자격증을 취득해 토목공사 현장에서도 일을 했다. 집을 지으려면 토목공사도 해야 하니 포클레인을 배운 것이다. 보광토 공사, 옹벽 공사, 관로 작업, 절토, 성토 등 땅을 개간하는 작업에 포클레인은 써먹을 곳이 많다.

건설 현장에서 벌어지는 모든 과정을 해보고 일을 배우면서 건설업을 하는 분들, 시행사와 시공을 하고 있는 분들, 부동산 개발을 하는 분들을 많이 만났다. 이제야 비로소 새로운 삶의 길을 제대로 선택한 것 같은 기분이 들었다. 건축주의 꿈이 생긴 것이다.

부동산 개발 법인을 만들어 시행사업을 하다

2019년, 마음이 맞는 5명이 모여 부동산 개발 법인을 만들고 일을 시작하게 된다. 우연히 초등학교 동창을 만났는데 근황을 묻자 시행사 일을 하고 있다고 한다. 친구에게 건설 현장에서 배운 일들을 말해주며 시행사 일도 배우고 싶다고 하니, 사업을 같이 하며 실전에서 배우는 것이 좋다고 한다. 그래서 땅을 사서 토목을 하고 집을 지어서 분양을 하는 시행사 일을 배우게 되었다.

시행사 일이 만만한 것은 아니다. 현재 진행 중인 장소를 토대로 진행

내용을 간단히 설명해 보겠다. 세부적인 사항을 서술하면 너무 길어질 것이니 자유지성 아카데미에 차근차근 올려볼 생각이다.

〈전원주택 50채 건설 시행 사업〉

1. OO군 OOO리 OO번지

2. 계획관리, 임야, 1만 5천평 (7,100평으로 전원주택 단지 조성)

3. 개발행위 허가가 난 장소이고 사업권을 인수하는 조건이다.

4. 사업권 인수금액은 7억 5천만 원. 2021년 4월 1일 계약을 체결해 계약금 2억을 주고, 은행 대출을 70% 받아 16억 8천만 원을 조달했다. 잔금은 4억 5천만 원을 치르고 등기를 했다. 등기 이전비용이 8천만 원이다.

5. 설계비용이 만만치 않다. 토목설계, 건축설계, 환경영향평가, 재해영향평가, 산림감리, 부동산 개발 컨설팅 등 대략 3억 5천만 원 정도가 들어갔다.

6. 사업에 들어간 총금액이 33억 정도이다. 땅을 매입하고 등기를 친 후 허가사항을 진행하는 데 1년 정도를 허비해 이자 비용만 거의 8천만 원 정도가 지출되었다.

7. 이 사업지는 법인 명의로 진행하지만 나 혼자 기획하고 임장을 다니며 수지 분석 자료를 만들고 설계사무소를 계약해 추

진했다. 문제는 사업권을 인수하였는데, 이곳이 주차장 부지로 조성되었던 것이다. 우리는 운수업이나 물류에 대한 사업자 등록이 없으니, 인수하고 나서 2달 안에 변경신청을 통해 용도를 변경해야 했다. 또한 이전 사업자가 설계보다 산지를 많이 깎아 복구명령이 떨어졌다. 복구비용은 둘째 치고, 1년이란 귀중한 시간을 낭비하면서 이자를 내야 했던 것이다. 그나마 허가 사항을 진행하며 땅값이 상승해 버틸 수 있었다.

8. 사업승인 절차가 너무 복잡해져 버렸다. 개발행위에 대한 권한을 사업권자가 가지고 있는 반면 토지주는 우리다. 따라서 우리가 사업을 하려면 사업권자에게 모든 것을 의뢰해서 인감도장과 인감증명서를 받아 진행해야 했다. 복구명령 공사가 너무 더뎌 힘들었다.

9. 개발행위가 종료되는 날 연장신청을 하였으나 상황이 복잡하여 관에서 난색을 표한다. 정황상 설계사무실을 바꾸지 않으면 허가 진행이 어려워진다는 것을 알았고, OO군에 있는 설계사무실로 설계를 옮겼다. 그리고 주차장 부지에서 주택으로 변경신청을 하였으니, 사업권자에게 찾아가 관련 서류를 사정하고 또 사정하며 정말 진이 빠지고 힘들었다.

10. 법인 명의로 개발행위 연장신청과 전원주택 허가 사항이 접수되었다. 힘든 여정이었고, 접수가 무사히 이뤄져 허가가 나오기를 기다리고 있는 중이다.

시행사업을 함께하던 동료의 죽음

시행에서 현금 조달이 막히면 비록 그것이 적은 금액이라도 차질이 생겨 낭패를 겪기도 한다. 같이 시행일을 하던 동료 A의 이야기다.

A는 부동산 임대업을 하며 서울 개포동에 살고 있었다. A는 사근동에서 2019년 다세대 주택을 건축해 전세로 세입자를 구하며 신탁등기를 지우고 있었다. 신탁등기를 하는 이유는 신탁사가 관리를 하면 건축을 위한 대출 시에 일반 대출에 비해 보통 20% 이상의 대출을 추가로 받을 수 있기 때문이다. 은행 입장에서는 신탁사가 관리를 하면 개인 또는 일반 법인보다 믿을 만하다고 본다. 하지만 등기원인이 '신탁'일 경우 소유권은 법적으로 신탁사가 된다. 따라서 소유권을 가져오기 위해 신탁 등기를 '지운다'고 표현하는 것이다.

A는 신탁등기된 28억에서 20억을 지우고 8억이 남은 상황이었다. 그런데 공사대금의 미결제로 2억이 필요해지자 2억을 대출받기 위해 금융기관을 수소문했다. 문제는 정부에서 대출규제를 묶기 시작하면서 가는 곳마다 대출이 거절되었다. 결국 2억의 채무변제가 지연되어 A의 아파트가 경매로 넘어가고 말았다.

A의 아파트는 경매로 17억 5천에 낙찰되었다. 그리고 지금은 그 개포동 아파트가 35억을 넘고 있다. 그 이후 A는 시름시름 앓더니 2021년 4월 말기 암을 통보받고 3개월 만에 유명을 달리했다.

내가 시행하는 사업의 토지 잔금을 A가 만들기로 했는데, A가 병석에 눕고 나서 돈 이야기는 나중에 들었다. 마음이 너무 아팠다. 결국 A가 세상을 떠나자 토지 잔금을 치르지 못해 두 달을 연기했다. 여기저기서 돈을 구해 간신히 잔금을 할 수 있었다.

앞으로 허가가 나오면 프로젝트 파이낸싱*이 이뤄질 것이고, 전원주택 공사가 본격적으로 진행될 것이다.

건축주, 건물주 되기 – 공정의 전체적인 틀 잡기

건축주, 건물주가 되기 위해서는 처음 시작할 때 잘 배워야 한다고 생각한다. 일이라고 생각하는 것이 아니라 내 집을 짓는다고 여겨야 한다. 건축에 관심이 있는 분들이 많아 과정을 개괄적으로만 소개해본다. 간단히 표기하므로 세부적인 사항은 부족할 것이다. 서류는 방대하므로 모두 올릴 수 없어 큰 틀에서 꼭 필요한 사항만 기재하였음을 말해둔다. 추후 자세한 내용은 자유지성 아카데미를 통해 설명할 기회를 가질 수 있으면 좋겠다.

1. 집을 지을 땅 찾기
네이버 지도, 구글 위성지도, 토지이용규제정보서비스, 국토부 토지정보이용시스템, 밸류맵, 디스코, 땅야 등 활용

---

* 프로젝트 파이낸싱project financing(PF) : 건설이나 대형 사업과 같은 특정 프로젝트에서, 프로젝트에 필요한 자금을 조달하기 위해 미래에 발생할 현금 흐름을 담보로 하여 대출 등을 받는 것

2. 전체 계획에 대한 수지 분석

자본금

건축비용, 설계비용, 측량비용, 등기비용, 취등록세 등

대출한도를 정확히 계산해 자금을 확보

프로젝트 파이낸싱, 기성고 대출, 담보대출 등

3. 토지 매입

수지분석 내용, 토지 이용계획 확인원, 토지 대장, 지적도, 개별 공시지가 확인서, 농지 전용비, 부동산 등기부등본 등 확인 후 계약

4. 토지 매입 세금과 지적측량 비용

5. 토지 매입 과정의 총 지출액 정리

6. 건축 설계와 비용 분석

경계측량, 현황측량, 분할측량, 인접 대지경계, 개발행위 인허가, 가설계와 본설계

토목설계 비용, 건축설계 비용, 설비 비용, 전기통신 비용 등

7. 건축시공 비용 분석

건축 공사, 인테리어, 부대 공사, 창호 공사 등

8. 공사 공정 순서

(1) 토목/구조

기초 터파기, 우수/오수관 터파기, 레미콘 타설, 형틀 타설,

철근, 수도배관 공사, 전기인입 공사 등

(2) 단열

목공사: 다루끼, 합판, 석고, 그라스울 등

외부: 비드, 스타코 등

(3) 설비

오수, 우수배관, 난방, 방수 공사 등

(4) 전기

임시전기 가설, 통신, 전기 인입, CCTV, 인터넷 등

(5) 창호, 도어

발코니, 도어, 중문, 유리, 창호 공사 등

(6) 방수

옥상, 화장실, 창문 주변 등

(7) 인테리어

목공사, 가구, 타일, 석재, 도장, 전등, 벽지 등

(8) 부대공사

외부 설비, 우수배관, 생활하수배관, 오폐수 배관, 정화조, 수도인입, 가스, 주차장 등

9. 준공 시 준비 서류

(1) 필증 서류

통신필증, 소방필증, 전기사용 전 검사필증, 가스안전검사 필증, 온돌설치 확인서 등

(2) 납품 확인서 및 시험 성적서

단열재(바닥, 벽, 지붕), 창호 프레임, 유리, 방화문, 철근(기초공사배근, 레미콘강도), PVC파이프, 수전/위생 도기 등

(3) 사진 첨부서류

경보 감지기 부착 사진, 건물번호판 사진, 주차장 표지판 부착 사진, 도로점용 사진, 정화조 공사 사진 등

10. 준공 이후 해야 할 일

(1) 등기 완료

취득세 납부 영수증, 건축물대장, 주민등록초본, 신분증, 각종 세금 납부 영수증, 시공사 계약서, 지출 증빙서류 등

(2) 취등록세 납부

(3) 은행에 제출해야 할 서류 확인

인감증명서, 인감도장, 시공사와의 계약서, 주민등록등본, 주민등록초본, 가족관계증명서, 통장 사본, 담보물건 주소의 전입세대 열람 내역서, 건강보험자격득실 확인서, 시공사 계약서 및 지출 증빙 서류, 근로소득 원천 징수 영수증, 부가세 과세표준 증명원, 사업자 등록증 등

빌라 리모델링 차익 사업

건축을 공부하고 시공의 전 과정을 익혀두면 급매로 나온 빌라를 매입해 리모델링 후 시세대로 매도해 차익을 거둘 수 있다. 경매로 싸게 매입할 수도 있지만, 경매는 패찰률이 높고 명도 과정의 변수가 많아 시간이 걸린다는 단점이 있다. 따라서 개인적으로는 부동산과의 관계를 돈독하게 형성해 급급매를 매수하는 것이 시간을 아끼는 장점이 있다고 본다.

빌라의 경우에는 아파트와 같이 가격이 표준화되어 있지 않고 거래가 빈번하게 이뤄지는 것이 아니므로, 집을 빨리 팔아야 하는 사정이 있는 경우에는 급급매가 시세보다 매우 싸게 나올 수도 있다.

빌라 리모델링 차익 사업은 공사를 잘해 전세를 높게 맞추는 것이 중요하다. 빌라를 매입하는 투자자는 전세를 끼고 사는 경우가 대부분이

므로, 매매가와 전세가의 차이인 갭을 적게 만들어야 매도가 원활하기 때문이다.

빌라 리모델링 차익 사업 중 직접 시공한 두 사례를 통해 어느 정도의 투자금으로 얼마의 수익이 나오는지를 살펴보도록 하겠다.

1. 경기도 고양시 일산동구 고봉동 빌라 2층

항목	가격	비고
(1) 매수가	8천만 원	급급매, 주변 시세는 1억 2천
(2) 공사비용	1200만 원	직접 시공 화장실, 싱크대, 깨끗한 중고 창호, 깨끗한 중고 에어컨
(3) 투자금	9200만 원	(1) + (2)
(4) 전세금	9500만 원	전세금이 낮으면 갭이 커져 매도가를 높이기 어려움
(5) 보유차익	300만 원	(4) − (3) 플러스피 세팅
(6) 매도가	1억3천만 원	리모델링을 고려해 시세보다 1천만 원 높여 매도

2. 서울시 도봉구 창동 빌라 1층

이 물건은 들어오는 입구가 좁아서 싸게 매수할 수 있었다. 빌라 입구의 난간을 철거해 입구를 넓히고 방화문을 설치하니, 금방 팔 수 있었다. 여기는 투자자가 아니라 전세입자에게 매도를 하였는데, 매도를 통지하니 자신에게 팔아달라고 하여 부동산에 내놓은 가격보다 7백만 원을 깎아 매도하였다. 3개월 만에 매도를 하여 빠르게 수익을 실현한 사례다.

항목	가격	비고
(1) 매수가	1억 원	입구가 좁아 싸게 매수
(2) 공사비용	950만 원	직접 시공 화장실, 싱크대, 방화문 계단 입구 문짝 교체, 벽체 뜯어내고 석고보드 후 페인트 시공, 깨끗한 중고 창호
(3) 투자금	1억950만 원	(1) + (2)
(4) 전세금	1억1천만 원	전세금이 낮으면 갭이 커져 매도가를 높이기 어려움
(5) 보유차익	50만 원	(4) − (3) 플러스피 세팅
(6) 매도가	1억4천3백만 원	전세입자에게 매도하여 700만 원 에누리
(7) 매매차익	3천350만 원	(6) − (3)

부자의 길로 들어서는 희망의 여정과 다짐

현재 우리 가족은 내가 건축한 집을 아내 이름으로 가지고 있다. 단독주택을 사서 그 대지에 빌라를 지어 세를 주고 있는 다주택의 포지션이다. 앞으로 목표로 한 10주택, 10상가를 아내에게 주고 나는 부동산 개발을 통해 부를 이루고 싶다.

지금 내 나이 57세, 건설 현장에서의 일과 시행이라는 새로운 삶을 시작한 지 8년째로 들어선다. 나는 교육도 제대로 받지 못했고 잘나지도 못했지만, 이런 나도 '도전하고 또 도전하며 부의 길로 나아가고자' 몸부림치고 있다. 하물며 이 글을 읽는 여러분은 좋은 교육을 받고, 좋은 배경 속에 좋은 직장에서 부를 쌓아나가고 있지 않은가. 여러분들이 도전한다면 나보다 훨씬 잘할 뿐만 아니라 큰 성공과 부를 이룰 것임은 자명하다고 생각한다.

부족하면 부족한 대로 하나씩 찾아서 배우고 만들어가는 것이 재미라고 생각한다. 매사를 긍정적으로 바라보고 즐겁게 살아가고 있다는 생각으로 낙관하면 힘든 것은 어느새 사라지고 재미만 남아 있다. 자유지성님에게 배운 '긍정과 낙관'이다.

나는 2020년 8월에 자유지성님을 알게 되었다. 유튜브로 부동산을 공부하던 중 가방끈이 짧은 나조차도 한번에 알아들을 수 있도록 쉽게 설명한 영상을 보고 감동을 했다. 자유지성님의 영상을 본 이후로 나는 분명히 달라지고 있다.

자유지성 아카데미는 꿈과 희망이 생동하며 사람들의 활기가 넘치는 곳이라고 생각한다. 도전하고 실패해도 또 다른 길을 찾을 수 있다는 용기를 주는 곳이다. 특히 자유지성 아카데미에서는 수많은 이들의 생각이 오가는 집단지성의 가르침이 있다는 것이 좋다.

나는 컴퓨터를 능숙하게 다룰 줄도 모르며, 자본주의에 대한 이해력도 부족했다. 배움이 부족해 일반적인 상식도 잘 모르는 내가 이렇게 수기를 쓸 수 있다는 것이 감사하다.

늦깎이 인생에도 중요한 가치는 다르지 않다. 어린아이에게도 청년에게도, 나처럼 50줄이 되어 새로운 인생을 시작한 사람들에게도 가장 중요한 것은 꿈과 희망이다. 과거 어떠한 꿈도, 희망도 없던 때가 있었다. 우울증 약을 먹고 현생을 떠나고 싶던 때도 있었다. 희망이 없다는 것은 살아있어도 이미 죽은 삶이기 때문이다.

부를 이뤄 인생을 즐길 뿐만 아니라 다른 이들을 도울 수 있는 삶을 살아가고 싶다. 그러기 위해 반드시 부의 길로 들어서야 한다. 그래서 오늘도 더 힘을 내서 앞으로 나아가려 한다.

'실패하면 모든 것을 배울 수 있다'는 명언이 있다. 지금껏 인생을 살아오면서, 또 시행사 일을 하면서 여러 실패를 겪어왔고 앞으로도 실패가 있을 것이다. 하지만 그 과정에서 배움을 넓혀나가며 반드시 부를 이뤄낼 것을 다짐한다.

자본주의 역사상 가장 안정적이고 수익률이 높은 재테크 방법은 무엇일까?

우리가 재테크를 고민할 때 최우선의 기준으로 삼는 것은 바로 투자의 '안정성'입니다. 그다음이 '수익률'이죠. 그렇다면 자본주의 145년의 역사 속에서 가장 '안정적'이고 '수익률'도 뛰어난 투자방법은 과연 무엇이었을까요?

2017년 12월, 미국 샌프란시스코 연방준비은행FRBSF은 '모든 것의 수익률'이라는 연구논문을 발표합니다. FRBSF는 1870년부터 2015년까지, 세계 16개 선진국들의 대표적인 자산 수익률을 비교분석하죠. 대표적인 자산이란 바로 주식, 부동산, 장기채권, 단기채권입니다.

먼저 가장 안정적인 투자수단은 무엇일까요? 많은 분들이 '채권'이라고 답할 겁니다. 전문가들은 이렇게 말하죠. "경제가 위기일 때는 안전자산인 국채를 사고, 위험자산인 주식과 부동산을 팔아라." 과연 맞는 말일까요? 정말 국채가 가장 안정적인 투자수단일까요?

연구논문은 주식, 부동산, 채권의 안정성을 비교분석했습니다. 그 결과 안정성이 가장 낮은 것은 주식으로 나타났습니다. 주식의 평균수익률로부터의 표준편차는 21.94로, 장기국채의 10.74에 비해 2배 이상 높았죠. 이것은 주식이 장기국채에 비해 변동성이 두 배 정도 크고 위험하다는 것을 뜻합니다.

그렇다면 부동산은 어땠을까요? 놀랍게도 부동산은 평균 수익률의 표준편차가 9.98로, 오히려 장기국채(10.74)보다 더 안정적인 투자수단으로 나타났습니다. 자산시장의 역사 속에서 부동산이 장기국채나 주식보다 더 변동성이 적고 안정적인 수익률을 내왔다는 사실이 증명된 것이죠. 바로 부동산이 경제적으로는 위험자산으로 분류되지만, 실질적으로는 안전자산인 이유입니다.

연구논문의 주 저자인 미국 FRBSF의 매크로 연구팀장 오스카 호르다Oscar Jorda 교수는 이렇게 말합니다. "국채와 같은 안전자산의 수익률은 등락 폭이 부동산보다 훨씬 컸고, 최근에는 수익률 절댓값도 큰 폭으로 떨어졌다."

이제 수익률을 살펴보죠. 주식, 부동산, 장기채권, 단기채권 중 수익률에 있어 1위를 차지한 것 역시 '부동산'이었습니다. 연평균 수익률이 무려 7.05%였죠. 연 7%의 수익률이라면, 부동산을 10년 보유했을 때 100%의 수익률이 나온다는 것을 의미합니다. 또 연구논문은 세계 선진국 부동산의 수익률을 10년씩 분할해 145년간의 시계열로 분석해, 부동산을 10년 이상 보유했을 때 단 한 번도 손해를 주지 않았다는 장기보유의 확실성을 증명했습니다. 두 차례의 세계대전 기간에도 마이너스를 기록하지 않은 유일한 투자수단이 바로 부동산이었죠. 145년 전체 기간 동안 부동산의 연평균 수익률은 7.05%, 주식은 6.89%, 장기국채는 2.5%, 단기국채는 0.98% 였습니다. 결론적으로 모든 투자자산 중 자본주의 145년간 연평균 수익률 1위는 주거용 부동산, 가장 변동성이 적고 안정적인 투자자산 역시 부동산이라는 점이 FRBSF에 의해 증명된 것입니다.

	Real returns				Nominal Returns			
	Bills	Bonds	Equity	Housing	Bills	Bonds	Equity	Housing
Full sample:								
Mean return p.a.	0.98	2.50	6.89	7.05	4.60	6.10	10.75	11.06
Std.dev.	6.01	10.74	21.94	9.98	3.33	8.91	22.78	10.70
Geometric mean	0.78	1.94	4.64	6.61	4.55	5.74	8.55	10.59
Mean excess return p.a.	.	1.53	5.91	6.07				
Std.dev.	.	8.38	21.43	9.86				
Geometric mean	.	1.19	3.81	5.64				
Observations	1739	1739	1739	1739	1739	1739	1739	1739

145년간 연평균 수익률 1위 부동산

부동산 7.05 〉주식 6.89 〉장기국채 2.50 〉단기국채 0.98

출처 : 자유지성 유튜브 https://youtu.be/XnkE56jZr9k

실패해도 괜찮아

·

편집자 미카사

처음엔 회원들이 다 써놓은 수기를 순서대로 엮기만 하면 금세 책이 될 거라 생각했습니다. 하지만 책을 펴내는 것은 그렇게 간단하지 않았습니다. 720편의 수기들을 모두 읽고 여러 번 고르는 작업을 거쳐 17편을 최종 선정했습니다. 수기 뒤에 실린 부동산 투자에 관한 TIP을 모은 글도 추가로 작성하였습니다. 교정을 거쳐 원고를 다듬고, 제목을 뽑고, 배열 순서를 정하고, 디자인과 인쇄 등을 어떻게 할지 결정하고, 출판사도 만들었습니다. 대부분 처음 하는 일이라 진척이 더디고 요령도 부족했습니다.

새로운 분야의 일을 해본다는 것은 흥미로웠지만 어설프게 할까봐 걱정이 되기도 했습니다. 그러나 자유지성님은 책이 잘 나오지 못하더라도 무언가를 해보려고 도전하는 것 자체로도 가치가 있다는 것을 알려 주시며 용기를 불어넣어 주셨습니다. 그리고 글 선정과 교정 등의 모든 과정에 일일이 관심을 기울이고 조언을 아끼지 않으셨습니다.

책 한 권의 분량이라는 제약으로 실리지 못한 아까운 수기들이 참으로 많습니다. 머리를 깨치고 마음을 울리는 글들이 많았기에, 읽어가는 과정 자체가 귀중한 배움의 시간이었습니다. 그 소중한 글들이 널리 읽힐 수 있는 기회가 마련되길 바랍니다.

수기 작업 과정에 함께 하며 더할 수 없는 치열함과 성실한 삶의 자세를 몸소 보여주신 자유지성님께 깊은 감사를 드립니다. 말로 표현할 수 없는 많은 것을 가까이서 보고 배웠습니다. 우당탕탕 출판 초보들의 서툰 이야기에도 따뜻한 모습으로 대해 주신 육일구디자인의 김진영 실장님 정말 고맙습니다. 남다른 센스와 좋은 아이디어로 책의 방향을 잡아주신 자유부인님, 뛰어난 감각과 놀라운 성과로 감탄을 끊이지 않게 했던 리치앨리스님, 그리고 사랑하는 우리 자유지성 아카데미 1, 2, 3기 학우님들 모두에게 감사한 마음을 보냅니다.

> 게으름은 즐겁지만 괴로운 상태다.
> 우리는 행복해지기 위해서 무엇인가 하고 있어야 한다.
>
> **마하트마 간디**

꿈은 꾸는 대로 이루어진다

•

편집자 자유부인

여러분은 이제 이 책의 탐험을 끝내고 도전을 시작해야 할 때입니다. 편집실 업무를 처음 시작한 그때가 떠오르네요.

월세에서 전세, 전세에서 내 집 마련, 1주택자에서 다주택자가 되는 모든 과정이 도전과 행동의 결과물이었듯, 이 책을 편집하는 과정 또한 저에게는 새로운 영역의 도전이었습니다. 하나부터 열까지 모든 과정을 꼼꼼하게 거치며 이 책이 탄생하게 되었습니다. 한 분 한 분의 귀한 수기들이 어떻게 하면 더 빛을 발할 수 있을지, 독자들이 어떻게 하면 하나의 지식이라도 더 얻어갈 수 있을지 많은 고민을 하며 이 책을 편집했습니다.

여러분에게 이 책이 부동산의 길잡이 역할을 해줄 수 있을 거라 믿습니다. 또한 이 책이 제 인생에서 새로운 영역에 도전하는 시발점이 되어 미래를 이끌어 주리라 믿습니다.

처음부터 경제적 자유, 시간적 자유를 이룬 사람은 없습니다.

무지, 안락함, 실패, 고통, 고난, 시련, 준비, 간절함, 역경, 인내, 행동, 저축, 씨앗, 공부, 맞짱, 자본주의, 시장경제, 부의 원리, 자기 극복, 시간의 힘, 레버리지, 깨달음, 긍정, 자유, 낙관, 주도적인 삶, 부자의 그릇…

이 모든 키워드들이 모여 현재의 부富를 만들어 준 것입니다.

2020년, 2021년 상승장을 지나 2022년 하반기부터 조정이 시작되었고, 2023년 현재도 자산시장의 어두운 터널을 지나고 있습니다. 모두가 힘들고 어렵지만 능히 이겨낼 수 있을 것으로 믿습니다.

법정 스님의 『무소유』라는 책에 이런 글이 실려 있습니다.

너무 일찍 나왔군 (동아일보, 1969.8.7)

교통 수단이라고는 오로지 나룻배가 있을 뿐.

나룻배를 타고 강을 이동해야 하는데, 시간을 예측할 수 없어 허겁지겁 강변에 다다르면 한걸음 앞서 배가 떠나고 있거나 저쪽 기슭에 매달린 채 부동자세다. 그래서 얼마 전부터는 생각을 고쳐먹기로 했다. 조금 늦을 때마다 일찍 나왔군 하고 스스로 달래는 것이다. 다음 배편이 내 차례인데 미리 나왔다고 생각하면 마음에 여유가 생기기 때문이다. 시간을 빼앗긴 데다 마음까지 빼앗긴다면 손해가 너무 많을 것 같아서다. 우리들이 겪는 어떤 종류의 고苦와 낙樂은 객관적인 대상보다도 주관적인 인식 여하에 달린 모양이다. (이하 생략)

법정 스님의 글처럼 상승장이 지나 지금의 조정기에 자산의 가격이 하락한다고만 생각하지 말고, 준비를 할 수 있는 기회가 마련됐다고 여기면 한결 마음이 편안하지 않을까 싶습니다.

지금의 조정기에 절약을 하고 저축을 하며 공부를 해 다음 상승기를 맞이할 준비를 하는 여러분이 되셨으면 하는 마음을 가득 담았습니다.

17편의 수기와 부의 팁, 명언들이 여러분의 마음을 움직여 감동뿐만 아니라 지식과 삶의 팁까지 얻어갔으면 좋겠습니다.

이 책의 편집 업무를 맡겨주신 자유지성님과 혼자였다면 결코 완성할 수 없었던 수기집을 함께 편집한 미카사님, 리치앨리스님께 이 자리를 빌려 감사의 인사를 전합니다.

결단이 소망을 완성시킨다.
올바른 결단이 당신을 부자로 만든다.

나폴레온 힐

두려움을 이겨내고 부와 번영의 길로

•

편집자 리치앨리스

안녕하세요. 수기집 편집에 마지막으로 합류했던 리치앨리스입니다. 이번 수기집은 720편의 투자 수기를 제출해주신 자유지성 아카데미 회원님들 덕분에 출간할 수 있었습니다. 훌륭한 수기가 너무 많아 17편을 선정하는 게 가장 힘들었던 작업이 아니었나 생각합니다.

저는 이번 수기집을 편집하며 (1) 부동산에 벽을 느끼며 어렵다고 생각하는 분들, (2) 실행하고 싶지만 어떻게 실행할지 막연한 분들, (3) 부동산의 '부'자도 모르는 부린이들에게 희망과 용기를 드리고 싶었습니다.

무일푼에서 시작해 치열한 노력으로 자산을 일궈낸 17인의 주인공이 여러분이라고 상상해 보시기 바랍니다. 이어지는 부의 팁을 통해 부동산 실전에서의 노하우와 기술을 습득한 후 부동산에 들어가 보시기 바랍니다. 두려움을 이겨낸 여러분의 모습을 발견하시게 될 겁니다.

책을 만들 기회를 마련해주시고 바쁘신 와중에 편집실에 조언을 아끼지 않은 자유지성님께 감사드립니다. 늦은 시간 장시간 회의에도, 잦은 교정에도 즐겁게 임해주신 미카사 대표님과 자유부인님께도 감사드립니다. 인복이 많아 좋은 분들 곁에서 좋은 글을 접할 수 있어 행복한 시간이었습니다. 이번에는 아쉽게 선정되지 못했지만 탁월한 수기들이 너무 많아 수기집 발간이 2권, 3권으로 이어지면 좋겠다는 바람도 가져봅니다.

이번 책을 통해 무주택자, 그리고 실행하지 못한 채 두려움에 떨고 있는 많은 분들이 앞으로 나아갈 수 있는 희망과 용기를 얻어가시길 바랍니다. 부와 번영은 멀지 않은 곳에 있습니다. 감사합니다.

내가 멀리 보았다면

이는 거인의 어깨 위에 올라서 있었기 때문이다.

뉴턴

부의 조건

초판 1쇄 발행   2023년 5월 31일
초판 2쇄 발행   2024년 4월 1일

지은이   자유지성 아카데미 회원 17인
편집자   지카, 미카사, 자유부인, 리치앨리스
디자인   육일구디자인 김진영

펴낸 곳   (주) 자유지성
주소   경기도 김포시 김포한강8로 410, 1001-12호
대표전화   010-2780-4983
팩스   0504-337-4983
출판등록   2022년 10월 5일
이메일   liberalreason@naver.com

ISBN   979-11-983014-7-5   03320